财经法规与会计职业道德

王秀娟　周雨冬　马璐璐　主编

北京工业大学出版社

图书在版编目（CIP）数据

财经法规与会计职业道德 / 王秀娟，周雨冬，马璐璐主编．— 北京：北京工业大学出版社，2021.10重印
　ISBN 978-7-5639-6481-9

　Ⅰ．①财… Ⅱ．①王… ②周… ③马… Ⅲ．①财政法－中国－教材②经济法－中国－教材③会计人员－职业道德－教材 Ⅳ．①D922.2②F233

中国版本图书馆CIP数据核字（2019）第019504号

财经法规与会计职业道德

主　　编：王秀娟　周雨冬　马璐璐
责任编辑：张　娇
封面设计：点墨轩阁
出版发行：北京工业大学出版社
　　　　　（北京市朝阳区平乐园100号　邮编：100124）
　　　　　010-67391722（传真）　bgdcbs@sina.com
经销单位：全国各地新华书店
承印单位：三河市元兴印务有限公司
开　　本：787毫米×1092毫米　1/16
印　　张：20.75
字　　数：415千字
版　　次：2021年10月第1版
印　　次：2021年10月第2次印刷
标准书号：ISBN 978-7-5639-6481-9
定　　价：48.00元

版权所有　翻印必究

（如发现印装质量问题，请寄本社发行部调换 010-67391106）

前　言

2017年11月4日第十二届全国人民代表大会常务委员会第三十次会议对《中华人民共和国会计法》（以下简称《会计法》）进行了第三次修正，这时隔17后的修正中规定"会计人员应当具备从事会计工作所需要的专业能力。

2018年6月21日，财政部、人力资源和社会保障部印发了《会计专业技术人员继续教育规定》，其中明确规定会计专业技术人员有接受继续教育的义务，并且每年参加继续教育取得的学分不少于90学分，内容包括公需科目和专业科目。公需科目包括专业技术人员应当普遍掌握的法律法规、政策理论、职业道德、技术信息等基本知识；专业科目包括会计专业技术人员从事会计工作应当掌握的财务会计、内部控制与风险管理、会计职业道德、财税金融、会计法律法规等相关专业知识；同时，会计人员的法律意识和职业素养逐渐受到业界重视。会计从业人员自身的道德水平，直接关系到会计职能作用的有效发挥及对社会经济健康发展的影响。事实证明，《财经法规与会计职业道德》依然是会计专业课程中的必修课程，这样才能适应社会对应用型会计人才的需求。

为了适应会计行业的重大变化，更好地满足会计从业人员的需求，帮助广大会计从业人员准确理解和掌握会计从业过程中涉及的各项法律法规及职业道德规范，我们组织了长期任教"财经法规与会计职业道德"课程教学的一线教师，参考了众多会计行业专家的意见，重新编写了本教材。教材的编写突出了以下特点：

一是新。编者结合2017年11月5日起施行的最新《会计法》、2018年5月1日开始施行的最新《中华人民共和国税法》相关内容及正在施行的《中华人民共和国预算法》《中华人民共和国政府采购法》等，在本书中新加入了例如"网上支付"等最新知识，严格遵循最新的法律法规，确保讲授内容的准确性与权威性，使教材涉及的法律法规都是最新的，涉及的内容都是会计工作中需要的,便于读者掌握最新最全的法律法规内容及会计行业相关知识。

二是全。本教材涉及面广,内容涵盖了法学、会计学、《现金管理暂行条例》、支付结算办法、人民币银行结算账户管理办法、《税法》、《预算法》、《政府采购法》等多门知识,各章节之间存在一定的独立性,整体又存在系统性,阐述简明扼要,深入浅出,通俗易懂,满足了会计从业人员各方面需求。

三是实。本教材内容广泛且相对枯燥,法律规范众多,学习者掌握起来相对困难。因此,编者将抽象的理论知识、法律法规等利用图表等整合、集中概括,让学习者看起来明白,学起来实用,记起来方便;同时,在教材内容中加入了"知识点"版块,每一节后都安排了具有典型性的练习题"课后大通关",对本节的重难点进行巩固和训练,在每一章后安排"考试训练营",以便学者对本章内容进行练习与自测。教材语言简洁明了,通俗易懂,并通过"易错辨析""知识拓展"等模块,对知识点进行解析,为学习者尽快掌握会计专业入门知识、提升会计专业技能、顺利步入会计岗位提供了保障。

本教材既可作为各类大学、中高等职业学校财经类专业的基础课教材,也可作为财会人员的岗位培训教材及自学参考书。由于成书时间较短,加之编者水平有限,书中疏漏之处在所难免,敬请读者批评指正。

目 录

第一章 会计法律制度 ... 1
- 第一节 会计法律制度的概念与构成 ... 3
- 第二节 会计工作管理体制 ... 9
- 第三节 会计核算 ... 14
- 第四节 会计监督 ... 35
- 第五节 会计机构和会计人员 ... 46
- 第六节 法律责任 ... 58

第二章 支付结算法律制度 ... 69
- 第一节 现金结算 ... 71
- 第二节 支付结算概述 ... 74
- 第三节 银行结算账户 ... 82
- 第四节 票据结算方式 ... 104
- 第五节 银行卡 ... 125
- 第六节 其他结算方式 ... 132
- 第七节 网上支付 ... 138

第三章 税收法律制度 ... 149
- 第一节 税收概述 ... 151
- 第二节 主要税种 ... 159
- 第三节 税收征收管理 ... 196

第四章 财政法律制度 ... 227
- 第一节 预算法律制度 ... 229
- 第二节 政府采购法律制度 ... 244
- 第三节 国库集中收付制度 ... 257

第五章　会计职业道德 ··· 269
第一节　会计职业道德概述 ·· 271
第二节　会计职业道德规范的主要内容 ································ 274
第三节　会计职业道德教育 ·· 284
第四节　会计职业道德建设组织与实施 ································ 288
第五节　会计职业道德的检查与奖惩 ···································· 289

附录一 ·· 297
附录二 ·· 323

第一章 会计法律制度

本章导航

会计法律制度的概念与构成
- （一）会计法律制度的概念
- （二）会计法律制度的构成

会计工作管理体制
- （一）会计工作的行政管理
- （二）会计工作的行业自律管理
- （三）单位内部的会计工作管理

会计核算
- （一）会计核算的总体要求
- （二）会计凭证
- （三）会计账簿
- （四）财务会计报告
- （五）会计档案管理
- （六）其他

会计监督 {
- （一）单位内部会计监督
- （二）会计工作的政府监督
- （三）会计工作的社会监督

会计机构和会计人员 {
- （一）会计机构的设置
- （二）会计工作岗位设置
- （三）会计人员的要求
- （四）会计工作交接
- （五）会计专业技术资格与职务

法律责任 {
- （一）法律责任的概念
- （二）不依法设置会计账簿等会计违法行为的法律责任
- （三）其他会计违法行为的法律责任

第一节 会计法律制度的概念与构成

会计首先表现为单位内部的一项管理活动,即对本单位的经济活动进行核算和监督。但会计在处理经济业务事项中所涉及的经济利益关系则超出本单位的范围,直接或间接地影响有关方面的利益。因此,会计处理各种经济业务事项必须有一个具有约束力的规范,这是包括国家在内的各方面利益关系者的客观要求,调整经济关系中各种会计关系的法律规范——会计法由此应运而生。

1985年1月,新中国第一部《中华人民共和国会计法》经第六届全国人大常委会第九次会议通过,并于同年5月1日起施行。经过多年努力,我国基本形成以《中华人民共和国会计法》为中心的会计法律制度体系。

一、会计法律制度的概念

会计法律制度,是指国家权力机关和行政机关制定的,用以调整会计关系的各种法律、法规、规章和规范性文件的总称。目前,我国会计法律制度主要包括会计法律、会计行政法规、会计部门规章和地方性会计法规。

会计关系是指会计机构和会计人员在办理会计事务过程中以及国家在管理会计工作过程中发生的各种经济关系。

【知识点】会计关系的概念

判断题:会计关系是指会计机构和会计人员在办理会计事务过程中以及国家在管理会计工作过程中发生的各种经济关系。( )

答案:√

【解析】略。

二、会计法律制度的构成

(一)会计法律

会计法律是指由全国人民代表大会及其常务委员会经过一定立法程序制定的有关会计工作的法律。我国目前有两部会计法律,分别是《中华人民共和国会计法》(以下简称《会计法》)和《中华人民共和国注册会计师法》(以下简称《注册会计师法》)。

《会计法》于1985年颁布,1993年、1999年两次对其进行修订,于

2017年11月4日第十二届全国人民代表大会常务委员会第三十次会议进行修正。

1. 《会计法》

（1）《会计法》的立法宗旨

《会计法》是会计法律制度中层次最高的法律规范，是制定其他会计法规的依据，也是指导会计工作的最高准则。其立法宗旨是"规范会计行为，保证会计资料真实、完整，加强经济管理和财务管理，提高经济效益，维护社会主义市场经济秩序"。

其中，会计行为是指以会计核算和会计监督为主要内容的会计管理活动。会计资料是指记录和反映单位实际发生的经济业务活动的专业性资料，包括会计凭证、会计账簿、财务会计报告和其他书面会计资料。会计资料应符合的质量要求是真实性和完整性。会计资料的真实性是指会计资料要真实地反映经济业务事项的实际发生情况，不能人为地扭曲、掩盖，以使会计资料使用者通过会计资料了解实际财务状况和经营成果。会计资料的完整性是指提供的会计资料要符合规定的要求，所有附件要齐全，相关手续要齐备，以使会计资料使用者全面了解整体情况。

【知识点】会计资料的质量特征

多选题：会计资料应符合的质量要求是（　）。

A. 真实性　　　　　　　B. 准确性

C. 完整性　　　　　　　D. 及时性

答案：AC

【解析】会计法规定会计资料必须真实、完整。因此选项AC正确。

（2）《会计法》的适用范围

《会计法》规定："国家机关、社会团体、公司、企业、事业单位和其他组织（以下统称单位）必须依照本法办理会计事务。"

《会计法》的适用范围包括以下内容。

《会计法》对人的效力范围是指：①办理会计事务的单位和个人，包括国家机关、社会团体、公司、企业、事业单位和其他组织。②主管机关和其他机关，包括各级财政部门以及审计、税务、人民银行、证券监管、保险监管等部门。

《会计法》对地域的适用范围应理解为除中国港澳台地区之外的中华人民共和国领域。港澳台地区的会计事务不受《会计法》约束。在中华人民共和国境外的中国投资企业应执行所在国的法律，不受中国《会计法》的约束。

但是，这些企业在向国内提供财务会计报告和其他会计资料时，应当按照国内法律和投资主体要求进行。我国驻外使馆，由于不受外国管辖又不与所在国直接发生经济业务事项，故只执行国内会计法律，不执行所在国的会计法律。

2.《注册会计师法》

《注册会计师法》于 1993 年 10 月 31 日第八届全国人大常委会第四次会议通过，1993 年 10 月 31 日中华人民共和国主席令第十三号公布，自 1994 年 1 月 1 日起施行。

（1）《注册会计师法》的立法宗旨

为了发挥注册会计师在社会经济活动中的鉴证和服务作用，加强对注册会计师的管理，维护社会公共利益和投资者的合法权益，促进社会主义市场经济的健康发展。

（2）《注册会计师法》的适用范围

《注册会计师法》的适用对象是注册会计师、会计师事务所及注册会计师协会。注册会计师是指依法取得注册会计师证书并接受委托从事审计和会计咨询、会计服务业务的执业人员。注册会计师执行业务应当加入会计师事务所，会计师事务所是依法设立并承办注册会计师业务的机构。会计师事务所可以由注册会计师合伙设立，合伙人对会计师事务所的债务承担连带责任。注册会计师协会是由注册会计师组成的社会团体。注册会计师应当加入注册会计师协会。中国注册会计师协会依法拟定注册会计师执业准则、规则，报国务院财政部门批准后施行。

《注册会计师法》对地域的适用范围。《注册会计师法》规定："会计师事务所受理业务，不受行政区域、行业的限制；但是法律、行政法规另有规定的除外。"此外，《注册会计师法》第四十四条还规定："外国人申请参加中国注册会计师全国统一考试和注册，按照互惠原则办理。外国会计师事务所在中国境内设立常驻代表机构，须报国务院财政部门批准。外国会计师事务所与中国的会计师事务所共同举办中外合作会计师事务所，须经国务院对外经济贸易主管部门或国务院授权的部门和省级人民政府审查同意后报国务院财政部门批准。除前款规定的情形外，外国会计师事务所需要在中国境内临时办理有关业务的，须经有关的省、自治区、直辖市人民政府财政部门批准。"

（二）会计行政法规

会计行政法规是指由国务院制定并发布，或者国务院有关部门拟定并经国务院批准发布，调整经济生活中某些方面会计关系的法律规范。如国务院发布的《企业财务会计报告条例》《总会计师条例》等。会计行政法规的制定依据是《会计法》。

《企业财务会计报告条例》是国务院于2000年6月21日颁布的，自2001年1月1日起实施。它是对《会计法》中有关财务会计报告的规定的细化。它主要规定了企业财务会计报告的构成、编制和对外提供的要求、法律责任等。

《总会计师条例》是对《会计法》中有关规定的细化和补充，共分五章二十三条，是国务院于1990年12月31日颁布的，它主要规定了单位总会计师的职责、权限、任免和奖惩等。

（三）会计部门规章

会计部门规章是指国家主管会计工作的行政部门即财政部以及其他相关部委根据法律和国务院的行政法规、决定、命令，在本部门的权限范围内制定的、调整会计工作中某些方面内容的国家统一的会计准则制度和规范性文件。

会计部门规章包括国家统一的会计核算制度、会计监督制度、会计机构和会计人员管理制度及会计工作管理制度等，如《会计从业资格管理办法》《企业会计准则——基本准则》《企业会计制度》《会计基础工作规范》《会计人员继续教育规定》等均属此范畴。

（四）地方性会计法规

地方性会计法规是指由省、自治区、直辖市人民代表大会或常务委员会在同宪法、会计法律、行政法规和国家统一的会计准则制度不相抵触的前提下，根据本地区情况制定发布的关于会计核算、会计监督、会计机构和会计人员以及会计工作管理的规范性文件。

【知识点】会计法律制度的法律效力

单选题：下列各项中，会计法律制度效力最低的是（　）。

A. 会计部门规章　　　　　　B. 会计法律
C. 会计行政法规　　　　　　D. 宪法

答案：A

【解析】会计部门规章的法律效力低于会计法律和会计行政法规。因此选项A正确。

【课后大通关】

一、单选题

1. 下列各项中,属于国务院财政部门制定的是( )。
   A. 会计法律　　　　　　　B. 会计行政法规
   C. 会计部门规章　　　　　D. 会计规范性文件

2. 《中华人民共和国注册会计师法》于 1993 年 10 月 31 日八届全国人大常委会第四次会议通过,1993 年 12 月 31 日中华人民共和国主席令第十三号公布,自( )起施行。
   A.1994 年 1 月 1 日　　　　B.1993 年 12 月 31 日
   C.1995 年 1 月 1 日　　　　D.1994 年 10 月 1 日

3. 会计行政法规是指由( )制定并发布,或国务院有关部门拟订并经国务院批准发布,调整经济生活中某些方面会计关系的法律规范。
   A. 全国人民代表大会　　　B. 全国人大常委会
   C. 国务院　　　　　　　　D. 财政部

4. 下列各项中,属于财政部发布的国家统一的会计制度的是( )。
   A.《会计法》　　　　　　　B.《企业财务会计报告条例》
   C.《总会计师条例》　　　　D.《企业会计准则》

二、多选题

1. 会计法律,是指由( )经过一定的立法程序制定的有关会计工作的法律。
   A. 全国人民代表大会　　　B. 全国人民代表大会常委会
   C. 国务院　　　　　　　　D. 国务院财政部门

2. 我国目前有两部会计法律,即( )。
   A.《中华人民共和国会计法》　　B.《中华人民共和国注册会计师法》
   C.《中华人民共和国审计法》　　D.《中华人民共和国证券法》

3. 我国会计法律制度的基本构成为( )。
   A. 会计法律　　　　　　　B. 会计行政法规
   C. 会计部门规章　　　　　D. 地方性会计法规

4. 《会计法》对地域的适用范围应理解为( )。
   A. 除中国港澳台地区之外的中华人民共和国领域。港澳台地区会计事务不受《会计法》约束
   B. 在中华人民共和国境外的中国投资企业应执行所在国的法律,不受中国《会计法》的约束。但是,这些企业在向国内提供财务会计报告和其他会计资料时,应当按照国内法律和投资主体要求进行

C. 我国驻外使馆，由于不受外国管辖又不与所在国直接发生经济业务事项，故只执行国内会计法律，不执行所在国的会计法律

D. 包含港澳台地区的中华人民共和国领域内的企业

5.《注册会计师法》的适用对象是（ ）。

A. 注册会计师　　　　　　　　B. 会计师事务所

C. 注册会计师协会　　　　　　D. 注册税务师

6. 下列说法中正确的有（ ）。

A. 外国人申请参加中国注册会计师全国统一考试和注册，按照互惠原则办理

B. 外国会计师事务所在中国境内设立常驻代表机构，须报国务院财政部门批准

C. 外国会计师事务所与中国的会计师事务所共同举办中外合作会计师事务所，须经国务院对外经济贸易主管部门或国务院授权的部门和省级人民政府审查同意后报国务院财政部门批准

D. 除前款规定的情形外，外国会计师事务所需要在中国境内临时办理有关业务的，须经有关的省、自治区、直辖市人民政府财政部门批准

7. 下列属于会计行政法规的有（ ）。

A. 企业会计准则　　　　　　　B. 企业会计制度

C. 总会计师条例　　　　　　　D. 企业财务会计报告条例

三、判断题

1. 1999年10月31日九届全国人大常委会第十二次会议修订通过，自2000年7月1日起施行的《中华人民共和国会计法》是会计法律制度中层次最高的法律规范，是制定其他会计法规的依据，也是指导会计工作的最高准则。（ ）

2.《会计法》对人的效力范围是指办理会计事务的单位和个人，包括国家机关、社会团体、公司、企业、事业单位和其他组织，没有对主管机关和其他机关作出约束。（ ）

3. 会计师事务所受理业务，不受行政区域、行业的限制。（ ）

1-1 课后大通关答案：

一、单选题 1.C 2.A 3.C 4.D

二、多选题 1.AB 2.AB 3.ABCD 4.ABC 5.ABC 6.ABCD 7.CD

三、判断题 1.√ 2.× 3.√

第二节　会计工作管理体制

会计工作管理体制是指会计工作的管理制度和管理方法。具体包括会计工作管理组织形式、管理权限划分、管理机构设置等。我国的会计工作管理体制，主要指四个方面内容：一是明确会计工作的主管部门；二是明确国家统一的会计制度的制定权限；三是明确对会计工作的监督检查部门和监督检查范围，四是明确对会计人员的管理内容。

本节主要介绍以下三方面内容：一是会计工作的行政管理；二是会计工作的自律管理；三是单位内部的会计工作管理。

一、会计工作的行政管理

《会计法》规定："国务院财政部门主管全国的会计工作。县级以上地方各级人民政府财政部门管理本行政区域内的会计工作。"管理体制实行"统一领导、分级管理"的原则。

财政部门履行的会计工作行政管理内容主要有：

（一）制定国家统一的会计准则制度

《会计法》规定："国家实行统一的会计制度。国家统一的会计制度由国务院财政部门根据本法制定并公布。国务院有关部门可以依照本法和国家统一的会计制度制定对会计核算和会计监督有特殊要求的行业实施国家统一的会计制度的具体办法或者补充规定，报国务院财政部门审核批准。中国人民解放军总后勤部可以依照本法和国家统一的会计准则制度制定军队实施国家统一的会计准则制度的具体办法，报国务院财政部门备案。"

我国现行国家统一的会计制度主要包括以下四项内容：国家统一的会计核算制度、会计监督制度、会计机构和会计人员管理制度、会计工作管理制度。对于会计制度的制定权限，《会计法》分列三个层次做了规定：

①国务院财政部门制定国家统一的会计制度。为保证会计制度的统一性，也便于《会计法》的实施，在全国范围内实施的，或者内容上必须统一的规范的会计制度，由国务院财政部门制定，在会计制度制定权限上坚持必要的统一。

②国务院其他部门制定各行业特殊要求的补充规定。各行业对会计核算和会计监督有特殊要求的内容，并且一个行业对其的特殊要求是其他行业所没有的，而在国家统一的会计制度中只有原则规定而没有具体规定的，根据《会计法》的有关规定，由国务院行业主管部门制定实施国家统一的会计制

度的补充规定，并报国务院财政部门审核批准。

③中国人民解放军总后勤部规定军队实施的具体办法，报国务院财政部门备案。

【知识点】 会计工作的行政管理

单选题：下列各项中，属于有权依照《会计法》和国家统一的会计制度制定实施国家统一的会计制度的具体办法，报国务院财政部门备案的是（　）。

A. 事业单位　　　　　　　　B. 民营企业
C. 中国人民解放军总后勤部　　D. 个体工商户

答案：C

【解析】 中国人民解放军总后勤部可以依照本法和国家统一的会计准则制度制定军队实施国家统一的会计准则制度的具体办法，报国务院财政部门备案。因此选项C正确。

（二）会计市场管理

会计市场管理的内容包括：

1. 会计市场准入管理

具体管理内容为会计从业资格的管理、会计师事务所的设立、代理记账机构的设立。

2. 会计市场运行管理

对获准进入会计市场的机构和人员是否遵守各项法律法规执行业务进行监督和检查。

3. 会计市场退出管理

对在职业过程中有违反会计法律行为的机构和个人进行处罚，情节严重的，强制其退出会计市场。

（三）会计专业人才评价

财政部门对具体办理会计事务的会计人员的从业资格、职业道德、专业能力等方面进行管理评价，目前我国已经基本形成阶梯式的会计专业人才评价机制，包括初级、中级、高级会计人才评价机制以及会计行业领军人才培养评价体系等。

财政部门对先进会计工作者的表彰奖励也属于会计人才评价的范畴。

（四）会计监督检查

《会计法》规定，财政部门对各单位的下列情况实施监督：
①是否依法设置会计账簿；
②会计凭证、会计账簿、财务会计报告和其他会计资料是否真实、完整；
③会计核算是否符合本法和国家统一的会计制度的规定；
④从事会计工作的人员是否具备专业能力、遵守职业道德。

在对前款第 2 项所列事项实施监督，发现重大违法嫌疑时，国务院财政部门及其派出机构可以向与被监督单位有经济业务往来的单位和被监督单位开立账户的金融机构查询有关情况，有关单位和金融机构应当给予支持。

财政部门有权对会计师事务所出具审计报告的程序和内容进行监督。

二、会计工作的行业自律管理

（一）中国注册会计师协会

中国注册会计师协会（CICPA）是依据《中华人民共和国注册会计师法》（以下简称《注册会计师法》）和《社会团体登记条例》的有关规定设立，在财政部党组和理事会领导下开展行业管理和服务的法定组织。

根据《注册会计师法》规定，中国注册会计师协会是中国注册会计师行业的全国组织，接受财政部、民政部的监督、指导。各省、自治区、直辖市注册会计师协会是注册会计师行业的地方组织。

（二）中国会计学会

中国会计学会创建于 1980 年，是财政部所属由全国会计领域各类专业组织，以及会计理论界、实务界的会计工作者自愿组成的学术性、专业性、非营利性社会组织。学会下设 20 个分会、12 个专业委员会，主办有《会计研究》会刊，《会计最新动态》《会计研究动态》电子期刊。通过信息化和面授方式，为会员提供专业的培训和咨询；通过政产学研相结合的活动体系，为会员提供知识碰撞、经验交流、人脉拓展的平台。

（三）中国总会计师协会

中国总会计师协会是经财政部审核同意、民政部正式批准，依法注册登记成立的跨地区、跨部门、跨行业、跨所有制的非营利性国家一级社团组织，是总会计师行业的全国性自律组织。

三、单位内部的会计工作管理

《会计法》规定:"单位负责人对本单位的会计工作和会计资料的真实性、完整性负责。""单位负责人应当保证会计机构、会计人员依法履行职责,不得授意、指使、强令会计机构、会计人员违法办理会计事项。"

(一)单位负责人的职责

单位负责人是指单位法定代表人或法律、行政法规规定代表单位行使职权的主要负责人。单位负责人负责单位内部的会计工作管理。

单位负责人中的"单位",是指国家机关、社会团体、公司、企业、事业单位和其他组织,其中有些是法人,如公司、机关法人、事业法人等,有些是非法人,如合伙企业、个人独资企业等。如果单位是法人,则单位负责人为该单位的法定代表人。如果单位是非法人,则单位负责人是法律、行政法规规定代表单位行使职权的主要负责人。单位负责人对会计工作负责的具体内容包括:依法设置会计机构和会计人员;依法从事会计行为;单位负责人应当承担违法责任。

(二)会计机构的设置

各单位可依据会计业务的需要决定是否设置单独会计机构。不设置单独会计机构的单位,一般应当在本单位有关机构中设置专职的会计人员,并指定会计主管人员。设置了会计机构的单位,在会计机构中应当配备数量和素质与其工作相适应的会计人员。

(三)会计人员回避制度

《会计基础工作规范》规定国家机关、国有企业、事业单位任用会计人员应当实行回避制度。

①单位负责人的直系亲属不得担任本单位的会计机构负责人、会计主管人员;

②会计机构负责人(会计主管人员)的直系亲属不得在本单位会计机构中担任出纳工作。

③需要回避的直系亲属为:夫妻关系、直系血亲关系(例如父母、子女)、三代以内旁系血亲、近姻亲关系(例如配偶、父母)以及养父母、养子女关系。

【课后大通关】

一、单选题

1. 会计工作的主管部门是（　）。
   A. 注册会计师协会　　　　　　B. 国务院
   C. 县级以上各级政府财政部门　　D. 税务部门

2. （　）负责会计专业技术职务资格管理、会计人员评优表彰奖惩、会计人员继续教育等。
   A. 财政部门　　　　　　　　　B. 人力资源和社会保障部门
   C. 税务部门　　　　　　　　　D. 各级政府

3. （　）对本单位会计工作和会计资料的真实性、完整性负责。
   A. 单位负责人　　　　　　　　B. 会计机构
   C. 会计人员　　　　　　　　　D. 总会计师

二、多选题

1. 财政部门履行的会计行政管理职能主要有（　）。
   A. 制定国家统一的会计准则制度　B. 会计市场管理
   C. 会计专业人才评价　　　　　　D. 会计监督检查

2. 关于国家统一的会计制度的制定权限，正确的有（　）。
   A. 国家统一的会计制度由国务院财政部门根据《会计法》制定并公布
   B. 国务院有关部门对会计核算和会计监督有特殊要求的行业，依照《会计法》和国家统一的会计制度制定具体办法或补充规定，报国务院财政部门审核批准
   C. 中国人民解放军总后勤部可以依照《会计法》和国家统一的会计制度制定军队实施国家统一的会计制度的具体办法，报国务院财政部门备案
   D. 对会计核算和会计监督有特殊要求的行业，由财政部依照《会计法》和国家统一的会计制度制定具体办法或补充规定

3. 我国现行国家统一的会计制度主要包括（　）。
   A. 会计核算制度　　　　　　　B. 会计监督制度
   C. 会计机构和会计人员管理制度　D. 会计工作管理制度

4. 中国注册会计师协会是中国注册会计师行业的全国组织，接受（　）的监督、指导。
   A. 财政部　　　　　　　　　　B. 民政部
   C. 中国会计学会　　　　　　　D. 国家税务总局

5. 财政部门负责（　　）。

A. 会计人员评优表彰　　　　B. 会计专业技术职务资格管理

C. 会计人员奖惩　　　　　　D. 会计人员继续教育

6. 单位负责人对会计工作负责的具体内容包括（　　）。

A. 依法设置会计机构和会计人员

B. 依法从事会计行为

C. 单位负责人应当承担违法责任

D. 单位负责人可要求会计机构和会计人员向不同的会计资料使用者提供编制依据不同的财务会计报告

三、判断题

1. 由于部队与地方相比在会计工作的管理等诸方面有一定的特殊性，所以，会计法对其会计制度的制定权作了单独的规定。（　　）

2. 地方各级人民政府财政部门管理本行政区域内的会计工作。（　　）

3. 单位负责人是指单位法定代表人或法律、行政法规规定代表单位行使职权的主要负责人。（　　）

4. 如果单位是法人，则单位负责人为该单位的法定代表人；如果单位非法人，则单位负责人是法律、行政法规规定代表单位行使职权的主要负责人。（　　）

5. 不单独设置会计机构的单位，一般应当在本单位有关机构中设置专职的会计人员，无须指定会计主管人员。（　　）

1-2 课后大通关答案：

一、单选题　1.C　2.A　3.A

二、多选题　1.ABCD　2.ABC　3.ABCD　4.AB　5.ABCD　6.ABC

三、判断题　1.√　2.×　3.√　4.√　5.×

第三节　会计核算

　　会计核算是以货币为计量单位，用专门的会计方法，对生产经营活动或者预算执行过程及其结果进行连续、系统、全面的记录、计算、分析，定期编制并提供财务会计报告和其他一系列内部管理所需的会计资料，为经营决策和宏观经济管理提供依据的一项会计活动。会计核算是会计工作的核心和重点。

一、会计核算的总体要求

（一）会计核算依据

《会计法》规定："各单位必须根据实际发生的经济业务事项进行会计核算，填制会计凭证，登记会计账簿，编制财务会计报告。任何单位不得以虚假的经济业务事项或者资料进行会计核算。"

（二）对会计资料的基本要求

会计资料的生成和提供必须符合国家统一的会计准则制度的规定。会计资料主要指会计凭证、会计账簿、财务会计报告和其他会计资料等专业资料。

《会计法》规定："会计凭证、会计账簿、财务会计报告和其他会计资料，必须符合国家统一的会计制度的规定。使用电子计算机进行会计核算的，其软件及其生成的会计凭证、会计账簿、财务会计报告和其他会计资料，也必须符合国家统一的会计制度的规定。任何单位和个人不得伪造、变造会计凭证、会计账簿及其他会计资料，不得提供虚假的财务会计报告。"提供虚假的会计资料是违法行为。

所谓伪造会计凭证、会计账簿及其他会计资料，是指以虚假的经济业务事项为前提编造不真实的会计凭证、会计账簿和其他会计资料，即无中生有；

所谓变造会计凭证、会计账簿及其他会计资料，是指用涂改、挖补等手段来改变会计凭证、会计账簿等的真实内容，歪曲事实真相的行为，即篡改事实；

所谓提供虚假财务会计报告，是指通过编造虚假的会计凭证、会计账簿及其他会计资料或直接篡改财务会计报告上的数据，使财务会计报告不真实、不完整地反映财务状况和经营成果，借以误导、欺骗会计资料使用者的行为，即以假乱真。

伪造、变造会计资料和提供虚假财务会计报告的主体为"任何单位和个人"，既包括单位及其工作人员为单位内部的非法目的而实施的伪造、变造会计资料和提供虚假财务报告的行为，也包括为他人伪造、变造会计资料和提供虚假财务会计报告的行为。这种会计资料所记录和反映的经济业务事项的内容与实际发生的经济业务事项严重相违背，是一种虚假的会计资料，属于严重的违法行为。

《会计法》对会计电算化作出了两方面规定：一是使用的会计核算软件必须符合国家统一的会计制度的规定；二是用电子计算机软件生成的会计资

料必须符合国家统一的会计制度的要求。

【知识点】会计资料的质量要求

判断题：所谓编制虚假财务会计报告的行为，是指违反《会计法》和国家统一会计制度的规定，根据虚假的会计账簿及其他会计资料或直接篡改财务会计报告上的数据，使财务会计报告不真实，借以误导、欺骗财务会计报告使用者的行为。（　　）

答案：×

【解析】会计资料的质量要求是真实、完整。提供虚假财务会计报告，是指通过编造虚假的会计凭证、会计账簿及其他会计资料或直接篡改财务会计报告上的数据，使财务会计报告不真实、不完整地反映真实财务状况和经营成果，借以误导、欺骗会计资料使用者的行为，即以假乱真。

（三）会计核算的内容

各单位在生产经营和业务活动中，会发生各种各样的经济业务事项。《会计法》规定："下列经济业务事项应当办理会计手续，进行会计核算：款项和有价证券的收付；财物的收发、增减和使用；债权债务的发生和结算；资本、基金的增减；收入、支出、费用、成本的计算；财务成果的计算和处理；其他事项。"

二、会计凭证

会计凭证是记录经济业务事项的发生或完成情况，明确经济责任，并作为记账依据的书面证明，是会计核算的重要会计资料。每个企业都必须按一定的程序填制和审核会计凭证，根据审核无误的会计凭证进行账簿登记，如实反映企业的经济业务。《会计法》对会计凭证的种类、取得、审核、更正等内容进行了规定。如何填制、审核会计凭证是会计核算工作的首要环节。会计凭证按照填制程序和用途的不同分为原始凭证和记账凭证。

（一）原始凭证

原始凭证是在经济业务事项发生时由经办人员直接取得或者填制、用以表明某项经济业务事项已经发生或完成、明确有关经济责任的凭据。它是会计核算的原始依据。原始凭证按照来源的不同，可分为外来原始凭证和自制原始凭证两种。

1. 原始凭证的内容

原始凭证名称；填制原始凭证的日期；填制原始凭证的单位名称或者填

制人员的姓名；接受凭证单位的名称；经济业务事项内容；经济业务事项的数量、单价和金额；经办人员的签名或盖章等。

2. 原始凭证的填制和取得

从外单位取得的原始凭证，必须盖有填制单位的公章；从个人取得的原始凭证，必须有填制人员的签名或者盖章。自制原始凭证必须有经办部门负责人或者其指定的人员签名或者盖章。对外开出的原始凭证，必须加盖本单位公章。凡填有大小写金额的原始凭证，大写与小写金额必须相符。购买实物的原始凭证，必须有验收证明。支付款项的原始凭证，必须有收款单位和收款人的收款证明。一式几联的原始凭证，应当注明各联的用途，只能以一联作为报销凭证。一式几联的发票和收据，必须用双面复写纸（发票和收据本身具备复写纸功能的除外）套写，并连续编号。作废时应当加盖"作废"戳记，连同存根一起保存，不得撕毁。发生销货退回的，除填制退货发票外，还必须有退货验收证明；退款时，必须取得对方的收款收据或者汇款银行的凭证，不得以退货发票代替收据。职工公出借款凭据，必须附在记账凭证之后。收回借款时，应当另开收据或者退还借据副本，不得退还原借款收据。经上级有关部门批准的经济业务，应当将批准文件作为原始凭证附件，如果批准文件需要单独归档的，应当在凭证上注明批准机关名称、日期和文件字号。原始凭证不得外借，其他单位确需借用原始凭证时，经本单位会计机构负责人（会计主管人员）批准，可以复制。向外单位提供的原始凭证复制件，应当在专设的登记簿上登记，并由提供人员和收取人员共同签名或盖章。原始凭证不得涂改、挖补。发现原始凭证有错误的，应当由开出单位重开或者更正，更正处应当加盖开出单位的公章。

《会计法》规定："办理经济业务事项的单位和人员，都必须填制或取得原始凭证并及时送交会计机构。"这一规定体现了两层含义：一是办理经济业务事项时必须填制或取得原始凭证；二是填制或取得的原始凭证必须及时送交会计机构，否则就是违法行为。对于"及时"的时间期限，一般理解为一个会计结算期。

3. 原始凭证的审核

《会计法》规定："会计机构、会计人员必须按照国家统一的会计制度的规定对原始凭证进行审核，对不真实、不合法的原始凭证有权不予接受，并向单位负责人报告；对记载不准确、不完整的原始凭证予以退回，并要求按照国家统一的会计制度的规定更正、补充。"

4. 原始凭证错误的更正

《会计法》规定："原始凭证记载的各项内容均不得涂改；原始凭证有错误的，应当由出具单位重开或者更正，更正处应当加盖出具单位印章。原始凭证金额有错误的，应当由出具单位重开，不得在原始凭证上更正。"原始凭证开具单位应当依法开具准确无误的原始凭证，对于填制有误的原始凭证，负有更正和重新开具的法律义务，不得拒绝。

【知识点】 原始凭证错误的更正

单选题：

1. 会计机构或会计人员发现原始凭证有错误时应当注意的事项有（　）。

A. 应予以退回，由出具单位重开或更正

B. 应予以退回，由出具单位重开

C. 应予以退回，由出具单位更正

D. 由经办人直接在原始凭证上更正

答案：A

2. 会计机构和会计人员对记载不准确，不完整的原始凭证正确的做法有（　）。

A. 退回原经办人员补充或更正

B. 应拒绝办理，并向负责人报告

C. 原始凭证金额有错误，应退回要求原单位重新开具

D. 原始凭证金额有错误的，应退回由原单位更正

答案：C

【解析】 原始凭证金额错误，必须由原开具单位重新开具，原始凭证有金额以外的其他错误，可由开具单位更正，并在更正处加盖开具单位公章。

（二）记账凭证

记账凭证俗称传票，是对经济业务事项按其性质加以归类，确定会计分录，并据以登记会计账簿的凭证。记账凭证可分为收款凭证、付款凭证、转账凭证，也可以使用通用记账凭证。《会计法》规定："记账凭证应当根据经过审核的原始凭证及有关资料编制。"

记账凭证的内容：填制记账凭证的日期；记账凭证的名称和编号；经济业务事项摘要；应记会计科目名称、方向和金额；记账符号；记账凭证所附原始凭证的张数；记账凭证的填制人员、稽核人员、记账人员和会计主管人员的签名或印章。收款和付款记账凭证还应当由出纳人员签名或盖章。以自

制的原始凭证或者原始凭证汇总表代替记账凭证的，也必须具备记账凭证应有的项目。

填制记账凭证时，应当对记账凭证进行连续编号。一笔经济业务需要填制两张以上记账凭证的，可以采用分数编号法编号；记账凭证可以根据每一张原始凭证填制，或者根据若干张同类原始凭证汇总填制，也可以根据原始凭证汇总表填制。但不得将不同内容和类别的原始凭证汇总填制在一张记账凭证上。除结账和更正错误的记账凭证可以不附原始凭证外，其他记账凭证必须附有原始凭证。如果一张原始凭证涉及几张记账凭证，可以把原始凭证附在一张主要的记账凭证后面，并在其他记账凭证上注明附有该原始凭证的记账凭证的编号或者附原始凭证复印件。一张原始凭证所列支出需要几个单位共同负担的，应当将其他单位负担的部分，开给对方原始凭证分割单，进行结算。原始凭证分割单必须具备原始凭证的基本内容：凭证名称、填制凭证日期、填制凭证单位名称或者填制人姓名、经办人的签名或者盖章、接受凭证单位名称、经济业务内容、数量、单价、金额和费用分摊情况等。

【知识点】记账凭证的要求

单选题：下列各项中，记账凭证可以不附原始凭证的是（ ）。

A.结账和更正错账　　　　B.采购业务

C.销售业务　　　　　　　D.收款业务

答案：A

【解析】除结账和更正错误的记账凭证可以不附原始凭证外，其他记账凭证必须附有原始凭证。因此选项A正确。

记账凭证的编制，强调两方面的要求：一是记账凭证编制必须以原始凭证及有关资料为依据；二是作为记账凭证编制依据的必须是经过审核无误的原始凭证和有关资料。

填制会计凭证，字迹必须清晰、工整，并符合下列要求：

①阿拉伯数字应当一个一个地写，不得连笔写。阿拉伯金额数字前面应当书写货币符号或者货币名称简写和币种符号。币种符号与阿拉伯金额数字之间不得留有空白。凡阿拉伯数字前写有币种符号的，数字后面不再写货币单位。

②所有以元为单位（其他货币种类为货币基本单位，下同）的阿拉伯数字，除表示单价等情况外，一律填写到角分；元角分的，角位和分位可写"00"，或者符号"—"；有角无分的，分位应当写"0"，不得用符号"—"代替。

③汉字大写数字金额如零、壹、贰、叁、肆、伍、陆、柒、捌、玖、拾、佰、仟、万、亿等，一律用正楷或者行书体书写，不得用0、一、二、三、四、

五、六、七、八、九、十等简化字代替，不得任意自造简化字。大写金额数字到元或者角为止的，在"元"或者"角"字之后应当写"整"字或者"正"字；大写金额数字有分的，分字后面不写"整"或者"正"字。

④大写金额数字前未印有货币名称的，应当加填货币名称，货币名称与金额数字之间不得留有空白。

⑤阿拉伯金额数字中间有"0"时，汉字大写金额要写"零"字；阿拉伯数字金额中间连续有几个"0"时，汉字大写金额中可以只写一个"零"字；阿拉伯金额数字元位是"0"，或者数字中间连续有几个"0"、元位也是"0"但角位不是"0"时，汉字大写金额可以只写一个"零"字，也可以不写"零"字。

三、会计账簿

会计账簿是指由一定格式的账页组成的，以经过审核的会计凭证为依据，全面、系统、连续地记录各项经济业务的簿籍。会计账簿包括总账、日记账、明细账和其他辅助性账簿。

（一）依法建账的法律规定

这里所说的依法建账的"法"，既包括《会计法》《会计基础工作规范》等，也包括其他法律、行政法规，如《中华人民共和国税收征收管理法》《中华人民共和国公司法》等。

各单位要依法设置的会计账簿包括：

1. 总账

也称总分类账，是根据会计科目（也称总账科目）开设的账簿，用于分类登记单位的全部经济业务事项，提供资产、负债、资本、费用、成本、收入和成果等总括核算的资料。总账一般有订本账和活页账两种。各单位可以根据采用的记账方法和账务处理程序的需要设置总账。

2. 明细账

也称明细分类账，是根据总账科目所属的明细科目设置的，用于分类登记某一类经济业务事项，提供有关明细核算资料。明细账是会计资料形成的基础环节。明细账可采用订本式、活页式、三栏式、多栏式、数量金额式。

3. 日记账

是一种特殊的序时明细账，它是按照经济业务事项发生的时间先后顺序，逐日逐笔地进行登记的账簿。包括库存现金日记账和银行存款日记账。日记账必须使用订本账。

4. 其他辅助账簿

也称备查账簿，是为备忘备查而设置的。在实际会计实务中，主要包括各种租借设备、物资的辅助登记或有关应收、应付款项的备查簿，担保、抵押备查簿等。

根据《会计法》规定，各单位在建账时应遵守以下几点：

①各单位必须依法设置会计账簿，并保证其真实、完整。

②会计账簿登记，必须以经过审核的会计凭证为依据，并符合有关法律、行政法规和国家统一的会计制度的规定。

③各单位发生的各项经济业务事项应当在依法设置的会计账簿上统一登记、核算，不得违反会计法和国家统一的会计制度的规定私设会计账簿登记、核算。

（二）登记会计账簿的规定

启用会计账簿时，应当在账簿封面上写明单位名称和账簿名称。在账簿扉页上应当附启用表，内容包括：启用日期、账簿页数、记账人员和会计机构负责人、会计主管人员姓名，并加盖名章和单位公章。记账人员或者会计机构负责人、会计主管人员调动工作时，应当注明交接日期、接办人员或者监交人员姓名，并由交接双方人员签名或者盖章。启用订本式账簿，应当从第一页到最后一页顺序编定页数，不得跳页、缺号。使用活页式账页，应当按账户顺序编号，并须定期装订成册。装订后再按实际使用的账页顺序编定页码，另加目录，记明每个账户的名称和页次。

会计人员应当根据审核无误的会计凭证登记会计账簿。登记账簿的基本要求是：

①登记会计账簿时，应当将会计凭证日期、编号、业务内容摘要、金额和其他有关资料逐项记入账内；做到数字准确、摘要清楚、登记及时、字迹工整。

②登记完毕后，要在记账凭证上签名或者盖章，并注明已经登账的符号，表示已经记账。

③账簿中书写的文字和数字上面要留有适当空格，不要写满格，一般应占格距的二分之一。

④登记账簿要用蓝黑墨水或者碳素墨水书写，不得使用圆珠笔（银行的复写账簿除外）或者铅笔书写。

⑤下列情况,可以用红色墨水记账:按照红字冲账的记账凭证,冲销错误记录;在不设借贷等栏的多栏式账页中,登记减少数;在三栏式账户的余额栏前,如未印明余额方面的,在余额栏内登记负数余额;根据国家统一会计制度的规定可以用红字登记的其他会计记录。

⑥各种账簿按页次顺序连续登记,不得跳行、隔页。如果发生跳行、隔页,应当将空行、空页划线注销,或者注明"此行空白""此页空白"字样,并由记账人员签名或者盖章。

⑦凡需要结出余额的账户,结出余额后,应当在"借或贷"等栏内写明"借"或者"贷"等字样。没有余额的账户,应当在"借或贷"等栏内写"平"字,并在余额栏内用"0"表示。现金日记账和银行存款日记账必须逐日结出余额。

⑧每一账页登记完毕结转下页时,应当结出本页合计数及余额,写在本页最后一行和下页第一行有关栏内,并在摘要栏内注明"过次页"和"承前页"字样;也可以将本页合计数及金额只写在下页第一行有关栏内,并在摘要栏内注明"承前页"字样。对需要结计本月发生额的账户,结计"过次页"的本页合计数应当为自本月初起至本页末止的发生额合计数;对需要结计本年累计发生额的账户,结计"过次页"的本页合计数应当为自年初起至本页末止的累计数;对既不需要结计本月发生额也不需要结计本年累计发生额的账户,可以只将每页末的余额结转次页。

⑨登记账簿时发生错误,应当将错误的文字或者数字划红线注销,但必须使原有字迹仍可辨认;然后在划线上方填写正确的文字或者数字,并由记账人员在更正处盖章。对于错误的数字,应当全部划红线更正,不得只更正其中的错误数字。对于文字错误,可只划去错误的部分。由于记账凭证错误而使账簿记录发生错误,应当按更正的记账凭证登记账簿。

【知识点】会计账簿的种类

判断题:租入设备、担保、抵押备查簿属于备查账簿。( )

答案:√

【解析】略。

(三)账目核对

账目核对也称对账,是保证会计账簿记录质量的重要程序。《会计法》规定:"各单位应当定期将会计账簿记录与实物、款项及有关资料相互核对,保证会计账簿记录与实物及款项的实有数额相符、会计账簿记录与会计凭证的有关内容相符、会计账簿之间相对应的记录相符、会计账簿记录与会计报表的有关内容相符。"对账工作每年至少进行一次。

1. 账实相符

账实相符是会计账簿记录与实物、款项实有数核对相符的简称。包括：现金日记账账面余额与现金实际库存数相核对；银行存款日记账账面余额定期与银行对账单相核对；各种财物明细账账面余额与财物实存数额相核对；各种应收、应付款明细账账面余额与有关债务、债权单位或者个人核对等。

2. 账证相符

账证相符是会计账簿记录与会计凭证有关内容核对相符的简称。核对会计账簿记录与原始凭证、记账凭证的时间、凭证字号、内容、金额是否一致，记账方向是否相符。

3. 账账相符

账账相符是会计账簿之间对应记录核对相符的简称。包括：总账有关账户的余额核对，总账与明细账核对，总账与日记账核对，会计部门的财产物资明细账与财产物资保管和使用部门的有关明细账核对等。

4. 账表相符

账表相符是会计账簿记录与会计报表有关内容核对相符的简称。

【知识点】账实核对的内容

判断题：企业银行存款日记账与银行对账单核对，是账实核对的内容。
（　）

答案：√

【解析】略。

四、财务会计报告

财务会计报告是对企业财务状况、经营成果和现金流量的结构性表述。

（一）财务会计报告的构成

财务会计报告是企业和其他单位向有关各方面及国家有关部门提供其在某一特定日期财务状况和某一会计期间经营成果、现金流量的文件。

财务会计报告由会计报表、会计报表附注和财务情况说明书组成。

会计报表至少应当包括下列组成部分：资产负债表、利润表、现金流量表、所有者权益（或股东权益，下同）变动表、附注。

（二）会计报表的要求

会计报表的编制依据。各单位的会计报表必须根据经过审核的会计账簿记录和有关资料编制。

会计报表的编制要求。会计报表的编制应当符合《会计法》和国家统一的会计制度的规定，做到：数字真实、计算准确、内容完整、说明清楚。

向不同的会计资料使用者提供的财务会计报告，其编制依据应当一致。以不同的依据编制的会计报表，实际上是虚假的财务报表，是严重违法行为，必须依法制止和惩治。

单位负责人应当保证财务会计报告真实、完整。

财务会计报告应当由单位负责人和主管会计工作的负责人、会计机构负责人（会计主管人员）签名并盖章；设置总会计师的单位，还须由总会计师签名并盖章。

有关法律、行政法规规定会计报表、会计报表附注和财务情况说明书须经注册会计师审计的，注册会计师及其所在的会计师事务所出具的审计报告应当随同财务会计报告一并提供。

> **易错辨析：**
> 根据《会计法》规定，财务报表应当由单位负责人和主管会计工作的负责人、会计机构负责人（会计主管人员）签名并盖章；设置总会计师的单位，还须由总会计师签名并盖章。相关人员必须在财务报表上签名并盖章，仅签名或仅盖章是错误的。

五、会计档案管理

（一）会计档案的内容及保管期限

《会计法》规定："各单位对会计凭证、会计账簿、财务会计报告和其他会计资料应当建立档案，妥善保管。会计档案的保管期限和销毁办法，由国务院财政部门会同有关部门制定。"

1. 会计档案的内容

会计档案是指会计凭证、会计账簿和财务报告等会计核算专业材料，是记录和反映单位经济业务的重要史料和证据。具体包括：①会计凭证：原始凭证、记账凭证；②会计账簿：总账、明细账、日记账、固定资产卡片及其他辅助性账簿等；③财务会计报告：月度、季度、半年度、年度财务会计报告；④其他：银行存款余额调节表、银行对账单、纳税申报表、会计档案移交清册、会计档案保管清册、会计档案销毁清册、会计档案鉴定意见书及其他具有保存价值的会计资料。

财务预算、计划、制度等文件材料属文书档案，不属于会计档案。

2. 会计档案的保管期限

会计档案保管期限分为永久和定期两类，定期保管期限一般分为10年和30年。如表1-3-1所示。会计档案的保管期限，自会计年度终了后的第一天算起。

表1-3-1　企业会计档案保管期限表

档案名称	保管期限	备注
会计凭证		
原始凭证	30年	
记账凭证	30年	
会计账簿		
总账	30年	
明细账	30年	
日记账	30年	
固定资产卡片		固定资产报废清理后保管5年
其他辅助性账簿	30年	
财务会计报告		
月度、季度、半年度财务会计报告	10年	
年度财务会计报告	永久	
其他会计资料		
会计档案保管清册	永久	
会计档案销毁清册	永久	
会计档案鉴定意见书	永久	
会计档案移交清册	30年	
银行存款余额调节表	10年	
银行对账单	10年	
纳税申报表	10年	

【知识点】会计档案保管期限

单选题：下列会计档案中，应当永久保管的是（　）。

A. 银行对账单　　　　　　B. 现金和银行存款日记账

C. 年度财务会计报告　　　D. 会计档案移交清册

答案：C

【解析】略。

（二）会计档案的管理部门

财政部和国家档案局主管全国会计档案工作，共同制定全国统一的会计档案工作制度，对全国会计档案工作实行监督和指导。

县级以上地方人民政府财政部门和档案行政管理部门管理本行政区域内的会计档案工作，并对本行政区域内会计档案工作实行监督和指导。

（三）会计档案的归档

各单位每年形成的会计档案，应当由会计机构按照归档要求，负责整理立卷归档。

采用电子计算机进行会计核算的单位，应当保存打印出的纸质会计档案。

（四）会计档案的移交

会计档案由单位会计机构负责整理归档，当年形成的会计档案在会计年度终了后，可暂由本单位会计机构保管一年。因工作需要确需推迟移交的，应当经单位档案管理机构同意。单位会计管理机构临时保管会计档案最长不超过三年。保管期满后，应由会计机构编制清册，移交本单位的档案机构统一保管；未设立档案机构的，应当在会计机构内部指定专门人员保管。

纸质会计档案移交时应当保持原卷的封装。电子会计档案移交时应当将电子会计档案及其元数据一并移交，且文件格式应当符合国家档案管理的有关规定。特殊格式的电子会计档案应当与其读取平台一并移交。

出纳人员不得兼管会计档案。

（五）会计档案的查阅、复制和借出

单位应当严格按照相关制度利用会计档案，在进行会计档案查阅、复制、借出时履行登记手续，严禁篡改和损坏。

单位保存的会计档案一般不得对外借出。确因工作需要且根据国家有关规定必须借出的，应当严格按照规定办理相关手续。

单位的会计档案及其复制件需要携带、寄运或者传输至境外的，应当按照国家有关规定执行。

（六）会计档案的销毁

1. 会计档案的鉴定

单位应当定期对已到保管期限的会计档案进行鉴定，并形成会计档案鉴定意见书。经鉴定，仍需继续保存的会计档案，应当重新划定保管期限；对保管期满，确无保存价值的会计档案，可以销毁。

会计档案鉴定工作应当由单位档案管理机构牵头，组织单位会计、审计、纪检监察等机构或人员共同进行。

2. 销毁程序

经鉴定可以销毁的会计档案，应当按照以下程序销毁：

①单位档案管理机构编制会计档案销毁清册，列明拟销毁会计档案的名称、卷号、册数、起止年度、档案编号、应保管期限、已保管期限和销毁时间等内容；

②单位负责人、档案管理机构负责人、会计管理机构负责人、档案管理机构经办人、会计管理机构经办人在会计档案销毁清册上签署意见；

③单位档案管理机构负责组织会计档案销毁工作，并与会计管理机构共同派员监销。监销人在会计档案销毁前，应当按照会计档案销毁清册所列内容进行清点核对；在会计档案销毁后，应当在会计档案销毁清册上签名或盖章。

电子会计档案的销毁还应当符合国家有关电子档案的规定，并由单位档案管理机构、会计管理机构和信息系统管理机构共同派员监销。

3. 不得销毁的会计档案

对于保管期满但未结清的债权债务会计凭证和涉及其他未了事项的会计凭证不得销毁，纸质会计档案应当单独抽出立卷，电子会计档案单独转存，保管到未了事项完结时为止。单独抽出立卷或转存的会计档案，应当在会计档案鉴定意见书、会计档案销毁清册和会计档案保管清册中列明。

> **易错辨析：**
>
> 国家机关销毁会计档案时，应当由同级财政部门、审计部门派员监销；
>
> 财政部门销毁会计档案时，应当由同级审计部门派员监销；
>
> 监销人在销毁会计档案前，应当按照会计档案销毁清册所列内容清点核对所要销毁的会计档案。

六、其他

（一）会计年度

《会计法》规定："会计年度自公历1月1日起至12月31日止。"《企业财务会计报告条例》规定："会计期间分为年度、半年度、季度和月度，以满足单位经营管理和投资者对会计资料的需要。"

（二）记账本位币

《会计法》规定："会计核算以人民币为记账本位币。业务收支以人民币以外的货币为主的单位，可以选定其中一种货币作为记账本位币，但是编报的财务会计报告应当折算为人民币。"

在选择人民币以外的货币作为记账本位币时，必须遵守"业务收支以人民币以外的货币为主"的原则，而且记账本位币一经确定，不得随意变动。以人民币以外的货币为记账本位币的单位，在编制财务会计报告时，应当依据国家统一会计制度的规定，按照一定的外汇汇率折算为人民币反映，以便于财务会计报告使用者阅读和使用，也便于税务、工商等部门通过财务会计报告计算应缴税款和工商年检。

（三）会计记录文字

《会计法》规定："会计记录的文字应当使用中文。在民族自治地方，会计记录可以同时使用当地通用的一种民族文字。在中华人民共和国境内的外商投资企业、外国企业和其他外国组织的会计记录可以同时使用一种外国文字。"

根据这一规定，在我国境内所有国家机关、社会团体、公司、企业、事业单位和其他组织的会计记录文字都必须使用中文。这是法定要求，违反这一规定，就是违法行为，应当承担法律责任。

民族自治地方和在我国境内的外国组织可以同时使用另外一种文字。

> **易错辨析：**
> 使用中文是强制性的，使用其他通用文字是备选性的，不能理解为既可以使用中文，也可以使用其他通用文字。

（四）会计处理方法

《会计法》规定："各单位采用的会计处理方法，前后各期应当一致，不得随意变更；确有必要变更的，应当按照国家统一的会计制度的规定变更，并将变更的原因、情况及影响在财务会计报告中说明。"

1. 会计处理方法

会计处理方法，一般也称为会计核算方法，是指单位对经济业务事项进行确认、计量、记录和报告的方法，具体包括会计确认方法、会计计量方法、会计记录方法和会计报告方法。其中，会计确认是会计处理的第一步，主要解决经济业务事项是否应该、能不能够在会计中反映，以及应该在什么项目中反映；会计计量是第二步，主要解决经济业务事项用什么计量属性来计量，从而决定会计反映的金额；会计记录是第三步，这一步是会计确认和计量的具体体现，即按照国家统一的会计制度的规定，将经济业务事项具体记录在凭证、账簿等会计资料中；会计报告是最后一步，在前几步的基础上，对凭证、账簿等会计资料进行进一步的归纳和整理，通过会计报表、会计报表附注和财务情况说明书等方式将财务会计信息提供给会计信息使用者。

2. 会计处理方法变更的情形

企业会计准则规定，同一企业不同时期发生的相同或者相似的交易或者事项，应当采用一致的会计政策，不得随意变更。但会计处理方法不是绝对不能变更的，在特定条件下允许单位变更会计处理方法，一般而言，单位变更会计处理方法的主要情形是：

①变更会计处理方法后，能够使单位所提供的企业财务状况、经营成果和现金流量等信息更加可靠，更为相关；

②国家的会计制度发生了变化，根据新会计制度的要求，单位需要变更会计处理方法等。

【课后大通关】

一、单选题

1. 各单位必须根据（　　）进行会计核算，填制会计凭证，登记会计账簿，编制财务会计报告。

A. 会计法律　　　　　　　　B. 会计账目
C. 实际发生的经济业务事项　　D. 会计资料的基本要求

2. 会计账簿记录发生错误或者隔页、缺号、跳行的，应当按照国家统一的会计制度规定的方法更正，并由（　　）在更正处盖章，以明确责任。

A. 单位负责人　　　　　　　B. 会计机构负责人
C. 会计人员　　　　　　　　D. 会计人员和会计机构负责人

3. 不需在记账凭证上签名的人员是（　　）。

A. 填制人员　　　　　　　　B. 稽核人员
C. 会计主管　　　　　　　　D. 单位负责人

4. 企业的会计处理方法，前后各期应当保持一致，不得随意变更，确有必要变更的，应当按照国家统一的会计制度的规定变更，并将（　　）在财务会计报告中说明。

A. 变更的原因　　　　　　　　B. 变更的依据、影响

C. 变更的原因、影响　　　　　D. 变更的原因、情况及影响

5. 企业的会计核算应当以（　）为基础。

A. 权责发生制　　　　　　　　B. 谨慎性

C. 历史成本　　　　　　　　　D. 实质重于形式

6. 会计凭证、会计账簿、财务会计报告和其他会计资料，必须符合（　）的规定。

A. 国家统一的会计制度　　　　B. 国家有关法律

C. 税收相关法律　　　　　　　D. 会计部门规章

7. 使用电子计算机进行会计核算的，其软件及其生成的会计凭证、会计账簿、财务会计报告和其他会计资料，也必须符合（　）的规定。

A. 国家统一的会计制度　　　　B. 国家有关法律

C. 税收相关法律　　　　　　　D. 会计部门规章

8. 发现原始凭证有（　）错误的，应当由开出单位重开。

A. 经济业务内容　　　　　　　B. 经济业务数量

C. 经济业务金额　　　　　　　D. 接受凭证单位名称

9. 会计机构、会计人员必须按照国家统一的会计制度的规定对原始凭证进行审核，对不真实、不合法的原始凭证（　）。

A. 予以退回，并要求按照国家统一的会计制度的规定更正、补充

B. 不予接受，并向单位负责人报告

C. 不予接受，并要求按照国家统一的会计制度的规定更正、补充

D. 予以退回，并向单位负责人报告

10. 下列各项中，没有违反《会计法》规定的是（　）。

A. 某商场为了促销，向其客户提供了与事实不符的发票

B. 某上市公司在财务会计报告中未披露为其他单位提供债务担保的事实

C. 某乡财政所对一会计人员作出撤销其会计专业技术职务的决定

D. 某省级财政部门对本省一单位依法设账情况进行检查

11. 按照《会计法》规定，作为记账凭证编制依据的必须是（　）的原始凭证和有关资料。

A. 经办人签字　　　　　　　　B. 审核无误

C. 金额无误　　　　　　　　　D. 领导认可

12. 日记账必须使用（　）。

A. 活页式　　　　　　　　　　B. 订本式

C. 数量金额式　　　　　　　　D. 多栏式

13. 登记会计账簿时，账簿中书写的文字和数字上面要留有适当空格，不要写满格，一般应占格距的（　）。

　　A. 二分之一　　　　　　　　B. 三分之一

　　C. 四分之一　　　　　　　　D. 三分之二

14. 各单位的财务报表必须根据经过审核的（　）记录和有关资料编制。

　　A. 原始凭证　　　　　　　　B. 记账凭证

　　C. 会计账簿　　　　　　　　D. 会计报表

15. （　）应当保证财务会计报告真实、完整。

　　A. 单位负责人　　　　　　　B. 总会计师

　　C. 会计机构负责人（会计主管人员）　D. 主管会计工作的负责人

16. 会计档案的保管期限和销毁办法，由（　）会同有关部门制定。

　　A. 国务院　　　　　　　　　B. 国务院财政部门

　　C. 国家税务总局　　　　　　D. 国务院审计部门

17. 下列不属于原始凭证必备内容的是（　）。

　　A. 原始凭证名称　　　　　　B. 稽核人员签名或盖章

　　C. 经办人员的签名或盖章　　D. 接受原始凭证的单位名称

18. 根据《会计档案管理办法》的规定，企业年度财务报告的保管期限是（　）。

　　A. 5 年　　　　　　　　　　B. 10 年

　　C. 永久　　　　　　　　　　D. 15 年

19. 登记会计账簿必须按照《企业会计制度》的规定，以审核无误的（　）为依据，进行登记，确保会计信息的准确无误。

　　A. 原始凭证　　　　　　　　B. 会计凭证

　　C. 会计记录　　　　　　　　D. 经济业务内容

20. 总账一般采用（　）的形式。

　　A. 卡片账　　　　　　　　　B. 表格账

　　C. 活页账　　　　　　　　　D. 订本账

二、多选题

1. 公司、企业进行会计核算不符合规定的有（　）。

　　A. 根据实际发生的经济业务事项确认、计量和记录资产、负债、所有者权益

　　B. 随意改变资产、负债、所有者权益的确认标准或者计量方法

　　C. 虚列或者隐瞒收入，推迟或者提前确认收入

　　D. 随意调整利润的计算、分配方法

2. 原始凭证必须具备的内容有（　）。

A. 凭证的名称

B. 经济业务内容、数量、单价和金额

C. 接受凭证单位名称

D. 经办人员的签名或盖章

3. 下列关于原始凭证的规定，正确的是（　）。

A. 从外单位取得的原始凭证，必须盖有填制单位的发票专用章，从个人取得的原始凭证，必须有填制人员的签名和盖章，自制原始凭证必须有经办单位领导人或其指定人员的签名或盖章，对外开出的原始凭证，必须加盖本单位公章

B. 凡填有大小写金额的原始凭证，大小写金额必须相符

C. 购买实物的原始凭证，必须有验收证明

D. 支付款项的原始凭证，必须有收款单位和收款人的收款证明。

4. 下列关于原始凭证的规定，正确的是（　）。

A. 一式几联的发票和收据，必须用双面复写纸套写，并连续编号，作废时应加盖"作废"戳记，连同存根一并保存，不得撕毁

B. 发生销货退回的，除填制退货发票外，还必须有退货验收证明；退款时，必须取得对方的收款收据或者汇款银行的凭证，不得以退货发票代替收据

C. 职工公出借款凭据，必须附在记账凭证之后。收回借款时，直接退还原借款收据

D. 经上级有关部门批准的经济业务，应当将批准文件作为原始凭证附件，如果批准文件需要单独归档的，应当在凭证上注明批准机关名称、日期和文件字号

5. 原始凭证不得涂改、挖补，发现原始凭证有（　）错误的，应当由开出单位更正，更正处应当加盖开出单位公章。

A. 经济业务的内容　　　　　B. 经济业务的金额

C. 填制原始凭证的日期　　　D. 经济业务的数量

6. 记账凭证必须具备的内容有（　）。

A. 填制凭证的日期　　　　　B. 会计科目

C. 金额　　　　　　　　　　D. 所附原始凭证的张数

7. 会计账簿记录错误的更正方法有（　）。

A. 登记账簿时发生错误，应当将错误的文字或者数字划红线注销

B. 在划红线上方填写正确的文字或者数字，并由记账人员在更正处盖章

C. 对于错误的数字，应当全部划红线更正，不得只更正其中的错误数字

D. 对于错误的文字，应当全部划红线更正，不得只更正其中的错误文字

8. 记账凭证可以根据（　）填制。

A. 每一张原始凭证　　　　　　B. 若干张同类原始凭证汇总

C. 原始凭证汇总表　　　　　　D. 不同内容和类别的原始凭证汇总

9. 除（　）外，其他记账凭证必须附有原始凭证。

A. 结账　　　　　　　　　　　B. 更正错账

C. 销售退回　　　　　　　　　D. 购货入库

10. 会计账簿包括（　）。

A. 总账　　　　　　　　　　　B. 明细账

C. 日记账　　　　　　　　　　D. 其他辅助性账簿

11. 登记账簿要用（　）书写。

A. 蓝黑墨水　　　　　　　　　B. 碳素墨水

C. 圆珠笔　　　　　　　　　　D. 铅笔

12. 下列（　）可以使用红色墨水记账。

A. 按照红字冲账的记账凭证，冲销错误记录

B. 在不设借贷等栏的多栏式账页中，登记减少数

C. 在三栏式账户的余额栏前，如未印明余额方面的，在余额栏内登记负数余额

D. 根据国家统一会计制度的规定可以用红字登记的其他会计记录

13. 编制财务报表应当符合（　）要求。

A. 内容完整　　　　　　　　　B. 数据真实

C. 计算准确　　　　　　　　　D. 编报及时

14. （　）需要在单位对外报出的财务报表上签名并盖章。

A. 单位负责人　　　　　　　　B. 总会计师

C. 会计机构负责人（会计主管人员）　D. 主管会计工作的负责人

15. 各单位的会计档案包括（　）。

A. 会计凭证类　　　　　　　　B. 会计账簿类

C. 财务报告类　　　　　　　　D. 其他类

16. 下列属于其他会计资料的有（　）。

A. 银行存款余额调节表　　　　B. 银行对账单

C. 会计档案保管清册　　　　　D. 会计档案销毁清册

17. （　）属于会计凭证类的会计档案。

A. 银行存款余额调节表　　　　B. 辅助账

C. 记账凭证　　　　　　　　　D. 原始凭证

18. 会计处理方法，指的是单位对经济业务事项进行（ ）的方法。
A. 确认　　　　　　　　　　B. 计量
C. 记录　　　　　　　　　　D. 报告

19. （ ）保管期限为30年。
A. 原始凭证　　　　　　　　B. 日记账
C. 总账　　　　　　　　　　D. 会计档案移交清册

20. 下列经济业务事项，应当办理会计手续，进行会计核算的有（ ）。
A. 款项和有价证券的收付　　B. 财物的收发、增减和使用
C. 资本、基金的增减　　　　D. 收入、费用、成本的计算

21. 《会计法》规定，各单位必须依法设置会计账簿，并保证其真实、完整。这里所说的"法"包括（ ）。
A. 《会计从业资格管理办法》　B. 《会计基础工作规范》
C. 《税收征收管理法》　　　　D. 《会计法》

三、判断题

1. 会计年度自公历1月1日起，12月31日止。（ ）

2. 任何单位和个人不得伪造、变造会计、会计账簿及其他会计资料，不得提供虚假财务会计报告。（ ）

3. 国家关于会计核算的规定，只适用于手工记账，不适用于电算化的会计核算。（ ）

4. 会计凭证包括原始凭证和记账凭证，原始凭证的内容及格式取决于它所反映的经济业务的内容。（ ）

5. 原始凭证金额出现错误的，不得更正，只能由开具单位重新开具。（ ）

6. 记账凭证可分为收款凭证、付款凭证、转账凭证、也可以使用通用记账凭证。（ ）

7. 一笔经济业务需要填制两张以上记账凭证的，可以采用分数编号法编号。（ ）

8. 填制会计凭证，除表示单价等情况外，金额一律填写到角分。（ ）

9. 总账也称总分类账，是根据会计科目（也称总账科目）开设的账簿，用于分类登记单位的全部经济业务事项，提供资产、负债、资本、费用、成本、收入和成果等明细核算的资料。总账一般有订本账和活页账两种。（ ）

10. 明细账也称明细分类账，是根据总账科目所属的明细科目设置的，用于分类登记某一类经济业务事项，提供总括核算的资料。（ ）

11. 日记账是按照经济业务事项发生的时间先后顺序，逐日逐笔地进行登

记的账簿。（ ）

12. 启用订本式账簿，应当从第一页到最后一页顺序编定页数，不得跳页、缺号。（ ）

13. 原始凭证金额有错误的，如果是小写金额的错误，应按照"划线更正法"予以更正，并且签章。若是大写金额有错误的，应当由出具单位重开，不得在原始凭证上更正。（ ）

14. 库存现金日记账和银行存款日记账必须逐日结出余额。（ ）

15. 向不同的会计资料使用者提供的财务报表，其编制依据应当一致。（ ）

16. 财务会计报告编制要求、提供对象、提供期限应符合法定要求，这里的"法"指《会计法》。（ ）

17. 会计报表之间、会计报表各项目之间，凡有对应关系的数字，应当相互一致。（ ）

18. 会计的处理方法可以由单位根据实际情况变更。（ ）

19.《会计法》规定，会计核算以人民币为记账本位币，不得使用其他货币作为记账本位币。（ ）

20.《会计法》规定，各单位采用的会计处理方法，前后各期应当一致，不得随意变更。这就是说，一旦企业选择了会计处理方法，绝对不能改变。（ ）

21. 原始凭证有错误的，应当由会计机构重开或者更正，更正处应当加盖出具单位印章。（ ）

22.《会计法》规定，原始凭证记载的各项内容均不得涂改。（ ）

1-3 课后大通关答案：

一、单选题 1.C 2.C 3.D 4.D 5.A 6.A 7.A 8.C 9.B 10.D 11.B 12.B 13.A 14.C 15.A 16.B 17.B 18.C 19.B 20.D

二、多选题 1.BCD 2.ABCD 3.BCD 4.ABD 5.ACD 6.ABCD 7.ABC 8.ABC 9.AB 10.ABCD 11.AB 12.ABCD 13.ABCD 14.ABCD 15.ABCD 16.ABCD 17.CD 18.ABCD 19.ABCD 20.ABCD 21.BCD

三、判断题 1.√ 2.√ 3.× 4.√ 5.√ 6.√ 7.√ 8.√ 9.× 10.× 11.√ 12.√ 13.× 14.√ 15.√ 16.× 17.√ 18.× 19.× 20.× 21.√ 22.√

第四节　会计监督

会计监督是会计的基本职能之一，我国的会计监督体系，包括单位内部监督、以注册会计师为主体的社会监督和以政府财政部门为主体的政府监督。

一、单位内部会计监督

（一）单位内部会计监督的概念及要求

单位内部会计监督是指会计机构、会计人员依照法律的规定，通过会计手段对经济活动的合法性、合理性和有效性进行的一种监督。

单位内部会计监督的主体是各单位的会计机构和会计人员。

单位内部会计监督的对象是本单位的经济活动。

单位负责人应当积极支持、保障会计机构、会计人员行使会计监督的职权。根据《会计法》的规定，单位负责人负责单位内部会计监督制度的组织实施，对本单位内部会计监督制度的建立及有效实施承担最终责任。

1. 单位内部会计监督制度的基本要求

根据《会计法》的规定，各单位应当建立、健全本单位内部会计监督制度。单位内部会计监督制度应当符合以下要求：

①记账人员与经济业务事项或会计事项的审批人员、经办人员、财物保管人员的职责权限应当明确，并相互分离、相互制约。

②重大对外投资、资产处置、资金调度和其他重要经济业务事项的决策和执行的相互监督、相互制约的程序应当明确。

③财产清查的范围、期限和组织程序应当明确。

④对会计资料定期进行内部审计的办法和程序应当明确。

【知识点】单位内部会计监督制度的基本要求

多选题：单位内部会计监督制度要求重大经济业务事项的决策和执行的程序应当明确，阐述的"重大经济业务事项"包括（ ）。

A. 重大对外投资　　　　　　B. 资产处置

C. 会计人员的聘用　　　　　D. 资金调度

答案：ABD

【解析】会计法规定："重大对外投资、资产处置、资金调度和其他重要经济业务的决策和执行的相互监督、相互制约的程序应当明确。"

2. 会计机构和会计人员在单位内部会计监督中的职权

（1）单位负责人在内部会计监督中的职责权限

《会计法》规定："单位负责人应当保证会计机构、会计人员依法履行职责，不得授意、指使、强令会计机构、会计人员违法办理会计事项。"这一规定明确了单位负责人为单位会计行为的责任主体。其主要目的，一是督促单位负责人组织有关人员建立和健全单位内部会计监督制度，以身作则，带头执行;二是防止单位负责人干预、阻挠会计机构和会计人员依法履行职责。

(2)会计机构、会计人员在内部会计监督中的职责权限

《会计法》规定:"会计机构、会计人员对违反本法和国家统一的会计准则制度规定的会计事项,有权拒绝办理或者按照职权予以纠正。会计机构、会计人员发现会计账簿记录与实物、款项及有关资料不相符的,按照国家统一的会计准则制度的规定有权自行处理的,应当及时处理;无权处理的,应当立即向单位负责人报告,请求查明原因,作出处理。"

【知识点】会计机构、会计人员在内部会计监督中的职权

判断题:会计机构、会计人员发现会计账簿记录与实物、款项及有关资料不相符的,应当立即向单位负责人报告,请求查明原因,作出处理。( )

答案:×

【解析】会计机构、会计人员发现会计账簿记录与实物、款项及有关资料不相符的,按照国家统一的会计制度的规定有权自行处理的,应当及时处理,无权处理的,应立即向单位负责人报告,请求查明原因,作出处理。因此本题说法是错误的。

(二)内部控制

企业及行政事业单位关于内部控制的相关内容归纳,如表1-4-1所示。

表1-4-1 企业及行政单位的内部控制表

	企业	行政、事业单位
概念	内部控制是指由企业董事会、监事会、经理层和全体员工实施的、旨在实现控制目标的过程。	内部控制是指单位为实现控制目标,通过制定制度、实施措施和执行程序,对经济活动的风险进行防范和管控。
控制目标	合理保证企业经营管理合法合规、资产安全、财务报告及相关信息真实完整,提高经营效率和效果,促进企业实现发展战略。	合理保证单位经济活动合法合规、资产安全和使用有效、财务信息真实完整,有效防范舞弊和预防腐败,提高公共服务的效率和效果。
控制原则	①全面性原则;②重要性原则;③制衡性原则;④适应性原则;⑤成本效绊原则。	①全面性原则;②重要性原则;③制衡性原则;④适应性原则。

续表

	企业	行政、事业单位
控制责任人	①董事会——负责内部控制的建立健全和有效实施；②监事会——对董事会建立与实施内部控制进行监督；③经理层——负责组织领导企业内部控制的日常运行。企业应当成立专门机构或者指定适当的机构具体负责组织协调内部控制的建立实施及日常工作。	单位负责人——对本单位内部控制的建立健全和有效实施负责。单位应当建立适合本单位实际情况的内部控制体系，并组织实施。
控制内容	①内部环境；②风险评估；③控制活动；④信息与沟通；⑤内部监督。	①梳理单位各类经济活动的业务流程，明确业务环节；②系统分析经济活动风险，确定风险点，选择风险应对策略；③在以上基础上根据国家有关规定建立健全单位各项内部管理制度并督促相关工作人员认真执行。
控制措施及方法	控制措施一般包括：①不相容职务分离控制；②授权审批控制；③会计系统控制；④财产保护控制；⑤预算控制；⑥运营分析控制；⑦绩效考评控制等。	控制方法一般包括：①不相容岗位相互分离；②内部授权审批控制；③归口管理；④预算控制；⑤财产保护控制；⑥会计控制；⑦单据控制；⑧信息内部公开等。

（三）内部审计

1. 内部审计的概念与内容

内部审计是指单位内部的一种独立客观的监督和评价活动，它通过单位内部独立的审计机构和审计人员审查和评价本部门、本单位财务收支和其他经营活动以及内部控制的适当性、合法性和有效性来促进单位目标的实现。

内部审计主体：单位内部的审计机构和审计人员。

内部审计对象：①本单位财务收支和其他经营活动；②本单位内部控制的适当性、合法性和有效性。

内部审计的内容是一个不断发展变化的范畴，主要包括：财务审计、经营审计、经济责任审计、管理审计、风险管理等。

2. 内部审计的特点与作用

内部审计的特点包括：①审计机构和审计人员都设在本单位内部；②审计的内容更侧重于经营过程是否有效、各项制度是否得到遵守与执行；③审计结果的客观性和公正性较低,并且以建议性意见为主。

内部审计在单位内部会计监督制度中的重要作用有:①预防保护作用;②服务促进作用;③评价鉴证作用。

二、会计工作的政府监督

(一)会计工作政府监督的概念

会计工作的政府监督主要是指财政部门代表国家对单位和单位中相关人员的会计行为实施的监督检查,以及对发现的违法会计行为实施的行政处罚。会计工作的政府监督是一种外部监督。

(二)会计工作政府监督的主体

《会计法》规定:"国务院财政部门主管全国的会计工作。县级以上地方各级人民政府财政部门管理本行政区域内的会计工作"。财政部门是《会计法》的执法主体,是会计工作政府监督的实施主体。

此外,《会计法》规定:"财政、审计、税务、人民银行、银行监管、证券监管、保险监管等部门应当依照有关法律、行政法规规定的职责,对有关单位的会计资料实施监督检查。"这一规定表明:在对单位会计监督过程中,除了财政部门以外,其他有关政府部门,对相关单位会计资料实施的监督检查也属于会计工作的政府监督范畴。

【知识点】会计工作的政府监督部门

多选题:根据《中华人民共和国会计法》的规定,下列机构中应当依照有关法律、行政法规规定的职责,对有关单位的会计资料实施监督检查的有( )。

A. 商业银行　　B. 财政部门　　C. 审计部门　　D. 税务部门

答案:BCD

【解析】财政、审计、税务、人民银行、证券监管、保险监管等部门应当依照有关法律、行政法规规定的职责,对有关单位的会计资料实施监督检查。人民银行属于政府工作部门,而本题商业银行属于企业。

(三)财政部门实施会计监督的主要内容

根据《会计法》的规定,财政部门可以依法对各单位的下列情况实施监督:①对单位依法设置会计账簿的检查。具体包括:按照国家的相关法律、行政法规和国家统一的会计制度的规定,各单位是否依法设置会计账簿;已经设置会计账簿的单位，所设置的会计账簿是否符合相关法律、行政法规和国家统一会计制度的要求；各单位是否存在账外账的违法行为等。

②对单位会计资料真实性、完整性的检查。具体包括：各单位对所发生的经济业务事项是否及时办理会计手续，进行会计核算；各单位的会计资料（会计凭证、会计账簿、财务会计报告）是否与实际发生的经济业务事项相符，是否做到账实相符、账证相符、账账相符、账表相符；各单位提供的财务会计报告是否符合相关法律、行政法规和国家统一会计制度的规定等。

③对单位会计核算情况的检查。具体包括：各单位会计核算的内容是否真实、完整；所采用的会计年度、记账本位币、会计处理方法、会计记录文字等是否符合法律、行政法规和国家统一会计制度的规定；各单位对资产、负债、所有者权益、收入、支出、费用、成本、利润的确认、计量、记录和报告是否符合国家统一会计制度的规定；各单位会计档案保管是否符合法定要求等。

④对单位从事会计工作的人员是否具备专业能力、遵守职业道德的检查。

⑤对会计师事务所出具的审计报告的程序和内容的检查。根据《会计法》的规定，各单位必须依照有关法律、行政法规的规定，接受有关监督检查部门依法实施的监督检查，如实提供会计凭证、会计账簿、财务会计报告和其他会计资料以及有关情况，不得拒绝、隐匿、谎报。

> **易错辨析：**
> 国务院财政部门和省、自治区、直辖市人民政府财政部门对会计师事务所出具的审计报告的程序和内容进行监督检查。
> 监督检查部门为"省级"财政部门。

【知识点】财政部门实施监督的主要内容

单选题：下列各项中，不属于财政部门监督检查内容的是（　）。

A. 各单位是否依法设置会计账簿
B. 各单位是否按照税法规定按时足额纳税
C. 各单位会计核算是否符合法定要求
D. 各单位是否按照实际发生的经济业务进行会计核算

答案：B

【解析】财政部门实施会计监督的主要内容包括对依法设账、会计资料、会计核算、会计人员、注册会计师及所在的会计师事务所的监督。

三、会计工作的社会监督

（一）会计工作社会监督的概念

会计工作的社会监督主要是指由注册会计师及其所在的会计师事务所依法对委托单位的经济活动进行的审计、鉴证的一种外部监督。《会计法》规定："有关法律、行政法规规定，须经注册会计师进行审计的单位，应当向受委托的会计师事务所如实提供会计凭证、会计账簿、财务会计报告和其他会计资料以及有关情况。任何单位或者个人不得以任何方式要求或示意注册会计师及其所在的会计师事务所出具不实或者不当的审计报告。"此外，《会计法》规定："任何单位和个人对违反本法和国家统一的会计制度规定的行为，有权检举。收到检举的部门有权处理的，应当依法按照职责分工及时处理；无权处理的，应当及时移送有权处理的部门处理。收到检举的部门、负责处理的部门应当为检举人保密，不得将检举人姓名和检举材料转给被检举单位和被检举人个人。"

> **易错辨析：**
> 单位和个人检举违反《会计法》和国家统一的会计准则制度规定的行为，也属于会计工作社会监督的范畴。

（二）注册会计师审计与内部审计的关系

注册会计师审计与内部审计既有联系又有区别。二者的联系主要有：①都是现代审计体系的重要组成部分；②都关注内部控制的健全性和有效性；③注册会计师审计可能涉及对内部审计成果的利用等。

二者的区别主要有：

1. 审计独立性不同

内部审计为组织内部服务，受总经理或董事会的领导，独立性较弱；注册会计师审计为需要可靠信息的第三方提供服务，不受被审计单位管理层的领导和制约，独立性较强。

2. 审计方式不同

内部审计依照单位经营管理需要自行组织实施，具有较大的灵活性；注册会计师审计则是受托审计，必须按《注册会计师法》、执业准则和规则实施审计。

3. 审计职责和作用不同

内部审计的结果只对本部门、本单位负责，只作为本部门、本单位改进经营管理的参考，不对外公开；注册会计师审计需要对投资者、债权人及其他利益相关者负责，其对外出具的审计报告具有鉴证作用。

4. 接受审计的自愿程度不同

内部审计是代表总经理或董事会实施的组织内部监督，是内部控制的重要组成部分，单位内部的组织必须接受内部审计人员的监督；注册会计师审计是以独立的第三方对被审计单位进行的审计，委托人可自由选择会计师事务所。

（三）注册会计师的业务范围

根据《注册会计师法》的规定，注册会计师是依法取得注册会计师证书并接受委托从事审计和会计咨询、服务业务的执业人员。

注册会计师执行业务，应当加入会计师事务所。

注册会计师承办业务，由其所在的会计师事务所统一受理并与委托人签订委托合同。会计师事务所对本所注册会计师承办的业务，承担民事责任。

注册会计师可以依法承办如下两方面的业务：

1. 审计业务

具体包括：①审查企业财务会计报告，出具审计报告；②验证企业资本，出具验资报告；③办理企业合并、分立、清算事宜中的审计业务，出具有关报告；④法律、行政法规规定的其他审计业务。

2. 会计咨询、会计服务业务

主要包括：①设计财务会计制度；②担任会计顾问，提供会计、财务、税务和其他经济管理咨询；③代理记账；④代理纳税申报；⑤代理申请注册登记，协助拟订合同、协议、章程和其他经济文件；⑥培训会计人员；⑦审核企业前景财务资料；⑧资产评估。

审计业务是注册会计师的法定业务，非注册会计师不得承担；会计咨询、会计服务业务非注册会计师的法定业务，一般情况下，注册会计师的个人或组织也可承办会计咨询、服务业务，注册会计师承办会计咨询、服务业务不具有公证性质，出具的有关报告也不具有法定证明力。

【课后大通关】

一、单选题

1. 单位内部会计监督的主体是（　）。
   A. 单位负责人　　　　　　　B. 会计机构和会计人员
   C. 上级单位领导　　　　　　D. 单位内部审计人员

2. 单位内部会计监督的对象是（　）。
   A. 单位的经济活动　　　　　B. 单位的会计资料
   C. 单位的管理活动　　　　　D. 单位的规章制度

3. （　）负责单位内部会计监督制度的组织实施，对本单位内部会计监督制度的建立及有效实施承担最终责任。
   A. 单位负责人　　　　　　　B. 会计机构和会计人员
   C. 上级单位领导　　　　　　D. 单位内部审计人员

4. （　）为单位会计行为的责任主体。
   A. 单位负责人　　　　　　　B. 会计机构和会计人员
   C. 上级单位领导　　　　　　D. 单位内部审计人员

5. 会计机构、会计人员发现会计账簿记录与实物、款项及有关资料不相符的，按照国家统一的会计制度的规定有权自行处理的，应当（　）。
   A. 及时处理　　　　　　　　B. 向单位负责人报告
   C. 查明原因　　　　　　　　D. 退回要求补充更正

6. 下列关于单位内部会计监督制度说法正确的是（　）。
   A. 会计事项的经办人员和审批人员可以由一人兼任
   B. 记账人员和经济业务的审批人员可以由一人兼任
   C. 记账人员和财物保管人员的职责权限应明确，并相互分离
   D. 记账人员和经济业务的经办人员可以由一人兼任

7. 会计工作的政府监督主要是指（　）代表国家对单位和单位中相关人员的会计行为实施的监督检查，以及对发现的违法会计行为实施的行政处罚。
   A. 财政部门　　　　　　　　B. 证券监督管理部门
   C. 税务部门　　　　　　　　D. 审计部门

8. 财政部门实施会计监督检查的对象是（　）。
   A. 会计行为　　　　　　　　B. 会计机构
   C. 会计人员　　　　　　　　D. 经济活动

9. 有权对会计师事务所出具审计报告的程序和内容进行监督检查的部门是（　）。

A. 审计部门 B. 注册会计师协会
C. 省级以上财政部门 D. 县级以上人民政府

10. 单位和个人检举违反会计法和国家统一的会计制度规定的行为，属于会计工作（ ）的范畴。

A. 内部监督 B. 社会监督
C. 政府监督 D. 舆论监督

11. 会计工作的社会监督是指由（ ）依法对委托单位的经济活动进行的审计、鉴证的一种外部监督。

A. 注册会计师及其所在的会计师事务所
B. 财政部门
C. 保险监管部门
D. 证券监管部门

二、多选题

1. 单位内部会计监督制度的内容包括（ ）。

A. 记账人员与经济业务事项或会计事项的审批人员、经办人员、财务保管人员的职责权限应当明确，并相互分离、相互制约
B. 重大对外投资、资产处置、资金调度和其他重要经济业务事项的决策和执行的相互监督、相互制约的程序应当明确
C. 财产清查的范围、期限、组织程序应当明确
D. 对会计资料定期进行内部审计的办法和程序应当明确

2. 记账人员与经济业务事项或会计事项的（ ）的职责权限应当明确，并相互分离、相互制约。

A. 审批人员 B. 经办人员
C. 财务保管人员 D. 会计人员

3. 根据《会计法》规定，各单位会计工作必须依照法律和国家有关规定接受政府监督。实施上述监督的政府机构包括（ ）。

A. 财政机关 B. 证券监管部门
C. 保险监管部门 D. 工商行政管理机关

4. 会计机构、会计人员对违反会计法和国家统一的会计制度规定的会计事项，有权（ ）。

A. 拒绝办理 B. 按照职权予以纠正
C. 退回要求补充 D. 退回要求更正

5. （ ）依法对注册会计师、会计师事务所和注册会计师协会进行监督、指导。

A. 国务院财政部门

B. 省、自治区、直辖市人民政府财政部门

C. 市级人民政府财政部门

D. 县级人民政府财政部门

6. 财政部门对各单位下列事项实施监督（　　）。

A. 是否存在账外设账的行为

B. 使用的会计软件及其生成的会计资料是否符合法律、行政法规和国家统一的会计制度的规定

C. 会计处理方法的采用和变更是否符合法律、行政法规和国家统一的会计制度的规定

D. 从事会计工作的人员是否持有会计从业资格证书

7. 注册会计师审计与内部审计的主要区别有（　　）。

A. 审计方式不同　　　　　　B. 审计独立性不同

C. 接受审计的自愿程度不同　　D. 审计职责和作用不同

8. 根据规定，会计监督可分为（　　）。

A. 内部监督　　　　　　　　B. 税务监督

C. 政府监督　　　　　　　　D. 社会监督

三、判断题

1. 单位负责人应当保证会计机构、会计人员依法履行职责，不得授意、指使、强令会计机构、会计人员违法办理会计事项。会计机构、会计人员对违反会计法和国家统一的会计制度规定的会计事项，有权拒绝办理或按照职权予以纠正。（　　）

2. 会计工作的社会监督仅指注册会计师及其所在的会计师事务所依法对委托单位的经济活动进行的审计、鉴证。（　　）

3. 任何单位和个人对违反会计法和国家统一的会计制度规定的行为有权检举。收到检举的部门有权处理的，应当依法按照职权及时处理，无权处理的，应当及时移送有权处理的部门处理。（　　）

4. 收到检举的部门、负责处理的部门应当为检举人保密，但在向被检举单位和被检举个人调查时，可提供检举人姓名和检举材料。（　　）

5. 注册会计师审计主要是对被审计单位财务报表的合法性和公允性进行审计。（　　）

6. 财政部门对注册会计师出具的所有的审计报告进行查验。（　　）

7. 任何单位或个人不得以任何方式要求注册会计师及其所在的会计师事务所出具不实或不当的审计报告。（　　）

8.注册会计师的业务范围主要包括审计业务以及会计咨询和会计服务业务。（　）

9.依法对有关单位的会计资料实施监督检查的部门及其工作人员对在监督检查中知悉的商业秘密不负保密义务。（　）

1-4课后大通关答案：

一、单选题 1.B 2.A 3.A 4.A 5.A 6.C 7.A 8.A 9.C 10.B 11.A

二、多选题 1.ABCD 2.ABC 3.ABC 4.AB 5.AB 6.ABCD 7.ABCD 8.ACD

三、判断题 1.√ 2.× 3.√ 4.× 5.√ 6.× 7.√ 8.√ 9.×

第五节　会计机构和会计人员

会计机构是各单位办理会计事务的职能机构，会计人员是直接从事会计工作的人员。建立健全会计机构，配备数量和素质相当、具备从业资格的会计人员，是各单位做好会计工作，充分发挥会计职能作用的重要保证。

一、会计机构的设置

（一）办理会计事务的组织方式

"各单位应当根据会计业务的需要，设置会计机构，或者在有关机构中设置会计人员并指定会计主管人员；不具备设置条件的，应当委托经批准设立从事会计代理记账业务的中介机构代理记账。"这是《会计法》对设置会计机构问题作出的规定。

①单独设置会计机构。各单位是否设置会计机构，应当根据会计业务的需要来决定，即各单位可以根据本单位会计业务的繁简情况决定是否设置会计机构。一个单位是否需要设置会计机构，一般取决于以下几个方面的因素：单位规模的大小、经济业务和财务收支的繁简、经营管理的要求。一般来说，实行企业化管理的事业单位和大、中型企业应当设置会计机构；业务较多的行政单位、社会团体和其他组织也应设置会计机构。

②有关机构中配置专职会计人员。规模很小的企业、业务和人员都不多的行政事业单位等，可以不单独设置会计机构，可以将业务并入其他职能部门，设置会计人员，并指定会计主管人员。

会计机构负责人（或会计主管人员）是《会计法》的一个特指概念，它不同于通常所说的"会计主管""主管会计""主办会计"，而是指负责组织管理会计事务、行使会计机构负责人职权的负责人。《会计法》规定应在会计人员中指定会计主管人员，目的是强化责任制度，防止出现会计工作无人负责的局面。

③实行代理记账。

（二）会计机构负责人（会计主管人员）的任职资格

《会计法》规定："担任单位会计机构负责人（会计主管人员）的，应当具备会计师以上专业技术职务资格或者从事会计工作3年以上经历。"

二、会计工作岗位设置

会计工作岗位是指单位会计机构内部根据业务分工而设置的从事会计工作、办理会计事项的具体职位。

（一）会计工作岗位设置的要求

1. 按需设岗

业务活动规模大、业务过程复杂、经济业务量大和管理严格的单位，会计机构会相应比较大，会计人员相应比较多，会计机构内部的岗位职责分工也相应比较细；反之，业务活动规模小、业务过程简单、经济业务量小和管理要求不严的单位，会计机构会相应比较小，会计人员相应比较少，会计机构内部的岗位职责分工也相应比较粗。

2. 符合内部牵制的要求

内部牵制是内部控制制度的重要内容之一，也称钱账分管制度，是指凡是涉及款项和财务收付、结算及登记的任何一项工作，必须由两人或两人以上分工办理，以起到相互制约作用的一种制度。实行内部牵制制度，主要是为了加强会计人员之间相互制约、相互监督、相互核对，提高会计核算工作质量，防止会计事务处理中发生的失误和差错以及营私舞弊等行为。

3. 建立岗位责任制

明确各会计工作的职责范围、具体内容和要求，并落实到每个会计工作岗位或会计人员。

4. 建立轮岗制度

会计人员的工作岗位应有计划地进行轮岗，以促进会计人员全面熟悉业务和不断提高业务素质。

> **易错辨析：**
> 会计工作岗位可以一人一岗、一人多岗或者一岗多人，《会计法》规定出纳人员不得兼任稽核、会计档案保管和收入、支出、费用、债权债务账目的登记工作。

（二）主要会计工作岗位

会计工作岗位一般可分为：①总会计师岗位；②会计机构负责人（会计主管人员）岗位；③出纳岗位；④稽核岗位；⑤资本、基金核算岗位；⑥收入、支出、债权债务核算岗位；⑦职工薪酬、成本费用核算、财务成果核算岗位；⑧财产物资的收发、增减核算岗位；⑨总账岗位；⑩财务会计报表编制岗位；⑪会计机构内会计档案管理岗位（会计档案移交前）。

开展会计电算化和管理会计的单位，可以根据需要设置相应工作岗位，也可以与其他工作岗位相结合。《会计法》规定："国有和国有资产占控股地位或主导地位的大、中型企业必须设置总会计师。总会计师的任职资格、任免程序、职责权限由国务院规定。"

> **易错辨析：**
> 需要说明的是，对于会计档案管理岗位，在会计档案正式移交之前，属于会计岗位；正式移交档案管理部门之后，不再属于会计岗位。档案管理部门的人员管理会计档案，不属于会计岗位。医院门诊收费员、住院处收费员、药房收费员、药品库房记账员、商场收款（银）员所从事的工作，均不属于会计岗位。单位内部审计、社会审计、政府审计工作也不属于会计岗位。

三、会计人员的要求

《会计法》要求：会计人员应当具备从事会计工作所需要的专业能力。会计人员应当遵守职业道德，提高业务素质。对会计人员的教育和培训工作应当加强。

因有提供虚假财务会计报告，做假账，隐匿或者故意销毁会计凭证、会计账簿、财务会计报告，贪污，挪用公款，职务侵占等与会计职务的有关违法行为被依法追究刑事责任的人员，不得再从事会计工作。

四、会计工作交接

做好会计工作交接，可以使会计工作前后衔接，保证会计工作连续进行；还可以防止因会计人员的更换出现账目不清、财务混乱；也是分清移交人员与接管人员责任，落实岗位责任的有效措施。

（一）交接的范围

会计人员因工作调动、离职或因病暂时不能工作，应与接管人员办理交接手续。下列情况需要办理会计工作交接：

①临时离职或因病暂时不能工作且需要接替或代理的，会计机构负责人（会计主管人员）或单位负责人必须指定专人接替或者代理，并办理会计工作交接手续。

②临时离职或因病不能工作的会计人员恢复工作时，应当与接替或代理人员办理交接手续。

③移交人员因病或其他特殊原因不能亲自办理移交手续的，经单位负责人批准，可由移交人委托他人代办交接，但委托人应当对所移交的会计凭证、会计账簿、财务会计报告和其他有关资料的真实性、完整性承担法律责任。

（二）交接的程序

1. 提出交接申请，办理移交手续前的准备工作

会计人员在办理会计工作交接前，必须做好以下准备工作：

①已经受理的经济业务尚未填制会计凭证的，应当填制完毕。

②尚未登记的账目应当登记完毕，结出余额，并在最后一笔余额后加盖经办人印章。

③整理好应该移交的各项资料，对未了事项和遗留问题要写出书面说明材料。

④编制移交清册，列明应该移交的会计凭证、会计账簿、财务会计报告、公章、现金、有价证券、支票簿、发票、文件、其他会计资料和物品等内容；实行会计电算化的单位，从事该项工作的移交人员应在移交清册上列明会计软件及密码、数据盘、磁带等内容。

⑤会计机构负责人（会计主管人员）移交时，应将财务会计工作、重大财务收支问题和会计人员等情况等向接替人员介绍清楚，没有办清交接手续的，不得调动或离职。

2. 移交点收

移交人员离职前，必须将本人经管的会计工作，在规定的期限内，全部向接管人员移交清楚。接管人员应认真按照移交清册逐项点收。

具体要求是：

①库存现金要根据会计账簿记录余额进行当面点交，不得短缺，接替人员发现不一致或"白条抵库"现象时，移交人员在规定期限内负责查清处理。

②有价证券的数量要与会计账簿记录一致，有价证券面额与发行价格不一致时，按照会计账簿余额交接。

③会计凭证、会计账簿、财务会计报告和其他会计资料必须完整无缺，不得遗漏。如有短缺，必须查清原因，并在移交清册中加以说明，由移交人负责。

④银行存款账户余额要与银行对账单核对相符，如有未达账项，应编制银行存款余额调节表调节相符；各种财产物资和债权债务的明细账户余额；要与总账有关账户的余额核对相符；对重要实物要实地盘点，对余额较大的往来账户要与往来单位、个人核对。

⑤公章、收据、空白支票、发票、科目印章以及其他物品等必须交接清楚。

⑥实行会计电算化的单位，交接双方应将有关电子数据在计算机上进行实际操作，确认有关数字正确无误后，方可交接。

3. 专人负责监交

①一般会计人员办理交接手续，由会计机构负责人（会计主管人员）监交。

②会计机构负责人（会计主管人员）办理交接手续，由单位负责人监交，必要时主管单位可以派人会同监交。

所谓必要时主管部门派人会同监交，是指有些交接需要主管单位监交或者主管单位认为需要参与监交。通常有三种情况：第一，所属单位负责人不能监交，需要由主管单位派人代表主管单位监交。如因单位撤并而办理交接手续等；第二，所属单位负责人不能尽快监交，需要由主管单位派人督促监交。如主管单位责成所属单位撤换不合格的会计机构负责人（会计主管人员），所属单位负责人却以种种借口拖延不办交接手续时，主管单位就应派人督促会同监交等；第三，不宜由所属单位负责人单独监交，而需要主管单位会同监交。如所属单位负责人与办理交接手续的会计机构负责人（会计主管人员）有矛盾，交接时需要主管单位派人会同监交，以防可能发生单位负责人借机刁难等。此外，主管单位认为交接中存在某种问题需要派人监交时，也可派人会同监交。

4. 交接后的有关事宜

①会计工作交接完毕后，交接双方和监交人在移交清册上签名或盖章，并应在移交清册上注明：单位名称，交接日期，交接双方和监交人的职务、姓名，移交清册页数以及需要说明的问题和意见等。

②接管人员应继续使用移交前的账簿，不得擅自另立账簿，以保证会计记录前后衔接，内容完整。

③移交清册一般应填制一式三份，交接双方各执一份，存档一份。

（三）交接人员的责任

移交人员对其所移交的会计资料的真实性、完整性承担法律责任。即交接工作完成后，移交人员所移交的会计凭证、会计账簿、财务会计报告和其他会计资料是在其经办会计工作期间内发生的，应当对这些会计资料的真实性、完整性负责，即便接替人员在交接时因疏忽没有发现所接会计资料在真实性、完整性方面的问题，如事后发现仍应由原移交人员负责，原移交人员不应以会计资料已移交而推脱责任。

五、会计专业技术资格与职务

（一）会计专业技术资格

会计专业技术资格分为初级资格、中级资格和高级资格。会计专业技术资格的取得与报名条件如表 1-5-1 所示。

表 1-5-1 会计专业技术资格的取得与报名条件表

级别	取得方式	考试科目	报名条件 基本条件	报名条件 其他条件
初级	全国统一考试（全国统一考试时间；全国统一考试命题；全国统一考试大纲；全国统一合格标准）	①初级会计实务 ②经济法基础	具备会计从业资格，持有会计从业资格证书	高中以上学历
中级		①中级会计实务 ②财务管理 ③经济法		（学历＋会计从业年限） 大专学历＋5年 本科学历＋4年 双学士或研究生学历＋2年 硕士学位＋1年 博士学位＋0年
高级	全国统一考试＋评审	高级会计实务（考试成绩合格证3年有效）	会计师、审计师、财税经济师等中级专业技术资格或注册税务师、注册资产评估师资格之一＋从事会计、财税和相应管理工作	

【知识点】 会计专业技术资格考试

多选题：下列关于初级、中级会计资格考试的考试制度的说法中，正确的有（　）。

A. 全国统一考试时间　　　　B. 全国统一考试命题

C. 全国统一考试大纲　　　　D. 全国统一合格标准

答案：ABCD

【解析】 初、中级会计专业技术资格实行全国统一考试制度，统一考试大纲、统一考试时间、统一考试命题、统一合格标准。

（二）会计专业职务

会计专业职务是区分会计人员从事业务工作的技术等级。会计专业职务分为：高级会计师、会计师、助理会计师、会计员。其中，高级会计师为高级职务，会计师为中级职务，助理会计师与会计员为初级职务。

1. 会计员的基本职责与基本条件

基本职责：负责具体审核和办理财务收支，编制记账凭证，登记会计账簿，编制会计报表和办理其他会计事务。

基本条件：①初步掌握财务会计知识和技能；②熟悉有关会计法规和财务会计制度并能按照执行；③能担负一个岗位的财务会计工作；④大学专科或中等专业学校毕业，在财务会计工作岗位上见习一年期满。

2. 助理会计师的基本职责与基本条件

基本职责：负责草拟一般的财务会计制度、规定、办法，解释、解答财务会计法规、制度中的一般规定；分析检查某一方面或某些项目的财务收支和预算的执行情况。

基本条件：①掌握一般的财务会计基础理论和专业知识；②熟悉并能正确执行有关的财经方针、政策和财务会计法规、制度；③能担负一个方面或某个重要岗位的财务会计工作；④取得硕士学位，或取得第二学士学位或研究生班结业证书，具备履行助理会计师职责的能力；大学本科毕业，在财务会计工作岗位上见习一年期满；大学专科毕业并担任会计员职务二年以上；或中等专业学校毕业并担任会计员职务四年以上。

3. 会计师的基本职责与基本条件

基本职责：负责草拟比较重要的财务会计制度、规定、办法；解释、解答财务会计法规、制度中的重要问题；分析检查财务收支和预算的执行情况；培养初级会计人才。

基本条件：①较系统地掌握财务会计基础理论和专业知识；②掌握并能正确贯彻执行有关的财经方针、政策和财务会计法规、制度；③具有一定的财务会计工作经验，能担负一个单位或管理一个地区、一个部门、一个系统某个方面的财务会计工作；④取得博士学位，并具有履行会计师职责的能力；取得硕士学位并担任助理会计师职务二年左右；取得第二学士学位或研究生班结业证书，并担任助理会计师职务二至三年；大学本科或大学专科毕业并担任助理会计师职务四年以上；⑤掌握一门外语。

4. 高级会计师的基本职责与基本条件

基本职责：负责草拟和解释、解答在一个地区、一个部门、一个系统或在全国施行的财务会计法规、制度、办法；组织和指导一个地区或一个部门、一个系统的经济核算和财务会计工作；培养中级以上会计人才。

基本条件：①较系统地掌握经济、财务会计理论和专业知识；②具有较高的政策水平和丰富的财务会计工作经验，能担负一个地区、一个部门或一个系统的财务会计管理工作；③取得博士学位，并担任会计师职务二至三年；取得硕士学位、第二学士学位或研究生班结业证书，或大学本科毕业并担任会计师职务五年以上；④较熟练地掌握一门外语。

【知识点】会计专业职务

单选题：下列各项中，属于初级会计专业职务的是（ ）。

A. 会计员　　　　　　　　　　B. 会计师

C. 高级会计师　　　　　　　　D. 注册会计师

答案：A

【解析】会计专业职务分为：高级会计师、会计师、助理会计师、会计员。其中，高级会计师为高级职务，会计师为中级职务，助理会计师与会计员为初级职务。

对各级专业职务的学历和从事财务会计工作年限的要求，一般都应具备；但对确有真才实学、成绩显著、贡献突出、符合任职条件的，在确定其相应专业职务时，可以不受本条例规定的学历和工作年限的限制。

【课后大通关】

一、单选题

1. 各单位应当根据会计业务的需要，设置会计机构，或者在有关机构中设置会计人员并指定（ ）。

A. 会计机构负责人　　　　　　B. 会计主管人员

C. 总会计师　　　　　　　　　D. 出纳员

2. 按照会计机构设置原则，股份有限公司（　）。

A. 可以设置会计机构，也可以不设置会计机构

B. 应当设置会计机构

C. 可以不单独设置会计机构，但应聘请具备资质的中介机构代理记账

D. 可以不单独设置会计机构，但应将会计业务并入相关职能部门

3. 国有大、中型企业总会计师的任职资格、任免程序、职责权限由（　）规定。

A. 财政部　　　　　　　　　B. 国资委

C. 国务院　　　　　　　　　D. 审计署

4. 国家机关、国有企业、事业单位会计机构负责人、会计主管人员的直系亲属不得在本单位会计机构中担任（　）工作。

A. 出纳　　　　　　　　　　B. 记账

C. 制单　　　　　　　　　　D. 稽核

5. 一般会计人员办理交接手续，由（　）监交。

A. 会计机构负责人　　　　　B. 总会计师

C. 财务总监　　　　　　　　D. 单位负责人

6. 某国有企业按照《会计法》的要求设置了总会计师，并明确了总会计师的职责权限。该企业下列做法中，正确的是（　）。

A. 规定总会计师对分管财会工作的副厂长负责

B. 由总会计师组织领导企业的财务管理、成本管理、预算管理、会计核算和会计监督等方面的工作

C. 规定总会计师对企业财务会计报告的真实性，完整性负全部责任

D. 由总会计师负责任免会计机构负责人

7. 担任单位会计机构负责人的，需有从事会计工作（　）年以上经历。

A. 1　　　　　　　　　　　　B. 2

C. 3　　　　　　　　　　　　D. 5

8. 会计人员继续教育的对象是（　）。

A. 取得并持有会计从业资格证书的人员

B. 取得并持有初级会计专业技术资格证书的人员

C. 取得并持有中级会计专业技术资格证书的人员

D. 取得并持有高级会计专业技术资格证书的人员

9. 会计人员每年接受培训（面授）的时间累计不应少于（　）学分。

A. 12　　　　　　　　　　　　B. 24

C. 36　　　　　　　　　　　　D. 48

10. 初级、中级会计专业技术资格的取得实行（　）。

A. 全国统一考试制度　　　　　B. 考试与评审相结合制度
C. 免试制度　　　　　　　　　D. 评审制度

11. 任用会计人员可以不实行回避制度的是（　　）。
A. 事业单位　　　　　　　　　B. 国有企业
C. 国家机关　　　　　　　　　D. 民营企业

12. （　　）是在单位负责人领导下，主管经济核算和财务会计工作的负责人。
A. 会计人员　　　　　　　　　B. 会计师
C. 高级会计师　　　　　　　　D. 总会计师

13. 会计人员的工作交接是指会计人员工作调动、离职或因病暂时不能工作，应与（　　）办理交接手续的一种程序。
A. 接管人员　　　　　　　　　B. 移交人员
C. 监交人员　　　　　　　　　D. 上级主管单位

14. 移交清册一般应当填制一式（　　）份。
A. 二　　　　　　　　　　　　B. 三
C. 四　　　　　　　　　　　　D. 五

15. （　　）属于会计人员办理会计工作交接前的准备工作。
A. 编制移交清册　　　　　　　B. 移交
C. 监交　　　　　　　　　　　D. 签名并盖章

16. 会计资料移交后，发现是在移交人员经办会计工作期间内所发生的问题，由原移交人员负责。即使接替人员在交接时因疏忽没有发现所接会计资料在合法性、真实性方面的问题，如事后发现，应由（　　）负责。
A. 移交人员
B. 接替人员
C. 会计机构负责人（或会计主管人员）
D. 单位负责人

二、多选题

1. 一个单位是否单独设置会计机构，取决于（　　）因素。
A. 单位的规模　　　　　　　　B. 经济业务的繁简
C. 财务收支的繁简　　　　　　D. 经营管理的要求

2. （　　）应当设置会计机构。
A. 实行企业化管理的事业单位
B. 大中型企业
C. 业务较多的行政单位、社会团体和其他组织
D. 规模较小的企业

3. ( ) 可以不单独设置会计机构。

A. 规模较小的企业

B. 业务和人员都不多的行政事业单位

C. 实行企业化管理的事业单位

D. 大中型企业

4. 担任单位会计机构负责人（或会计主管人员）的，应具备（ ）。

A. 从事会计工作一年以上经历

B. 会计师以上会计专业技术职务资格

C. 从事会计工作三年以上经历

D. 有较强的写作能力

5. 国家机关、国有企业、事业单位任用会计人员应当实行回避制度。需要回避的直系亲属包括（ ）。

A. 夫妻关系 B. 直系血亲关系

C. 三代以内旁系血亲 D. 配偶亲关系

6. 助理会计师任职的基本条件有（ ）。

A. 能担负一个方面或某个重要岗位的财务会计工作

B. 取得硕士学位，或取得第二学士学位或研究生班结业证书，具备履行助理会计师职责的能力

C. 大学本科毕业，在财务会计工作岗位见习半年期满

D. 中等专业学校毕业并担任会计员职务 4 年以上

7. 会计工作交接时，应在移交清册上注明（ ）。

A. 单位名称 B. 交接日期

C. 交接双方和监交人的职务、姓名 D. 移交清册页数

8. 会计机构负责人（会计主管人员）办理交接手续时，需主管部门派人会同监交的情况有（ ）。

A. 所属单位负责人不能监交

B. 所属单位负责人不能尽快监交，需督促监交的

C. 不宜由所属单位负责人单独监交

D. 所属单位成立不满一年

9. 会计人员因（ ），应与接管人员办理交接手续。

A. 工作调动 B. 离职

C. 因病暂时不能工作 D. 出差

10. 出纳人员不得兼管（ ）。

A. 稽核 B. 会计档案保管
C. 收入、费用账目的登记工作 D. 债权债务账目的登记工作

11. 会计人员继续教育的内容包括（　）。
A. 会计理论、政策法规 B. 业务知识
C. 技能训练 D. 职业道德

12. 会计人员由于（　）无法在当年完成接受培训时间的，可由本人提供合理证明，经继续教育管理部门审核确认后，其参加继续教育的时间可以顺延至以后年度完成。
A. 病假 B. 在境外工作
C. 生育 D. 个人遗忘

13. 会计专业技术职务分为（　）。
A. 高级会计师 B. 会计师
C. 助理会计师 D. 会计员

14. 会计专业技术资格包括（　）。
A. 初级资格 B. 中级资格
C. 高级资格 D. 助理级资格

三、判断题

1. 各单位不具备设置会计机构或会计人员条件的，应当委托经批准设立从事代理记账业务的中介机构代理记账。（　）

2. 不设置会计机构的单位，会计工作无须进行。（　）

3. 因病或其他特殊原因不能亲自办理移交手续委托他人代办交接的，委托人应当对所移交的会计凭证、会计账簿、财务会计报告和其他有关资料的真实性、完整性承担法律责任。（　）

4. 国有企业单位负责人的亲属不得担任本单位的会计机构负责人。（　）

5. 会计人员继续教育的形式以接受培训为主，在职自学是会计人员继续教育的重要补充。（　）

6. 会计工作岗位，可以一人一岗、一人多岗或一岗多人。（　）

7. 会计人员工作调动或因故离职，必须将本人所经管的会计工作全部移交给接替人员。没有办清交接手续的，不得调动或离职。（　）

8. 一般会计人员办理交接手续，由会计机构负责人（会计主管人员）监交；会计机构负责人（会计主管人员）办理交接手续，由单位负责人监交，必要时主管单位可派人会同监交。（　）

9. 会计工作交接中，移交人员要按照移交清册逐项移交；接替人员要逐项核对点收。（　）

10. 会计交接时,移交人员从事会计电算化工作的,要对有关电子数据在实际操作状态下进行交接。( )

11. 会计移交清册一般应当填制一式两份,交接双方各执一份。 ( )

1-5 课后大通关答案:

一、单选题 1.B 2.B 3.C 4.A 5.A 6.B 7.C 8.A 9.B 10.A 11.D 12.D 13.A 14.B 15.A 16.A

二、多选题 1.ABCD 2.ABC 3.AB 4.BC 5.ABCD 6.ABD 7.ABCD 8.ABC 9.ABC 10.ABCD 11.ABCD 12.ABC 13.ABCD 14.ABC

三、判断题 1.√ 2.× 3.√ 4.× 5.√ 6.√ 7.√ 8.√ 9.√ 10.√ 11.×

第六节 法律责任

一、法律责任的概念

法律责任是指违反法律规定的行为应当承担的法律后果。违反《会计法》的法律责任,是指违反《会计法》和有关会计工作法律、法规以及国家统一的会计制度规定的行为应当承担的法律后果。

《会计法》规定的法律责任主要有行政责任和刑事责任。

(一) 行政责任

行政责任主要有行政处罚和行政处分两种方式。

1. 行政处罚

行政处罚是指行政机关或其他行政主体依法定职权和程序对违反行政法规尚未构成犯罪的行政管理相对人给予行政制裁的具体行政行为。

根据《会计法》的规定,行政处罚主体,即有权对违反《会计法》行为实施行政处罚的机关是县级以上人民政府财政部门。行政处罚机关可以实施的行政处罚有以下几种形式:①责令限期改正。是指要求违法行为人在一定期限内停止违法行为并将其违法行为恢复到合法状态。违法单位或个人应当按照县级以上人民政府财政部门的责令限期改正决定的要求,停止违法行为,纠正错误。②通报。是指由县级以上人民政府财政部门采取通报的方式对违法行为人予以批评、公告。通报决定由作出通报的财政部门送达给被通报人,并通过一定媒介在一定的范围内公布。③罚款。县级以上人民政府财政部门对违法行为视情节的性质及危害程度,在责令限期改正或通报的同时,可以对违法单位和有关人员处以罚款的处罚。罚款包括对单位的罚款、对直接负责的主管人员和其他直接责任人员的罚款。需要注意的是，对当事人的同一个违法行为，不得给予两次以上罚款的行政处罚。④吊销会计从业资格证书。对有《会计法》所列违法行为的会计人员，情节严重的，由县级以上人民政府财政部门吊销其会计从业资格证书。

2. 行政处分

行政处分是国家工作人员违反行政法律规范所应承担的一种行政法律责任，是行政机关对国家工作人员故意或者过失侵犯行政相对人的合法权益所实施的法律制裁。行政处分的形式有：警告、记过、记大过、降级、撤职、开除等。

违反《会计法》的有关规定，可以实施行政处分的情形有：①直接负责的主管人员和其他直接责任人员中的国家工作人员有《会计法》所列违法行为的，应当由其所在单位或者上级单位或行政监察部门给予行政处分。"直接负责的主管人员"是指在单位实施违法行为过程中起领导、组织、决策作用的单位负责人；"其他直接责任人员"是指在单位实施违法行为的过程中直接参与实施违法行为的人员，一般包括会计人员、会计机构负责人（会计主管人员）和其他参与实施违法行为的工作人员。②单位负责人对会计人员打击报复，尚不构成犯罪的，由其所在单位或有关单位依法给予行政处分。③财政部门及有关行政部门的工作人员在实施监督管理中违反《会计法》的有关规定，尚不构成犯罪的，由其所在单位或有关单位依法给予行政处分。④将检举人姓名和检举材料转给被检举单位和被检举人个人的，由所在单位或者有关单位依法给予行政处分。

（二）刑事责任

刑事责任包括主刑和附加刑两种。

主刑分为管制、拘役、有期徒刑、无期徒刑和死刑。主刑只能独立适用，不能附加适用。

附加刑分为罚金、剥夺政治权利、没收财产。对犯罪的外国人，也可以独立或附加适用驱逐出境。

二、不依法设置会计账簿等会计违法行为的法律责任

《会计法》规定："违反本法规定，有下列行为之一的，由县级以上人民政府财政部门责令限期改正，可以对单位并处三千元以上五万元以下的罚款；对其直接负责的主管人员和其他直接责任人员，可以处二千元以上二万元以下的罚款；属于国家工作人员的，还应当由其所在单位或者有关单位依

法给予行政处分：

（一）不依法设置会计账簿的；

（二）私设会计账簿的；

（三）未按照规定填制、取得原始凭证或者填制、取得的原始凭证不符合规定的；

（四）以未经审核的会计凭证为依据登记会计账簿或者登记会计账簿不符合规定的；

（五）随意变更会计处理方法的；

（六）向不同的会计资料使用者提供的财务会计报告编制依据不一致的；

（七）未按照规定使用会计记录文字或者记账本位币的；

（八）未按照规定保管会计资料，致使会计资料毁损、灭失的；

（九）未按照规定建立并实施单位内部会计监督制度或者拒绝依法实施的监督或者不如实提供有关会计资料及有关情况的；

（十）任用会计人员不符合本法规定的。

有前款所列行为之一，构成犯罪的，依法追究刑事责任。会计人员有不依法设置会计账簿等会计违法行为，情节严重的，五年内不得从事会计工作。"

【知识点】违法行为的行政处罚

判断题：依照《中华人民共和国会计法》规定，不依法设置会计账簿的，应由县级以上人民政府财政部门责令限期改正。（　　）

答案：√

【解析】略。

三、其他会计违法行为的法律责任

（一）伪造、变造会计凭证、会计账簿，编制虚假财务会计报告的法律责任

《会计法》规定："伪造、变造会计凭证、会计账簿，编制虚假财务会计报告，构成犯罪的，依法追究刑事责任。尚不构成犯罪的，由县级以上人民政府财政部门予以通报，可以对单位并处五千元以上十万元以下的罚款；对其直接负责的主管人员和其他直接责任人员，可以处三千元以上五万元以下的罚款；属于国家工作人员的，还应当由其所在单位或者有关单位依法给予撤职直至开除的行政处分；对其中的会计人员，五年内不得从事会计工作。"

（二）隐匿或故意销毁依法应当保存的会计凭证、会计账簿、财务会计报告的法律责任

《会计法》规定："隐匿或者故意销毁依法应当保存的会计凭证、会计账簿、财务会计报告，构成犯罪的，依法追究刑事责任。尚不构成犯罪的，由县级以上人民政府财政部门予以通报，可以对单位并处五千元以上十万元以下的罚款；对其直接负责的主管人员和其他直接责任人员，可以处三千元以上五万元以下的罚款；属于国家工作人员的，还应当由其所在单位或者有关单位依法给予撤职直至开除的行政处分；对其中的会计人员，五年内不得从事会计工作。"

（三）授意、指使、强令会计机构、会计人员及其他人员伪造、变造会计凭证、会计账簿，编制虚假财务会计报告或者隐匿、故意销毁依法应当保存的会计凭证、会计账簿、财务会计报告的法律责任

《会计法》规定："授意、指使、强令会计机构、会计人员及其他人员伪造、变造会计凭证、会计账簿，编制虚假财务会计报告或者隐匿、故意销毁依法应当保存的会计凭证、会计账簿、财务会计报告，构成犯罪的，依法追究刑事责任；尚不构成犯罪的，可以处五千元以上五万元以下的罚款；属于国家工作人员的，还应当由其所在单位或者有关单位依法给予降级、撤职、开除的行政处分。"

（四）单位负责人对依法履行职责、抵制违反《会计法》规定行为的会计人员实行打击报复的法律责任以及对受打击报复的会计人员的补救措施

《会计法》规定："单位负责人对依法履行职责、抵制违反本法规定行为的会计人员以降级、撤职、调离工作岗位、解聘或者开除等方式实行打击报复，构成犯罪的，依法追究刑事责任（处3年以下有期徒刑或者拘役）；尚不构成犯罪的，由其所在单位或者有关单位依法给予行政处分。对受打击报复的会计人员，应当恢复其名誉和原有职务、级别。"

财政部门及有关行政部门的工作人员在实施监督管理中滥用职权、玩忽职守、徇私舞弊或者泄露国家秘密、商业秘密，构成犯罪的，依法追究刑事责任；尚不构成犯罪的，依法给予行政处分。

【知识点】打击报复会计人员罪

1. 多选题：根据《刑法》规定，犯打击报复会计人员罪的人员应承担的

法律责任包括（ ）

A. 处三年以上有期徒刑　　　　　B. 处五年以上有期徒刑

C. 处三年以下有期徒刑　　　　　D. 拘役

答案：CD

2. 判断题：依照规定，对犯有打击报复会计人员罪的单位负责人，可处3年以下有期徒刑或拘役。　　　　　　　　　　　　　　　　　　　　（ ）

答案：√

【解析】根据《刑法》规定，对犯打击报复会计人员罪的，处3年以下有期徒刑或者拘役。

【课后大通关】

一、单选题

1. 行政处分的对象仅限于直接负责的主管人员和其他直接责任人员中的（ ）。

A. 会计人员　　　　　　　　　　B. 国家工作人员

C. 会计机构负责人（会计主管人员）　D. 单位负责人

2. 在会计法律责任中所说的"直接负责的主管人员"是指在单位实施违法行为过程中起领导、组织、决策作用的（ ），这也明确了其为单位会计法律责任的第一责任人。

A. 会计人员　　　　　　　　　　B. 会计机构负责人（会计主管人员）

C. 总会计师　　　　　　　　　　D. 单位负责人

3. 以下关于构成打击报复会计人员罪的特点，表述不正确的是（ ）。

A. 打击报复会计人员的主体是单位负责人

B. 打击报复会计人员罪的犯罪对象是依法履行职责、抵制违反《会计法》规定行为的会计人员

C. 打击报复会计人员罪在客观上表现为对依法履行职责、抵制违反《会计法》规定行为的会计人员实行报复情节恶劣的行为

D. 打击报复会计人员的主体是单位有权报复会计人员的其他人

4. 根据《会计法》的规定，对不依法设置会计账簿的行为，县级以上人民政府财政部门在责令其限期改正的同时，可对其单位并处（ ）的罚款。

A. 2000～20000元　　　　　　　B. 3000～20000元

C. 3000～50000元　　　　　　　D. 5000～50000元

5. 某单位会计人员，利用职务之便挪用公款，被依法追究刑事责任，则其（ ）不得从事会计工作。

A. 5 年内 B. 10 年内
C. 15 年内 D. 终身

6. 某公司存在伪造、变造会计凭证、会计账簿的行为，市财政局发现后应根据性质，视情节轻重，对该公司直接负责的主管人员和其他直接责任人员处以（ ）的罚款。

A. 3000 元以上 5 万元以下 B. 5000 元以上 3 万元以下
C. 2000 元以上 2 万元以下 D. 3000 元以上 3 万元以下

7. 下列各项中属于会计法规定的行政处罚形式的是（ ）。

A. 没收违法所得 B. 警告
C. 撤职 D. 罚款

二、多选题

1. 《会计法》规定的法律责任涉及（ ）。

A. 民事责任 B. 刑事责任
C. 行政责任 D. 违法责任

2. 违反《会计法》规定需要承担的法律责任主要有（ ）。

A. 责令限期改正 B. 罚款
C. 给予行政处分 D. 追究刑事责任

3. 授意、指使、强令会计机构、会计人员及其他人员伪造、变造会计凭证、会计账簿，编制虚假财务会计报告或者隐匿、故意销毁依法应当保存的会计凭证、会计账簿、财务会计报告的行为应承担的法律责任（ ）。

A. 构成犯罪的，依法追究刑事责任

B. 尚不构成犯罪的，可以处五千元以上五万元以下的罚款

C. 属于国家工作人员的，还应当由其所在单位或者有关单位依法给予降级、撤职、开除的行政处分

D. 属于国家工作人员的，还应当由其所在单位或有关单位依法给予警告、记过等行政处分

4. 隐匿或者故意销毁依法应当保存的会计凭证、会计账簿、财务会计报告的行为应承担的法律责任有（ ）。

A. 构成犯罪的，依法追究刑事责任

B. 不构成犯罪的，由县级以上人民政府财政部门予以通报，可以对单位并处五千元以上十万元以下的罚款；对其直接负责的主管人员和其他直接责任人员，可以处三千元以上五万元以下的罚款；属于国家工作人员的，还应当由其所在单位或者有关单位依法给予撤职直至开除的行政处分

C. 对其中的会计人员，五年内不得从事会计工作

D. 对其直接负责的主管人员和其他直接责任人员，属于国家工作人员的，还应当由其所在单位或有关单位依法给予警告、记过等行政处分

5. 行政处分的形式有（ ）。

A. 警告 　　　　　　　　　　B. 降级

C. 撤职 　　　　　　　　　　D. 开除

6. 主刑分为（ ）。

A. 管制 　　　　　　　　　　B. 拘役

C. 有期徒刑 　　　　　　　　D. 死刑

7. 附加刑分为（ ）。

A. 罚金 　　　　　　　　　　B. 剥夺政治权利

C. 没收财产 　　　　　　　　D. 罚款

8. 任用会计人员不符合规定的会计违法行为应承担的法律责任有（ ）。

A. 由县级以上人民政府财政部门责令限期改正

B. 对单位并处三千元以上五万元以下的罚款；对其直接负责的主管人员和其他直接责任人员，可以处二千元以上二万元以下的罚款，属于国家工作人员的，还应当由其所在单位或者有关单位依法给予行政处分

C. 构成犯罪的，依法追究刑事责任

D. 会计人员有上述行为之一，情节严重的，三年内不得从事会计工作

三、判断题

1. 违反《会计法》有关规定，情节轻微，不构成犯罪的，应当予以行政制裁。（ ）

2. 行政处分的实施机关只能是国家工作人员所在单位或有关单位。（ ）

3. 对有违法行为的会计人员，情节严重的，五年内不得从事会计工作。（ ）

1-6 课后大通关答案：

一、单选题 1.B 2.D 3.D 4.C 5.D 6.A 7.D

二、多选题 1.BC 2.ABCD 3.ABC 4.ABC 5.ABCD 6.ABCD 7.ABC 8.ABC

三、判断题 1.√ 2.√ 3.√

【考试训练营】

一、单选题

1. 会计法律制度是调整（ ）的法律规范。

A. 会计关系　　　　　　　　B. 会计人员之间关系
C. 会计事项关系　　　　　　D. 会计工作对象关系

2. 《企业财务会计报告条例》要求（　）对本企业的财务会计报告的真实性和完整性负责，任何组织或个人不得授意、指使、强令企业编制和对外提供虚假的或隐瞒重要事实的财务会计报告。

A. 单位负责人　　　　　　　B. 会计机构
C. 会计人员　　　　　　　　D. 总会计师

3. 会计工作的主管部门是（　）。

A. 注册会计师协会　　　　　B. 国务院
C. 县级以上各级政府财政部门　D. 税务部门

4. 国有的和国有资产占控股地位或主导地位的大中型企业（　）。

A. 应当设置总会计师　　　　B. 可以设置总会计师
C. 必须设置总会计师　　　　D. 不必设置总会计师

5. 某外商投资企业业务收支以美元为主，也有少量的人民币，根据《会计法》规定，为方便会计核算，该单位可以采用（　）为记账本位币，但编制的财务会计报告应当折算为人民币。

A. 人民币　　　　　　　　　B. 人民币和美元
C. 欧元　　　　　　　　　　D. 美元

6. 按照《会计法》的规定，在对外提供的财务会计报告上单位负责人应（　）。

A. 签名　　　　　　　　　　B. 签名或盖章
C. 盖章　　　　　　　　　　D. 签名并盖章

二、多选题

1. 下列可不受《会计法》约束的有（　）。

A. 港澳台地区的会计事务
B. 我国驻外使馆
C. 在境外的中国投资企业
D. 在除港澳台地区之外的中国境内的企业

2. 会计资料包括（　）。

A. 会计凭证　　　　　　　　B. 会计账簿
C. 财务会计报告　　　　　　D. 其他会计资料

3. 对会计工作的社会监督包括（　）。

A. 注册会计师及其所在的会计师事务所依法对委托单位的经济活动进行审计、鉴证

B. 证券监管、保险监管等部门依照有关法律、行政法规规定的职责和权限，对有关单位的会计资料实施监督检查

C. 单位和个人检举违反《会计法》和国家统一会计制度规定的行为

D. 财政部门对单位会计人员和会计机构会计行为的监督

4. 下列说法中正确的有（　　）。

A. 各单位应当根据会计业务的需要，设置会计机构。

B. 各单位可以在有关机构中设置会计人员并指定会计主管人员。

C. 不具备设置条件的，应当委托经批准设立从事会计代理记账业务的中介机构代理记账。

D. 国有的和国有资产占控股地位或主导地位的大中型企业必须设置总会计师。总会计师的任职资格、任免程序、职责权限由国务院规定。

三、判断题

1. 因临时离职或因病不能工作的会计人员恢复工作时，应当与接替或代理人员办理交接手续。（　　）

2. 年终，某公司拟销毁一批保管期满的会计档案，其中有一张未结清债权债务的原始凭证，但会计人员认为只要保管期满的会计档案就可以销毁。（　　）

3. 会计师事务所由注册会计师合伙设立，合伙人对会计师事务所的债务承担连带责任。（　　）

四、案例分析题

【案例分析一】A公司为一家民营企业，发生以下事项：

（1）会计人员王某辞职，公司在其没有办清会计工作交接手续的情况下，就为其办理了辞职手续；

（2）将刘某调入会计部门，担任出纳，并兼管会计档案的保管和登记收入、费用的账簿。

要求：根据上述资料，请回答：

1. 关于王某离职的说法中，正确的有（　　）。

A. 会计人员王某离职必须要办理移交手续

B. 会计机构负责人应当对会计人员王某的移交进行监交

C. 单位负责人应当对会计人员王某的移交进行监交

D. 王某只对其在职期间的工作负责，对移交后的工作概不负责

2. 案例中刘某不当的行为有（　　）。

A. 从事会计工作　　　　　　　B. 担任出纳

C. 兼管会计档案的保管　　　　D. 兼管登记收入、费用的账簿

【案例分析二】某市财政部门对辖区内的各单位进行检查。

要求：根据上述资料，请回答：

1. 财政部门的检查属于（　　）。

A. 外部监督　　　　　　　　B. 政府监督

C. 社会监督　　　　　　　　D. 普查监督

2. 财政部门在监督中对其他监督检查部门出具的检查结论应当（　　）。

A. 重点检查　　　　　　　　B. 重新检查

C. 尽量利用　　　　　　　　D. 回避

3. 对财政部门监督的表述，正确的有（　　）。

A. 可以对各种企业监督，不受行业限制

B. 可以对各地企业监督，不受地区限制

C. 财政部门应当遵循"统一领导，分级管理"

D. 财政部门亦可对注册会计师的审计报告进行监管

案例分析三：甲公司对乙公司的投资采取成本核算。现因甲公司经营状况较差，而乙公司经营状况良好，为改善甲公司的经营业绩，甲公司的会计主管将对乙公司投资的核算方法由成本法改为权益法。由于甲公司变更会计处理方法，由亏损转为盈利。根据上述资料，请回答：

1. 甲公司的会计主管将对乙公司的投资核算由成本法改为权益法的做法违反了会计法关于（　　）的规定。

A. 会计记录文字　　　　　　B. 记账本位币

C. 会计处理方法　　　　　　D. 会计档案保管

2. 甲公司应承担（　　）法律责任。

A. 由县级以上人民政府财政部门予以通报

B. 由县级以上人民政府财政部门责令限期改正

C. 给予3千元以上5万元以下的罚款

D. 给予5千元以上10万元以下的罚款

3. 甲公司的会计主管应承担（　　）法律责任。

A. 责令限期改正

B. 罚款

C. 情节严重五年内不得从事会计工作

D. 构成犯罪追究刑事责任

第一章考试训练营答案：

一、单选题 1.A 2.A 3.C 4.C 5.D 6.D

二、多选题 1.ABC 2.ABCD 3.AC 4.ABCD

三、判断题 1.√ 2.× 3.√

四、案例分析题

案例分析一 1.ABD 2.CD

案例分析二 1.AB 2.C 3.ACD

案例分析三 1.C 2.BC 3.ABCD

第二章 支付结算法律制度

本章导航

现金结算
- （一）现金结算的概念、特点与渠道
- （二）现金结算的范围
- （三）现金使用的限额

支付结算概述
- （一）支付结算的概念和特征
- （二）支付结算的主要法律依据
- （三）支付结算的基本原则
- （四）办理支付结算的要求

银行结算账户
- （一）银行结算账户的概念与分类
- （二）银行结算账户管理的基本原则
- （三）银行结算账户的开立、变更和撤销
- （四）违反银行结算账户管理制度的法律责任

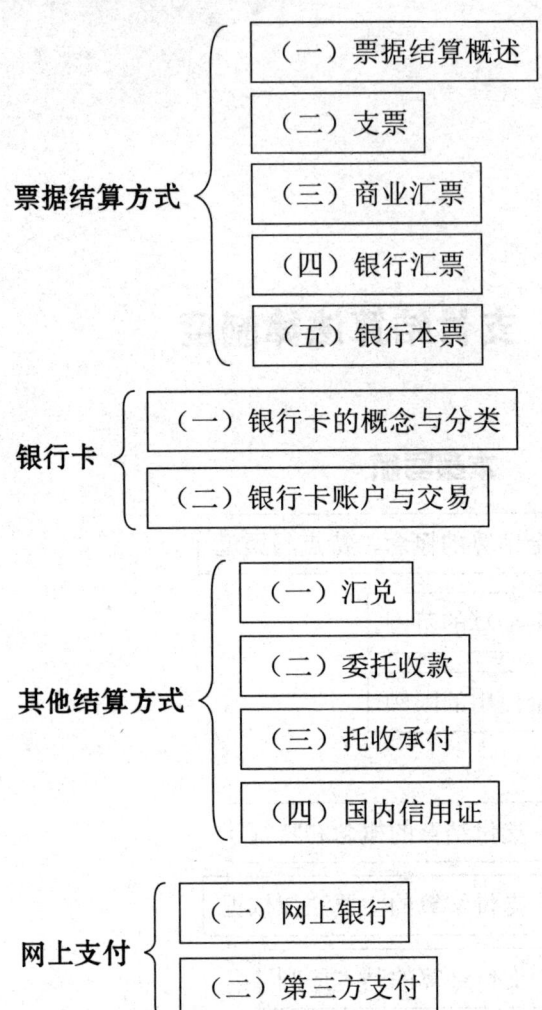

第一节 现金结算

现金,是指具备现实购买力或法定清偿力的通货。现金管理,是现金管理机关按照国家的方针政策和有关规定,管理各单位的现金收入、支出和库存的一种管理活动,是国家的一项重要财经管理活动。

我国对现金管理的法律依据主要有:国务院1988年9月8日发布的《中华人民共和国现金管理暂行条例》(1988年10月1日起施行,以下简称《现金管理暂行条例》)和中国人民银行1988年9月23日发布的《现金管理暂行条例实施细则》等。

一、现金结算的概念、特点与渠道

> 易错辨析:
> 根据《现金管理暂行条例》及《现金管理暂行条例实施细则》的规定:
> 中国人民银行总行是现金管理的主管部门;
> 开户银行依照《现金管理暂行条例》和中国人民银行的规定,负责现金管理的具体实施,对开户单位收支、使用现金进行监督管理。各级人民银行负责履行金融主管机关的职责,对开户银行的现金管理进行监督和稽核。

(一)现金结算的概念

现金结算是指在商品交易、劳务供应等经济往来中,直接使用现金进行应收应付款结算的一种行为。在我国主要适用于单位与个人之间的款项收付,以及单位之间的转账结算起点金额以下的零星小额收付。

(二)现金结算的特点

现金结算具有直接便利、不安全性、不易宏观控制和管理、费用较高等特点。

(三)现金结算的渠道

现金结算的渠道有:①付款人直接将现金支付给收款人;②付款人委托银行、非银行金融机构或者非金融机构将现金支付给收款人。

二、现金结算的范围

现金的结算范围是指按照国家规定可以使用现金进行结算的范围。根据规定，企业、事业单位、机关、团体、部队除按照规定的范围可以使用现金外，应通过开户银行进行转账结算。

根据国务院发布的《现金管理暂行条例》及中国人民银行发布的《现金管理暂行条例实施细则》规定，开户单位可以在下列范围内使用现金：①职工工资、津贴；②个人劳务报酬；③根据国家规定颁发给个人的科学技术、文化艺术、体育等各种奖金；④各种劳保、福利费用以及国家规定的对个人的其他支出；⑤向个人收购农副产品和其他物资的价款；⑥出差人员必须随身携带的差旅费；⑦结算起点以下的零星支出（结算起点定为1000元）；⑧中国人民银行确定需要支付现金的其他支出。

结算起点的调整，由中国人民银行确定，报国务院备案。

除上述第⑤、⑥项外，开户单位支付给个人的款项，超过使用现金限额的部分，应当以支票或者银行本票支付；确需全额支付现金的，经开户银行审核后，予以支付现金。

【知识点】现金管理的实施机构

单选题：根据《现金管理暂行条例》的规定，负责现金管理的具体实施，并对开户单位收支、使用现金进行监督管理的机构是（　）。

A. 开户银行　　　　　　　　　B. 中国人民银行总行
C. 中国人民银行各级分行　　　D. 银监会

答案：A

【解析】根据规定，开户银行负责现金管理的具体实施，对开户单位收支、使用现金进行监督管理；中国人民银行总行是现金管理的主管部门，故本题应选择A选项。

三、现金使用的限额

现金使用的限额，由其开户银行根据单位的实际需要核定，一般按照单位3至5天的日常零星开支所需确定，边远地区和交通不便地区的开户单位的库存现金限额，可按多于5天，但不能超过15天的日常零星开支的需要确定。经核定的库存现金限额，开户单位必须严格遵守。企业每日的现金结存数不得超过核定的限额，超过的部分应当及时送存银行，企业如果需要增加或减少库存限额的，应当向开户银行申请，由开户银行核定。

【知识点】库存现金限额的核定

1. 单选题：我国某企业每天的零星现金支付额为 5000 元，根据银行规定，该单位库存现金的最高限额应为（　）元。

A.5000　　　　　　　　　　B.10000

C.15000　　　　　　　　　 D.25000

答案：D

【解析】现金使用的限额，由其开户银行根据单位的实际需要核定，一般按照单位 3 至 5 天的日常零星开支所需确定，所以最高限额应为 25000 元。

2. 单选题：根据《现金管理暂行条例》的规定，核定单位库存现金限额的机构是（　）。

A. 银监会　　　　　　　　B. 中国人民银行总行

C. 中国人民银行各级分行　D. 开户银行

答案：D

【解析】企业库存现金，由其开户银行根据企业的实际需要核定限额，故本题应选择 D 选项。

对没有在银行单独开立账户的附属单位也要实行现金管理，必须保留的现金，也要核定限额，其限额包括在开户单位的库存限额之内。商业和服务行业的找零备用现金也要根据营业额核定定额，但不包括在开户单位的库存现金限额之内。

【课后大通关】

一、单选题

1. 单选题：开户单位可以在一定范围内使用现金，按照有关规定，对于零星支出的结算起点是（　）元以下。

A. 1000　　　　　　　　　B. 1500

C. 2000　　　　　　　　　D. 500

2. 根据企业实际需要核定企业库存现金限额的机构是（　）。

A. 中国人民银行总行　　　B. 中国人民银行当地分支行

C. 开户银行　　　　　　　D. 银监会

二、多选题

1. 关于现金管理中现金使用的限额，下列表述中正确的是（　）。

A. 开户银行应当根据实际需要，核定开户单位 3～5 天的日常零星开支所需的现金

B. 边远地区和交通不便地区的企业库存现金可多于 5 天，但不得超过 10 天

C. 开户单位需要增加或减少库存现金限额的,应当向开户银行提出申请,由开户银行核定

D. 企业每日的现金结存数不得超过核定的限额,超过部分应当及时送存银行

2. 下列事项中,开户单位可以在规定范围内使用现金( )。

A. 发给公司李某的 750 元奖金

B. 公司 300 元的零星支出

C. 向农民收购农产品的 20000 元收购款

D. 出差人员出差必须随身携带的 1500 元差旅费

三、判断题

1. 开户单位现金收入应当于当日送存开户银行。当日送存确有困难的,由中国人民银行当地分支行确定送存时间。   (   )

2. 开户单位支付现金,可以从本单位库存现金限额中、现金收入中支付或从开户银行提取支付。   (   )

2-1 课后大通关答案:

一、单选题 1.A 2.C

二、多选题 1.ACD 2.ABCD

三、判断题 1.× 2.×

第二节 支付结算概述

一、支付结算的概念与特征

(一)支付结算的概念

支付结算是指单位、个人在社会经济活动中使用票据、信用卡和汇兑、托收承付、委托收款等结算方式进行货币给付及其资金清算的行为。其主要功能是完成资金从一方当事人向另一方当事人的转移。

银行、城市信用合作社、农村信用合作社(以下简称银行)以及单位(含个体工商户)和个人是办理支付结算的主体。其中,银行是支付结算和资金清算的中介机构。

(二)支付结算的特征

支付结算作为一种法律行为,具有以下法律特征:

1. 支付结算必须通过中国人民银行批准的金融机构进行

《中国人民银行支付结算办法》(下称《支付结算办法》)第六条规定:"银行是支付结算和资金清算的中介机构。未经中国人民银行批准的非银行金融机构和其他单位不得作为中介机构经营支付结算业务。但法律、行政法规另有规定的除外。"这表明,支付结算与一般的货币给付及资金清算行为不同。

2. 支付结算的发生取决于委托人的意志

银行在支付结算中充当中介机构的角色,因此,银行只要以善意且符合规定的正常操作程序审查,对伪造、变造的票据和结算凭证上的签章以及需要交验的个人有效身份证件,未发现异常而支付金额的,对出票人或付款人不再承担受委托付款的责任,对持票人或收款人不再承担付款的责任。与此同时,当事人对在银行的存款有自己的支配权,银行对单位、个人在银行开立存款账户的存款,除国家法律、行政法规另有规定外,不得为任何单位或者个人查询,除国家法律另有规定外,银行不代任何单位或个人冻结、扣款,不得停止单位、个人存款的正常支付。

3. 支付结算实行统一领导、分级管理的管理体制

支付结算是一项政策性强、与当事人利益息息相关的活动,因此,必须对其实行统一的管理。根据《支付结算办法》第二十条的规定,中国人民银行总行负责制定统一的支付结算制度,组织、协调、管理、监督全国的支付结算工作,调解、处理银行之间的支付结算纠纷;中国人民银行省、自治区、直辖市分行根据统一的支付结算制度制定实施细则,报总行备案,根据需要可以制定单项支付结算办法,报经中国人民银行总行批准后执行;中国人民银行分、支行负责组织、协调、管理、监督本辖区的支付结算工作,调解、处理本辖区银行之间的支付结算纠纷;政策性银行、商业银行总行可以根据统一的支付结算制度,结合本行情况,制定具体管理实施办法,报经中国人民银行总行批准后执行,并负责组织、管理、协调本行内的支付结算工作,调解、处理本行内分支机构之间的支付结算纠纷。

4. 支付结算是一种要式行为

所谓要式行为是指法律规定必须依照一定形式进行的行为。如果该行为不符合法定的形式要件,即为无效。根据《支付结算办法》第九条规定:"票据和结算凭证是办理支付结算的工具。单位、个人和银行办理支付结算,必须使用按中国人民银行统一规定印制的票据凭证和统一规定的结算凭证。""未使用按中国人民银行统一规定印制的票据,票据无效;未使用中国人民银行统一规定格式的结算凭证,银行不予受理。"为了保证支付结算的准确、及时和安全,以使其业务正常进行,中国人民银行除了对票据和结算凭证的格式有统一的要求外,还就正确填写票据和结算凭证做出了基本规定。例如:

①名称。单位和银行的名称应当记载全称或者规范化的简称;

②签章。票据和结算凭证上的签章,为签名、盖章或签名加盖章;单位、银行在票据上的签章和单位在结算凭证上的签章,为该单位、银行的盖章加其法定代表人或其授权的代理人的签名或盖章;个人在票据和结算凭证上的签章,应为该个人本名的签名或盖章。

【知识点】支付结算的法律特征

多选题:下列关于办理支付结算的表述中,符合法律规定的有( )。

A. 单位和银行签发票据时,名称应当记载全称,使用简称的,银行不予受理

B. 不使用按中国人民银行统一规定印制的票据,票据无效

C. 票据和结算凭证上的签章和其他记载的事项应当真实

D. 填写票据和结算凭证应当规范

答案:BCD

【解析】根据规定,单位和银行的名称应当记载全称或者规范化的简称,所以A选项表述不正确。

【知识点】支付结算的法律特征

单选题:根据《支付结算办法》的规定,负责制定统一的支付结算制度的机构是( )。

A. 政策性银行　　　　　　B. 商业银行
C. 中国人民银行总行　　　D. 财政部

答案:C

【解析】根据《支付结算办法》规定,中国人民银行总行负责制定统一的支付结算制度,组织、协调、管理、监督全国的支付结算工作,调解、处理银行之间的支付结算纠纷,故C选项为正确选项。

5. 支付结算必须依法进行

《支付结算办法》第五条规定:"银行、城市信用合作社、农村信用合作社(以下简称银行)以及单位和个人(含个体工商户),办理支付结算必须遵守国家的法律、行政法规和本办法的各项规定,不得损害社会公共利益。"因此,支付结算的当事人必须严格依法进行支付结算活动。

二、支付结算的主要法律依据

迄今为止,现行的适用支付结算的法律、行政法规以及制度主要归纳如

表 2-2-1 所示：

表 2-2-1　现行适用支付结算的法律、行政法规以及制度

法律、行政法规、制度	施行时间
《票据法》	1995年5月10日第八届全国人民代表大会常务委员会第十三次会议通过；2004年8月28日第十届全国人民代表大会常务委员会第十一次会议《关于修改〈中华人民共和国票据法〉的决定》修正
《票据管理实施办法》	1997年6月23日经国务院批准，1997年8月21日由中国人民银行发布并于同年10月1日起施行。
《支付结算办法》	1997年9月19日由中国人民银行发布，1997年12月1日起施行，原《银行结算办法》同时废止
《现金管理暂行条例》	1988年8月16日国务院第十八次常务会议通过，1988年10月1日起施行，于2011年1月8日发布的《国务院关于废止和修改部分行政法规的决定》所修订
《中国人民银行银行卡业务管理办法》	1999年3月1日起施行，原《中国人民银行信用卡业务管理办法》同时废止
《人民币银行结算账户管理办法》	2003年9月1日起施行，1994年10月9日中国人民银行发布的《银行账户管理办法》同时废止
《异地托收承付结算办法》	1983年修订，于1994年再次修订，自1995年1月1日起执行
《电子支付指引(第一号)》	2005年10月26日由中国人民银行制定并公布，自公布之日起施行

三、支付结算的基本原则

支付结算的基本原则是单位、个人和银行在进行支付结算活动时所必须遵循的行为准则。根据社会经济发展的需要，行业主管部门针对支付结算行为，确立了"恪守信用，履约付款；谁的钱进谁的账，由谁支配；银行不垫款"的三项基本原则。中国人民银行发布的《支付结算办法》第十六条亦肯定了该三项原则。

（一）恪守信用，履约付款

这一原则是《民法通则》中的"诚实信用"原则在支付结算中的具体表现。根据该原则，结算当事人必须依照共同约定的民事法律关系内容享受权利和承担义务，严格遵守信用，依约履行付款义务，特别是应按照约定的付款金额和付款日期进行支付。这一原则对履行付款义务的当事人具有约束力，是维护合同秩序，保障当事人经济利益的重要保证。

（二）谁的钱进谁的账，由谁支配

这一原则主要在于维护存款人对存款资金的所有权或经营权，保证其对资金的自主支配权。银行作为资金结算的中介机构，在办理结算时必须遵循存款人的委托，按照其意志，保证将所收款项支付给其指定的收款人；对存款人的资金，除国家法律另有规定外，必须由其自主支配，其他任何单位、个人以及银行本身都不得对其资金进行干预和侵犯。这一原则既保护了存款人的合法权益，又加强了银行办理结算的责任。

（三）银行不垫款

这一原则主要在于划清银行资金和存款人资金的界限。根据该原则，银行办理结算只负责办理结算当事人之间的资金转移，而不能在结算过程中为其垫付资金。这一原则有利于保护银行资金的所有权或经营权，也有利于促使单位和个人以自己所有或经营管理的财产直接对自己的债务承担责任，从而保证了银行资金的安全。

上述三个原则既可单独发挥作用，亦是一个有机的整体，分别从不同角度强调了付款人、收款人和银行在结算过程中的权利、义务，从而切实保障了结算活动的正常进行。

四、办理支付结算的要求

（一）办理支付结算的基本要求

①办理支付结算必须使用中国人民银行统一规定的票据和结算凭证。
未使用中国人民银行统一规定的票据，票据无效；
未使用中国人民银行统一规定的结算凭证，银行不予受理。
②办理支付结算必须按统一的规定开立和使用账户。
③填写票据和结算凭证应当全面规范。做到数字正确，要素齐全，不错不漏，字迹清楚，防止涂改。票据和结算凭证金额以中文大写和阿拉伯数码同时记载，二者必须一致，二者不一致的，票据无效；二者不一致的结算凭证，银行不予受理。
④票据和结算凭证上的签章和记载事项必须真实，不得伪造、变造。伪造是指无权限人假冒他人或虚构他人名义签章的行为，签章的变造属于伪造。变造是指无权更改票据内容的人，对票据上签章以外的记载事项加以改变的行为。票据上有伪造、变造的签章的，不影响票据上其他当事人真实签章的效力。

票据和结算凭证的金额、出票或签发日期、收款人名称不得更改，更改的票据无效；更改的结算凭证，银行不予受理。对票据和结算凭证上的其他记载事项，原记载人可以更改，更改时应当由原记载人在更改处签章证明。

（二）支付结算凭证填写的要求

①票据和结算凭证金额以中文大写和阿拉伯数码同时记载，二者必须一致，二者不一致的票据无效；二者不一致的结算凭证，银行不予受理。少数民族地区和外国驻华使领馆根据实际需要，金额大写可以使用少数民族文字或者外国文字记载。

②票据的出票日期必须使用中文大写。为防止变造票据的出票日期，在填写月、日时，月为壹、贰和壹拾的，日为壹至玖和壹拾、贰拾和叁拾的，应在其前加"零"；日为拾壹至拾玖的，应在其前面加"壹"。如2月12日，应写成零贰月壹拾贰日；又如，10月20日，应写成零壹拾月零贰拾日。

票据出票日期使用小写填写的，银行不予受理；

票据大写日期未按要求规范填写的，银行可予受理；但由此造成的损失，由出票人自行承担。

③中文大写金额数字应用正楷或行书填写，不得自造简化字。如壹、贰、叁、肆、伍、陆、柒、捌、玖、拾、佰、仟、万、亿、元、角、分、零、整（正）等字样。不得用一、二（两）、三、四、五、六、七、八、九、十、念（廿）、毛、另（或0）填写，如果金额数字书写中使用繁体字，如贰、陆、亿、圆的，也应受理。

④中文大写金额数字前应标明"人民币"字样，大写金额数字应紧接"人民币"字样填写，不得留有空白。大写金额数字前未印"人民币"字样的，应加填"人民币"三字。

⑤中文大写金额数字到"元"为止的，在"元"之后应写"整"（或"正"）字；到"角"为止的，在"角"之后可以不写"整"（或"正"）字；大写金额数字有"分"的，"分"后面不写"整"（或"正"）字。

⑥阿拉伯小写金额数字前面，均应填写人民币符号"￥"。阿拉伯小写金额数字要认真填写，不得连写以避免分辨不清。

⑦阿拉伯小写金额数字中有"0"时，中文大写应按照汉语语言规律、金额数字构成和防止涂改的要求进行书写。

阿拉伯数字中间有"0"时，中文大写金额要写"零"字。如￥1409.50，应写成人民币壹仟肆佰零玖元伍角。

阿拉伯数字中间连续有几个"0"时，中文大写金额中间可以只写一个"零"字。如￥6 007.14，应写成人民币陆仟零柒元壹角肆分。

阿拉伯金额数字万位或元位是"0",或者数字中间连续有几个"0",万位、元位也是"0",但千位、角位不是"0"时,中文大写金额中可以只写一个"零"字,也可以不写零字。如¥1 680.32,应写成人民币壹仟陆佰捌拾元零叁角贰分,或者写成人民币壹仟陆佰捌拾元叁角贰分;又如¥107 000.53,应写成人民币壹拾万柒仟元零伍角叁分,或者写成人民币壹拾万零柒仟元伍角叁分。

阿拉伯金额数字角位是"0",而分位不是"0"时,中文大写金额"元"后面应写"零"字。如¥16 409.02,应写成人民币壹万陆仟肆佰零玖元零贰分;又如¥325.04,应写成人民币叁佰贰拾伍元零肆分。

【知识点】填写票据和结算凭证的基本要求

单选题:下列关于票据和结算凭证的填写的表述中,正确的是( )。

A. 中文大写金额数字必须用正楷书写

B. 中文大字金额数字到"角"为止的,在角之后可以不写"整"字

C. 中文大写金额数字到"分"为止的,在分之后不需写"整"字

D. 票据的大写出票日期未按要求规范填写的,银行不予受理

答案:B

【解析】根据规定,中文大写金额数字应用正楷或行书填写,故 A 选项不正确;大写金额数字有"分"的,"分"后面不写"整"(或"正")字,故 C 选项不正确;票据出票日期使用小写填写的,银行不予受理。大写日期未按要求规范填写的,银行可予受理;但由此造成损失的,由出票人自行承担,故 D 选项不正确,所以本题应选择 B 选项。

【课后大通关】

一、单选题

1. 长江公司出纳李某于 2012 年 2 月 10 日签发了一张转账支票,转账支票上日期填写正确的是( )。

A. 贰零壹贰年贰月拾日　　　　B. 贰零壹贰年零贰月壹拾日

C. 贰零壹贰年零贰月零壹拾日　D. 贰零壹贰年贰月壹拾日

2. 有关票据出票日期的说法,正确的是( )。

A. 票据的出票日期必须使用中文大写

B. 在填写月、日时,月为壹、贰和壹拾的应在其前加"壹"

C. 在填写月、日时,日为拾壹至拾玖的,应在其前面加"零"

D. 票据出票日期用小写填写,票据无效

3. 下列办理支付结算和资金清算的主体中,具有中介机构性质的为( )。

A. 银行　　　　　　　　　　　B. 国家

C. 企业　　　　　　　　　　　D. 个人

4. 下列关于填写票据和结算凭证的表述中，不正确的是（ ）。

A. 票据和结算凭证的中文大写金额数字应用正楷或行书填写，使用繁体字的，也应受理

B. 阿拉伯小写金额数字前面，均应填写人民币符号"￥"

C. 少数民族地区和外国驻华使领馆，金额大写必须使用少数民族文字或外国文字

D. 票据的出票日期必须使用中文大写，使用小写填写的，银行不予受理

5. 甲企业向乙企业开具一张商业汇票，下列记载事项中，可以更改的是（ ）。

A. 金额   B. 付款地

C. 出票日期   D. 收款人名称

二、多选题

1. 下列选项中，属于单位、个人和银行在进行支付结算活动时所必须遵循的行为准则有（ ）。

A. 恪守信用，履约付款原则   B. 谁的钱进谁的账，由谁支配原则

C. 银行不垫款原则   D. 监督用款原则

2. 下列关于票据金额的填写，说法正确的是（ ）。

A. 阿拉伯小写金额数字中有"0"，中文大写应按汉语语言规律、金额数字和防止涂改的要求进行书写

B. 大写金额数字有"分"的，"分"后面可以写"整"（或"正"）字

C. 大写金额数字应紧接"人民币"字样填写，不得留有空白

D. 大写金额数字前未印"人民币"字样的，应加填"人民币"字样

3. 以下属于票据无效情形的有（ ）。

A. 金额更改的票据

B. 只有小写金额，没有大写金额的票据

C. 大小写金额不一致的票据

D. 未使用按中国人民银行统一规定印制的票据

4. 下列表述中，不正确的有（ ）。

A. 票据和结算凭证金额须以中文大写和阿拉伯数字同时记载，两者必须一致，两者不一致的票据和结算凭证均无效

B. 票据和结算凭证上的签章，为签名、盖章或签名加盖章

C. 少数民族地区和外国驻华使领馆在填写票据和结算凭证时，金额大写必须使用中文汉字

D. 单位和银行的名称应当记载全称或者规范化的简称

三、判断题

1. 中文大写金额数字到"元"为止的,在"元"之后,可以写"整"(或"正")字,在"角"之后不能写"整"(或"正")字。 ( )

2. 票据出票日期使用小写填写的,银行可予受理,但由此造成损失的,由出票人自行承担。 ( )

3. 单位、个人和银行办理支付结算,必须使用按各商业银行印制的票据凭证和结算凭证。 ( )

2-2 课后大通关答案:

一、单选题 1.C 2.A 3.A 4.C 5.B

二、多选题 1.ABC 2.ACD 3.ABCD 4.AC

三、判断题 1.× 2.× 3.×

第三节 银行结算账户

一、银行结算账户的概念与分类

(一)银行结算账户的概念

银行结算账户是指存款人在经办银行开立的办理资金收付结算的人民币活期存款账户。其中,"银行"是指在中国境内经中国人民银行批准经营支付结算业务的政策性银行、商业银行(含外资独资银行、中外合资银行、外国银行分行)、城市信用合作社、农村信用合作社。"存款人"是指在中国境内开立银行结算账户的机关、团体、部队、企业、事业单位、其他组织(以下统称单位)、个体工商户和自然人。

【知识点】"银行"的范围

多选题:根据《人民币银行结算账户管理办法》的规定,人民币银行结算账户,是指银行为存款人开立的办理资金收付结算的人民币活期存款账户。这里所称"银行"是指( )。

A. 政策性银行 B. 外资独资银行
C. 外国银行分行 D. 农村信用合作社

答案:ABCD

【解析】根据《人民币银行结算账户管理办法》的规定,"银行"是指在中国境内经中国人民银行批准经营支付结算业务的政策性银行、商业银行(含外资独资银行、中外合资银行、外国银行分行)、城市信用合作社、农村信用合作社,故四个选项均包含在内。

（二）银行结算账户的分类

银行结算账户的类别有：①基本存款账户；②一般存款账户；③专用存款账户；④临时存款账户；⑤个人银行结算账户；⑥异地银行结算账户。

1. 基本存款账户

基本存款账户是指存款人因办理日常转账结算和现金收付需要而开立的银行结算账户，是存款人的主要存款账户。

（1）基本存款账户使用范围

基本存款账户的使用范围包括：存款人日常经营活动的资金收付，以及存款人的工资、奖金和现金的支取。

（2）基本存款账户开户要求

单位银行结算账户的存款人只能在银行开立一个基本存款账户。其他银行结算账户的开立必须以基本存款账户的开立为前提，必须凭基本存款账户开户登记证办理开户手续，并在基本存款账户开户登记证上进行相应登记。

【知识点】基本存款账户的开户要求

判断题：根据《人民币银行结算账户管理办法》的规定，没有开立基本存款账户的存款人也可以开立一般存款账户。（ ）

答案：×

【解析】银行结算账户的开立必须以基本存款账户的开立为前提，必须凭基本存款账户开户登记证办理开户手续，故题中表述是错误的。

（3）开立基本存款账户的存款人资格

下列存款人，可以申请开立基本存款账户：

①企业法人。

②非法人企业。

③机关、事业单位。

④团级（含）以上军队、武警部队及分散执勤的支（分）队。

⑤社会团体。

⑥民办非企业组织。

⑦异地常设机构。

⑧外国驻华机构。

⑨个体工商户。

⑩居民委员会、村民委员会、社区委员会。

⑪单位设立的独立核算的附属机构。

⑫其它组织。

【知识点】基本存款账户的开户要求

多选题：根据《人民币银行结算账户管理办法》的规定，下列（　　），可以申请开立基本存款账户。

A. 企业法人　　　　　　　　B. 民办非企业组织

C. 外国驻华机构　　　　　　D. 居民委员会、社区委员会

答案：ABCD

【解析】题中四个选项均可以申请开立基本存款账户，故本题应选择ABCD选项。

（4）开立基本存款账户所需的证明文件

存款人申请开立基本存款账户，应向银行出具下列证明文件：

①企业法人，应出具企业法人营业执照正本。

②非企业法人，应出具企业营业执照正本。

③机关和实行预算管理的事业单位，应出具政府人事部门或编制委员会的批文或登记证书和财政部门同意其开户的证明；非预算管理的事业单位，应出具政府人事部门或编制委员会的批文或登记证书。

④军队、武警团级（含）以上单位以及分散执勤的支（分）队，应出具军队军级以上单位财务部门、武警总队财务部门的开户证明。

⑤社会团体，应出具社会团体登记证书，宗教组织还应出具宗教事务管理部门的批文或证明。

⑥民办非企业组织，应出具民办非企业登记证书。

⑦外地常设机构，应出具其驻在地政府主管部门的批文。

⑧外国驻华机构，应出具国家有关主管部门的批文或证明；外资企业驻华代表处、办事处应出具国家登记机关颁发的登记证。

⑨个体工商户，应出具个体工商户营业执照正本。

⑩居民委员会、村民委员会、社区委员会，应出具其主管部门的批文或证明。

⑪独立核算的附属机构，应出具其主管部门的基本存款账户开户登记证和批文。

⑫其他组织，应出具政府主管部门的批文或证明。

以上存款人为从事生产、经营活动纳税人的，还应出具税务部门颁发的税务登记证。

（5）开立基本存款账户的程序

根据《人民币银行结算账户管理办法》的有关规定，存款人申请开立银行结算账户时，应填制开户申请书，提供规定的证明文件；银行应对存款人

的开户申请书填写的事项和证明文件的真实性、完整性、合规性进行认真审查,并将审查后的存款人提交的上述文件和审核意见等开户资料报送中国人民银行当地分支行,经其核准后办理开户手续。中国人民银行应于两个工作日内对银行报送的基本存款账户的开户资料的合规性以及唯一性进行审核。符合开户条件的,予以核准;不符合开户条件的,应在开户申请书上签署意见,连同有关证明文件一并退回报送银行。

2.一般存款账户

一般存款账户是指存款人因借款或其他结算需要,在基本存款账户开户银行以外的银行营业机构开立的银行结算账户。

(1)一般存款账户使用范围

一般存款账户主要用于办理存款人借款转存、借款归还和其他结算的资金收付。该账户可以办理现金缴存,但不得办理现金支取。

【知识点】一般存款账户的使用范围

判断题:根据《人民币银行结算账户管理办法》的规定,一般存款账户可以办理现金缴存、现金支取等各种业务的结算。( )

答案:×

【解析】一般存款账户可以办理现金缴存,但不得办理现金支取,故题中表述是错误的。

(2)开立一般存款账户的存款人资格

下列情况的存款人可以申请开立一般存款账户:

①在基本存款账户以外的银行取得借款的单位。

②与基本存款账户的存款人不在同一地点的附属非独立核算单位。

(3)开立一般存款账户所需的证明文件

存款人申请开立一般存款账户,应向银行出具其开立基本存款账户规定的证明文件、基本存款账户开户登记证和下列证明文件:

①存款人因向银行借款需要,应出具借款合同。

②存款人因其他结算需要,应出具有关证明。

(4)开立一般存款账户的程序

根据《人民币银行结算账户管理办法》的有关规定,存款人申请开立一般存款账户时,应填制开户申请书,提供规定的证明文件;银行应对存款人的开户申请书填写的事项和证明文件的真实性、完整性、合规性进行认真审查;符合开立一般存款账户条件的,银行应办理开户手续,同时应在其基本存款账户开户登记证上登记账户名称、账号、账户性质、开户银行、开户日期并签章,于开户之日起5个工作日内向中国人民银行当地分支行备案,自开立一般存款账户之日起 3 个工作日内书面通知基本存款账户开户银行。

由此可见，开立一般存款账户，实行备案制，无须中国人民银行核准。

3. 专用存款账户

专用存款账户是指存款人按照法律、行政法规和规章，对有特定用途资金进行专项管理和使用而开立的银行结算账户。

（1）专用存款账户的使用范围

对下列各项专用资金的管理与使用，存款人可以申请开立专用存款账户：

①基本建设资金。

②更新改造资金。

③财政预算外资金。

④粮、棉、油收购资金。

⑤证券交易结算资金。

⑥期货交易保证金。

⑦信托基金。

⑧金融机构存放同业资金。

⑨政策性房地产开发资金。

⑩单位银行卡备用金。

⑪住房基金。

⑫社会保障基金。

⑬收入汇缴资金和业务支出资金。

⑭党、团、工会设在单位的组织机构经费。

⑮其他需要专项管理和使用的资金。

其中，单位银行卡账户的资金必须由其基本存款账户转账存入。该账户不得办理现金收付业务。

财政预算外资金、证券交易结算资金、期货交易保证金和信托基金专用存款账户不得支取现金。

基本建设资金、更新改造资金、政策性房地产开发资金、金融机构存放同业资金账户需要支取现金的，应在开户时报中国人民银行当地分支行批准。中国人民银行当地分支行应根据国家现金管理的规定审查批准。

粮、棉、油收购资金、社会保障基金、住房基金和党、团、工会经费等专用存款账户支取现金应按照国家现金管理的规定办理。银行应按照本条的各项规定和国家对粮、棉、油收购资金使用管理规定加强监督，对不符合规定的资金收付和现金支取，不得办理。但对其他专用资金的使用不负监督责任。

收入汇缴资金和业务支出资金,是指基本存款账户存款人附属的非独立核算单位或派出机构发生的收入和支出的资金。因收入汇缴资金和业务支出资金开立的专用存款账户,应使用隶属单位的名称。收入汇缴账户除向其基本存款账户或预算外资金财政专用存款户划缴款项外,只收不付,不得支取现金。业务支出账户除从其基本存款账户拨入款项外,只付不收,其现金支取必须按照国家现金管理的规定办理。

【知识点】专用存款账户的使用范围

多选题:根据《人民币银行结算账户管理办法》的规定,需要支取现金的,应在开户时报中国人民银行当地分支行批准的资金专用存款账户的有( )。

A. 信托基金　　　　　　　　B. 更新改造资金
C. 政策性房地产开发资金　　D. 证券交易结算资金

答案:BC

【解析】根据《人民币银行结算账户管理办法》的规定,基本建设资金、更新改造资金、政策性房地产开发资金、金融机构存放同业资金账户需要支取现金的,应在开户时报中国人民银行当地分支行批准,故本题应选择BC选项。

(2)开立专用存款账户所需的证明文件

存款人申请开立专用存款账户,应向银行出具其开立基本存款账户规定的证明文件、基本存款账户开户登记证和下列证明文件:

①基本建设资金、更新改造资金、政策性房地产开发资金、住房基金、社会保障基金,应出具主管部门批文。

②财政预算外资金,应出具财政部门的证明。

③粮、棉、油收购资金,应出具主管部门批文。

④单位银行卡备用金,应按照中国人民银行批准的银行卡章程的规定出具有关证明和资料。

⑤证券交易结算资金,应出具证券公司或证券管理部门的证明。

⑥期货交易保证金,应出具期货公司或期货管理部门的证明。

⑦金融机构存放同业资金,应出具其证明。

⑧收入汇缴资金和业务支出资金,应出具基本存款账户存款人有关的证明。

⑨党、团、工会设在单位的组织机构经费,应出具该单位或有关部门的批文或证明。

⑩其他按规定需要专项管理和使用的资金,应出具有关法规、规章或政府部门的有关文件。

合格境外机构投资者在境内从事证券投资开立的人民币特殊账户和人民币结算资金账户纳入专用存款账户管理。其开立人民币特殊账户时应出具国家外汇管理部门的批复文件，开立人民币结算资金账户时应出具证券管理部门的证券投资业务许可证。

（3）开立专用存款账户的程序

根据《人民币银行结算账户管理办法》的有关规定，存款人申请开立专用存款账户时，应填制开户申请书，提供规定的证明文件；银行应对存款人的开户申请书填写的事项和证明文件的真实性、完整性、合规性进行认真审查；如果专用存款账户属于预算单位专用存款账户的，银行应将存款人的开户申请书、相关的证明文件和银行审核意见等开户资料报送中国人民银行当地分支行，经其对申报资料进行合规性审查，并核准后办理开户手续，该核准程序与基本存款账户的核准程序相同；如果属于预算单位专用存款账户之外的其他专用存款账户的，银行应办理开户手续，并于开户之日起5个工作日内向中国人民银行当地分支行备案。

银行在办理专用存款账户开户手续时，同时应在其基本存款账户开户登记证上登记账户名称、账号、账户性质、开户银行、开户日期并签章，自开立专用存款账户之日起3个工作日内书面通知基本存款账户开户银行。

4. 临时存款账户

临时存款账户是指存款人因临时需要并在规定期限内使用而开立的银行结算账户。

（1）临时存款账户的使用范围

临时存款账户用于办理临时机构以及存款人临时经营活动发生的资金收付。

临时存款账户应根据有关开户证明文件确定的期限或存款人的需要确定其有效期限。存款人在账户的使用中需要延长期限的，应在有效期限内向开户银行提出申请，并由开户银行报中国人民银行当地分支行核准后办理展期，并由该分支行收回原临时存款账户开户许可证，颁发新的临时存款账户开户许可证。中国人民银行当地分支行不核准展期申请的，存款人应当及时办理该临时存款账户的撤销手续。

临时存款账户的有效期最长不得超过2年。

临时存款账户支取现金，应按照国家现金管理的规定办理。注册验资的临时存款账户在验资期间只收不付，注册验资资金的汇缴人应与出资人的名称一致。增资验资临时存款账户的使用和撤销比照注册验资开立的临时存款账户管理。

【知识点】临时存款账户的使用范围

判断题：根据《人民币银行结算账户管理办法》的规定，临时存款账户有效期最长不得超过一年。（　　）

答案：×

【解析】根据《人民币银行结算账户管理办法》的规定，临时存款账户的有效期最长不得超过2年，故题中表述是错误的。

（2）开立临时存款账户的存款人资格

有下列情况的，存款人可以申请开立临时存款账户：①设立临时机构；②异地临时经营活动；③注册验资；④境外（含港澳台地区）机构在境内从事经营活动等。

【知识点】临时存款账户的开户要求

多选题：根据《人民币银行结算账户管理办法》的规定，存款人申请开立临时存款账户的情况有（　　）。

A. 设立临时机构

B. 异地临时经营活动

C. 党、团、工会设在单位的组织机构经费

D. 注册验资

答案：ABD

【解析】根据《人民币银行结算账户管理办法》的规定，党、团、工会设在单位的组织机构经费应申请开立专用存款账户，故本题应选择ABD选项。

（3）开立临时存款账户所需的证明文件

存款人申请开立临时存款账户，应向银行出具下列证明文件：

①临时机构，应出具其驻在地主管部门同意设立临时机构的批文。

②异地建筑施工及安装单位，应出具其营业执照正本或其隶属单位的营业执照正本，以及施工及安装地建设主管部门核发的许可证或建筑施工及安装合同。

③异地从事临时经营活动的单位，应出具其营业执照正本以及临时经营地工商行政管理部门的批文。

④注册验资资金，应出具工商行政管理部门核发的企业名称预先核准通知书或有关部门的批文。

以上第②、③项还应出具其基本存款账户开户登记证。

（4）开立临时存款账户的程序

根据《人民币银行结算账户管理办法》的有关规定，存款人申请开立临时存款账户时，应填制开户申请书，提供规定的证明文件；银行应对存款人

的开户申请书填写的事项和证明文件的真实性、完整性、合规性进行认真审查,并将审查后的存款人提交的开户申请书、相关的证明文件和银行审核意见等开户资料报送中国人民银行当地分支行,经对申报资料进行合规性审查,并核准后办理开户手续。该核准程序与基本存款账户的核准程序相同。

银行在办理临时存款账户开户手续时,同时应在其基本存款账户开户登记证上登记账户名称、账号、账户性质、开户银行、开户日期并签章,但临时机构和注册验资需要开立的临时存款账户除外。银行自开立临时存款账户之日起3个工作日内应书面通知基本存款账户开户银行。

现将各银行结算账户适用范围及用途比较列表如下。

表 2-3-1　各银行结算账户适用范围及用途比较表

账户类别	账户适用范围及用途	特别提示
基本存款账户	存款人用于办理日常转账结算和现金的收付;存款人日常经营活动的资金收付、工资、奖金和现金的支取,只能通过本账户办理。	可以办理转账结算 可以提取现金
一般存款账户	存款人用于办理借款转存、借款归还和其他结算的资金收付,在基本存款账户开户银行以外的银行营业机构开立。	可以办理转账结算、现金缴存 不得办理现金支取 不得以转账支票办理支付工资
专用存款账户	存款人用于按照法律、行政法规和规章,对其特定用途资金进行专项管理和使用,主要包括下列资金的管理与使用: ①基本建设资金 ②更新改造资金 ③政策性房地产开发资金 ④金融机构存放同业资金 ⑤财政预算外资金 ⑥证券交易结算资金 ⑦期货交易保证金 ⑧信托基金	需要支取现金的,应在开户时报中国人民银行当地分支行批准。中国人民银行当地分支行应根据国家现金管理的规定审查批准
	⑨粮、棉、油收购资金 ⑩社会保障基金 ⑪住房基金 ⑫党、团、工会经费	支取现金应按照国家现金管理的规定办理
	⑬收入汇缴账户(除向其基本存款账户或预算外资金财政专用存款账户划缴款项外)	只收不付 不得支取现金
	⑭业务支出账户(除从其基本存款账户拨入款项外)	只付不收
	⑮单位银行卡备用金	资金必须由其基本存款账户转账存入 不得办理现金收付业务

账户类别	账户适用范围及用途	特别提示
临时存款账户	存款人用于设立临时机构、异地临时经营活动、注册验资等因临时需要并在规定期限内使用	可以办理转账结算、现金收付，注册验资的临时存款账户在验资期间只收不付 有效期最长不得超过2年

5. 个人银行结算账户

个人银行结算账户是指存款人有投资、消费、结算等需要而凭个人身份证以自然人名称开立的可办理支付结算业务的银行结算账户。邮政储蓄机构办理银行卡业务开立的账户纳入个人银行结算账户管理。自然人可根据需要申请开立个人银行结算账户，也可以在已开立的储蓄账户中选择并向开户银行申请确认为个人银行结算账户。

个人结算账户与活期储蓄账户的共同点包括：都可以存取现金；存款都可获得利息收入（结算账户与活期储蓄账户存款利率相同）；本人名下的个人结算账户和活期储蓄账户之间可以相互转账。

个人结算账户与活期储蓄账户的不同点包括：《人民币银行结算账户管理办法》实施后，个人在办理对外资金转出或接受外部的资金转入时（包括本人异地账户汇款）只能通过结算账户办理；储蓄账户只能办理本人名下的存取款业务和转账，而不能对他人或单位转账，也不能接受他人或单位的资金转入。

（1）个人银行结算账户使用范围

个人银行结算账户用于办理个人转账收付和现金支取；储蓄账户仅限于办理现金存取业务，不得办理转账结算。

下列款项可以转入个人银行结算账户：

①工资、奖金收入。

②稿费、演出费等劳务收入。

③债券、期货、信托等投资的本金和收益。

④个人债权或产权转让收益。

⑤个人贷款转存。

⑥证券交易结算资金和期货交易保证金。

⑦继承、赠予款项。

⑧保险理赔、保费退还等款项。

⑨纳税退还。

⑩农、副、矿产品销售收入。

⑪其他合法款项。

【知识点】个人银行结算账户的使用范围

多选题：根据《人民币银行结算账户管理办法》的规定，下列各项中，其款项可以转入个人银行结算账户的有（ ）。

A. 工资、奖金收入
B. 证券交易结算资金和期货交易保证金
C. 债券、期货、信托等投资的本金和收益
D. 个人债权或产权转让收益

答案：ABCD

【解析】根据《人民币银行结算账户管理办法》的规定，上述选项款项均可转入个人银行结算账户中，故本题应选择 ABCD 选项。

单位从其银行结算账户支付给个人银行结算账户的款项，每笔超过 5 万元的，应向其开户银行提供下列付款依据：

①代发工资协议和收款人清单。

②奖励证明。

③新闻出版、演出主办等单位与收款人签订的劳务合同或支付给个人款项的证明。

④证券公司、期货公司、信托投资公司、奖券发行或承销部门支付或退还给自然人款项的证明。

⑤债权或产权转让协议。

⑥借款合同。

⑦保险公司的证明。

⑧税收征管部门的证明。

⑨农、副、矿产品购销合同。

⑩其他合法款项的证明。

如果该款项金额未达 5 万元的，则无须提供该类付款依据。

从单位银行结算账户支付给个人银行结算账户的款项应纳税的，税收代扣单位付款时应向其开户银行提供完税证明。

有下列情形之一的，个人应提供上述规定的有关收款依据：

①个人持出票人为单位的支票向开户银行委托收款，将款项转入其个人银行结算账户的；

②个人持申请人为单位的银行汇票和银行本票向开户银行提示付款，将款项转入其个人银行结算账户的。

单位银行结算账户支付给个人银行结算账户款项的，银行应按规定认真审查付款依据或收款依据的原件，并留存复印件，按会计档案保管。未提供

相关依据或相关依据不符合规定的,银行应拒绝办理。

(2) 个人银行结算账户的存款人资格

有下列情况的,可以申请开立个人银行结算账户:

①使用支票、信用卡等信用支付工具的;

②办理汇兑、定期借记、定期贷记、借记卡等结算业务的。

(3) 开立个人银行结算账户所需的证明文件

存款人申请开立个人银行结算账户,应向银行出具下列证明文件:

①中国内地居民,应出具居民身份证或临时身份证。

②中国人民解放军军人,应出具军人身份证件。

③中国人民武装警察,应出具武警身份证件。

④香港、澳门居民,应出具港澳居民往来内地通行证;中国台湾地区居民,应出具台湾居民来往内地通行证或者其他有效旅行证件。

⑤外国公民,应出具护照。

⑥法律、法规和国家有关文件规定的其他有效证件。

银行为个人开立银行结算账户时,根据需要还可要求申请人出具户口簿、驾驶执照、护照等有效证件。

(4) 开立个人银行结算账户的程序

根据《人民币银行结算账户管理办法》的有关规定,存款人申请开立个人存款账户时,应填制开户申请书,提供规定的证明文件;银行应对存款人的开户申请书填写的事项和证明文件的真实性、完整性、合规性进行认真审查;符合开立条件的,银行应办理开户手续,并于开户之日起 5 个工作日内向中国人民银行当地分支行备案。

6. 异地银行结算账户

异地银行结算账户是指存款人符合法定条件根据需要在异地开立相应的银行结算账户。

(1) 异地银行结算账户使用范围

存款人有下列情形之一的,可以在异地开立有关银行结算账户:

①营业执照注册地与经营地不在同一行政区域(跨省、市、县),需要开立基本存款账户的。

②办理异地借款和其他结算需要开立一般存款账户的。

③存款人因附属的非独立核算单位或派出机构发生的收入汇缴或业务支出需要开立专用存款账户的。

④异地临时经营活动需要开立临时存款账户的。

⑤自然人根据需要在异地开立个人银行结算账户的。

（2）开立异地银行结算账户所需的证明文件

存款人需要在异地开立单位银行结算账户，除出具开立基本存款账户、一般存款账户、专用存款账户和临时存款账户规定的有关证明文件外，应出具下列相应的证明文件：

①经营地与注册地不在同一行政区域的存款人，在异地开立基本存款账户的，应出具注册地中国人民银行分支行的未开立基本存款账户的证明。

②异地借款的存款人在异地开立一般存款账户的，应出具在异地取得贷款的借款合同。

③因经营需要在异地办理收入汇缴和业务支出的存款人，在异地开立专用存款账户的，应出具隶属单位的证明。

属以上第②、③项情况的，还应出具其基本存款账户开户登记证。

【知识点】异地银行结算账户的开户要求

判断题：根据《人民币银行结算账户管理办法》的规定，经营地与注册地不在同一行政区域的存款人，在异地开立基本存款账户时，除提供相应的证明文件外，还应出具注册地中国人民银行分支行的未开立基本存款账户的证明。（　）

答案：√

【解析】略。

二、银行结算账户管理的基本原则

根据《人民币银行结算账户管理办法》的有关规定，银行结算账户管理应当遵守以下基本原则：

（一）一个基本账户原则

这是指存款人只能在银行开立一个基本存款账户，不能多头开立基本存款账户。

（二）自主选择原则

这是指存款人可以自主选择银行开立账户，除国家法律、行政法规和国务院规定外，任何单位和个人不得强令存款人到指定银行开立银行结算账户。

（三）守法合规原则

这是指银行结算账户的开立和使用应当遵守法律、行政法规，不得利用银行结算账户进行偷逃税款、逃避债务、套取现金及其他违法犯罪活动。

（四）存款信息保密原则

这是指银行必须依法为存款人的银行结算账户信息保密。根据《人民币银行结算账户管理办法》的规定，对单位银行结算账户的存款和有关资料，除国家法律、行政法规另有规定外，银行有权拒绝任何单位或个人查询。对个人银行结算账户的存款和有关资料，除国家法律另有规定外，银行有权拒绝任何单位或个人查询。

三、银行结算账户的开立、变更与撤销

（一）银行结算账户的开立

1. 填交开户申请

存款人开立银行结算账户时，应填制开户申请书。

单位申请开立单位银行结算账户时，应由法定代表人或单位负责人直接办理，如因特殊原因法定代表人或单位负责人不能亲自办理，必须授权他人办理。由法定代表人或单位负责人直接办理的，应出具法定代表人或单位负责人本人的身份证件；授权他人办理的，除出具被授权人本人的身份证件外，还应出具其法定代表人或单位负责人的授权书及其身份证件。

个人申请开立个人银行结算账户时，提倡由存款人本人亲自办理。申请开立使用支票、信用卡等信用支付工具的个人银行结算账户时，因存款人要办理预留签名或名章等开户手续，必须由存款人本人亲自办理。

单位开立银行结算账户的名称应与其提供的申请开户的证明文件的名称全称相一致。有字号的个体工商户开立银行结算账户的名称应与其营业执照的字号相一致，无字号的个体工商户开立银行结算账户的名称，由"个体户"字样和营业执照记载的经营者姓名组成。自然人开立银行结算账户的名称应与其提供的有效身份证件中的名称全称相一致。

存款人应在注册地或住所地开立银行结算账户。符合《人民币银行结算账户管理办法》规定，可以在异地（跨省、市、县）开立银行结算账户的除外。存款人可以自主选择银行开立银行结算账户。除国家法律、行政法规和国务院规定外，任何单位和个人不得强令存款人到指定银行开立银行结算账户。

2. 开户银行审查

银行应对存款人的开户申请书填写的事项和证明文件的真实性、完整性、

合规性进行认真审查。开户申请书填写的事项齐全，符合开立基本存款账户、临时存款账户和预算单位专用存款账户条件的，银行应将存款人的开户申请书、相关的证明文件和银行审核意见等开户资料报送中国人民银行当地支行，经其核准后办理开户手续；符合开立一般存款账户、其他专用存款账户和个人银行结算账户条件的，银行应办理开立手续，并于开户之日起5个工作日内向中国人民银行当地分支行备案。

【知识点】开户银行对存款人开户申请书的审查

多选题：根据《人民币银行结算账户管理办法》的规定，银行应对存款人的开户申请书填写的事项和证明文件的（ ）进行审查。

A. 真实性　　　　　　　　B. 完整性
C. 连续性　　　　　　　　D. 合规性

答案：ABD

【解析】银行应对存款人的开户申请书填写的事项和证明文件的真实性、完整性、合规性进行认真审查，故本题应选择ABD选项。

3. 人民银行核准

中国人民银行应于2个工作日内对银行报送的基本存款账户、临时存款账户和预算单位专用存款账户的开户资料的合规性予以审核。符合开户条件的，予以核准；不符合开户条件的，应在开户申请书上签署意见，连同有关证明文件一并退回报送银行。

> **易错辨析：**
>
> 存款人开立的银行结算账户，需要核准的，应及时报送中国人民银行当地分支行核准；不需要核准的，应在开户之后的法定期限内向中国人民银行当地分支行备案。
>
> 按照人民银行规定，"开立基本存款账户、临时存款账户（注册验资开立的临时存款账户除外）、预算单位专用存款账户需经中国人民银行核准，即核准类单位银行结算账户。除以上三种银行结算账户外，存款人开立其他银行结算账户不需经中国人民银行核准，但开户银行必须在规定期限内向中国人民银行备案，即非核准类单位银行结算账户。"

银行与存款人须签订银行结算账户管理协议，明确双方的权利与义务。除中国人民银行另有规定的以外，应建立存款人预留签章卡片，并将签章式样和有关证明文件的原件或复印件留存归档。

银行结算账户的开立应当遵守法律、行政法规，不得利用银行结算账户进行偷逃税款、逃避债务、套取现金及其他违法犯罪活动。

【知识点】中国人民银行对存款人开立银行结算账户的核准

单选题：（　）的开户可以不需要中国人民银行核准。

A. 基本存款账户　　　　　　　B. 一般存款账户

C. 专用存款账户　　　　　　　D. 临时存款账户

答案：B

【解析】中国人民银行应对银行报送的基本存款账户、临时存款账户和预算单位专用存款账户的开户资料的合规性予以审核。符合开户条件的，予以核准，即一般存款账户不需核准，故本题应选择B选项。

> 知识拓展：
>
> 根据《人民币银行结算账户管理办法》第三十八条规定，存款人开立单位银行结算账户，自正式开立之日起3个工作日后，方可办理付款业务。但注册验资的临时存款账户转为基本存款账户和因借款转存开立的一般存款账户除外。

（二）银行结算账户的变更

银行结算账户的变更是指存款人的名称、单位法定代表人或主要负责人、住址以及其他开户资料发生的变更。

银行结算账户的存款人更改名称，但不改变开户银行及账号的，应于5个工作日内向开户银行提出银行结算账户的变更申请，并提供有关部门的证明文件，单位的法定代表人或主要负责人、住址以及其他开户资料发生变更时，应于5个工作日内书面通知开户银行并提供有关证明。

银行接到存款人的变更通知后，应对存款人提交的变更申请资料的真实性、完整性、合规性进行审查，存款人符合变更条件的，及时为其办理变更手续，并于2个工作日内向中国人民银行当地分支行报告。

【知识点】银行结算账户的变更

多选题：根据《人民币银行结算账户管理办法》的规定，银行结算账户的变更包括（　）。

A. 存款人名称的变更

B. 单位法定代表人或主要负责人的变更

C. 地址的变更

D. 其他开户资料的变更

答案：ABCD

【解析】银行结算账户的变更是指存款人的名称、单位法定代表人或主要负责人、住址以及其他开户资料发生的变更，故本题应选择 ABCD 选项。

（三）银行结算账户的撤销

银行结算账户的撤销是指存款人因开户资格或其他原因终止银行结算账户使用的行为。

存款人有以下情形之一的，应向开户银行提出撤销银行结算账户的申请：

①被撤并、解散、宣告破产或关闭的；

②注销、被吊销营业执照的；

③因迁址需要变更开户银行的；

④其他原因需要撤销银行结算账户的。

存款人发生被撤并、解散、宣告破产、关闭或注销、被吊销营业执照的，应于 5 个工作日内向开户银行提出撤销银行结算账户的申请。存款人申请撤销基本存款账户的，存款人基本存款账户的开户银行应自撤销银行结算账户之日起 2 个工作日内将撤销该基本存款账户的情况书面通知该存款人其他银行结算账户的开户银行；存款人其他银行结算账户的开户银行，应自收到通知之日起 2 个工作日内通知存款人撤销有关银行结算账户；存款人应自收到通知之日起 3 个工作日内办理其他银行结算账户的撤销。

银行得知存款人发生被撤并、解散、宣告破产、关闭或注销、被吊销营业执照的情况，存款人超过规定期限未主动办理撤销银行结算账户手续的，银行有权停止其银行结算账户的对外支付。

【知识点】银行结算账户的撤销

多选题：存款人有下列（　）情形之一的，应向开户银行提出撤销银行结算账户的申请。

A. 被撤并、解散、宣告破产或关闭的

B. 注销、被吊销营业执照的

C. 因迁址需要变更开户银行的

D. 存款人尚未清偿开户银行债务的

答案：ABC

【解析】存款人发生被撤并、解散、宣告破产或注销、被吊销营业执照的，因地址变更或其他原因需要变更开户银行的，应向开户银行提出撤销银行结算账户的申请，故本题应选择 ABC 选项。

存款人因地址变更或其他原因需要变更开户银行，银行应在收到存款人撤销银行结算账户的申请后，对于符合销户条件的，应当在 2 个工作日内办理撤销手续。存款人需要重新开立基本存款账户的，应在撤销其原基本存款账户后 10 日内申请重新开立基本存款账户。存款人在申请重新开立基本存款账户时，除应根据前述开立基本存款账户的规定出具证明文件外，还应当出具"已开立银行结算账户清单"。

未获得工商行政管理部门核准登记的单位，在验资期满后，应向银行申请撤销注册验资临时存款账户，其账户资金应退还给原汇款人账户。注册验资资金以现金方式存入，出资人需提取现金的，应出具缴存现金时的现金缴款单原件及其有效身份证件。

存款人尚未清偿其开户银行债务的，不得申请撤销银行结算账户。存款人撤销银行结算账户，必须与开户银行核对银行结算账户存款余额，交回各种重要空白票据及结算凭证和开户登记证，银行核对无误后方可办理销户手续。存款人未按规定交回各种重要空白票据及结算凭证的，应出具有关证明，造成损失的，由其自行承担。

银行撤销单位银行结算账户时应在其基本存款账户开户登记证上注明销户日期并签章，同时于撤销银行结算账户之日起 2 个工作日内，向中国人民银行报告。

银行对一年未发生收付活动且未欠开户银行债务的单位银行结算账户，应通知单位自发出通知之日起 30 日内办理销户手续，逾期视同自愿销户，未划转款项列入久悬未取专户管理。

四、违反银行结算账户管理制度的法律责任

（一）存款人开立、撤销银行结算账户的法律责任

存款人开立、撤销银行结算账户，不得有下列行为：
①违反规定开立银行结算账户；
②伪造、变造证明文件欺骗银行开立银行结算账户；
③违反规定不及时撤销银行结算账户。

非经营性的存款人，有上述所列行为之一的，给予警告并处以 1000 元的罚款；经营性的存款人有上述所列行为之一的，给予警告并处以 1 万元以上 3 万元以下的罚款；构成犯罪的，移交司法机关依法追究刑事责任。

（二）存款人使用银行结算账户的法律责任

存款人使用银行结算账户，不得有下列行为：
①违反规定将单位款项转入个人银行结算账户；
②违反规定支取现金；

③利用开立银行结算账户逃避银行债务；

④出租、出借银行结算账户；

⑤从基本存款账户之外的银行结算账户转账存入、将销货收入存入或现金存入单位信用卡账户；

⑥法定代表人或主要负责人、存款人地址以及其他开户资料的变更事项未在规定期限内通知银行。

非经营性的存款人有上述所列 1 至 5 项行为的，给予警告并处以 1000 元罚款；经营性的存款人有上述所列 1 至 5 项行为的，给予警告并处以 5000 元以上 3 万元以下的罚款；存款人有上述所列第 6 项行为的，给予警告并处以 1000 元的罚款。

【知识点】存款人违反账户管理制度的处罚

多选题：存款人使用银行结算账户，不得有下列行为（　）。

A. 违反规定支取现金

B. 出租、出借银行结算账户

C. 利用开立银行结算账户逃避银行债务

D 违反规定开立银行结算账户

答案：ABC

【解析】根据《人民币银行结算账户管理办法》的规定，违反规定开立银行结算账户属于存款人在开立、撤销银行结算账户时不得有的行为，故本题应选择 ABC 选项。

违反规定伪造、变造、私自印制开户登记证的存款人，属非经营性的处以 1000 元罚款；属经营性的处以 1 万元以上 3 万元以下的罚款；构成犯罪的，移交司法机关依法追究刑事责任。

【知识点】存款人违反账户管理制度的处罚

单选题：经营性存款人违反规定，伪造、变造、私自印制开户许可证的，构成犯罪，给予的处罚是（　）。

A. 处以 1 万元以上 3 万元以下罚款

B. 警告并处以 100 元罚款

C. 移交司法机关依法追究刑事责任

D 警告并处以 5000 元以上 3 万元以下的罚款

答案：C

【解析】违反规定伪造、变造、私自印制开户登记证的存款人，属非经营性的处以 1000 元罚款；属经营性的处以 1 万元以上 3 万元以下的罚款；构成犯罪的，移交司法机关依法追究刑事责任。

（三）银行在银行结算账户开立中的法律责任

银行在银行结算账户的开立中，不得有下列行为：

①违反规定为存款人多头开立银行结算账户；

②明知或应知是单位资金，而允许以自然人名称开立账户存储。

银行有上述所列行为之一的，给予警告，并处以 5 万元以上 30 万元以下的罚款；对该银行直接负责的高级管理人员、其他直接负责的主管人员、直接责任人员按规定给予纪律处分；情节严重的，中国人民银行有权停止对其开立基本存款账户的核准，责令该银行停业整顿或者吊销经营金融业务许可证；构成犯罪的，移交司法机关依法追究刑事责任。

（四）银行在银行结算账户使用中的法律责任

银行在银行结算账户的使用中，不得有下列行为：

①提供虚假开户申请资料欺骗中国人民银行许可开立基本存款账户、临时存款账户、预算单位专用存款账户；

②开立或撤销单位银行结算账户，未按规定在其基本存款账户开户登记证上予以登记、签章或通知相关开户银行；

③违反规定办理个人银行结算账户转账结算；

④为储蓄账户办理转账结算；

⑤违反规定为存款人支付现金或办理现金存入；

⑥超过期限或未向中国人民银行报送账户开立、变更、撤销等资料。

银行有上述所列行为之一的，给予警告，并处以 5000 元以上 3 万元以下的罚款；对该银行直接负责的高级管理人员、其他直接负责的主管人员、直接责任人员按规定给予纪律处分；情节严重的，中国人民银行有权停止对其开立基本存款账户的核准，构成犯罪的，移交司法机关依法追究刑事责任。

【课后大通关】

一、单选题

1. 存款人开立存款账户，不需要实行核准制的是（　）。

A. 基本存款账户

B. 临时存款账户

C. 预算单位开立专用存款账户

D. 因注册验资需要开立临时存款账户

2. 银行为存款人开立一般存款账户、其他专用存款账户，应自开户之日起（　）个工作日内书面通知基本存款账户开户银行。

A. 3 B. 5
C. 7 D. 10

3. 存款人因地址变更或其他原因需要变更开户银行的，银行在收到存款人撤销银行结算账户的申请后，对于符合销户条件的，应当在（ ）个工作日内办理撤销手续。

A. 2 B. 3
C. 4 D. 5

4. 主要用于办理存款人日常经营活动的资金收付及其工资、奖金和现金支取的账户是（ ）。

A. 一般存款账户 B. 基本存款账户
C. 专用存款账户 D. 临时存款账户

5. 存款人因借款或其他结算需要申请开立一般存款账户，其数量（ ）。

A. 只能开立一个 B. 不能超过二个
C. 不能超过三个 D. 没有限制

6. 银行结算账户的监督管理部门是（ ）。

A. 各级财政部门 B. 中国人民银行
C. 各开户银行 D. 国务院及地方各级人民政府

7. 根据《人民币银行结算账户管理办法》的规定，存款人对用于基本建设的资金，可以向其开户银行出具相应的证明开立（ ）。

A. 基本存款账户 B. 一般存款账户
C. 专用存款账户 D. 临时存款账户

8. 单位银行卡账户的资金必须由（ ）转账存入。

A. 基本存款账户 B. 一般存款账户
C. 专用存款账户 D. 临时存款账户

9. 临时存款账户有效期最长不得超过（ ）年。

A. 1 B. 2
C. 3 D. 4

10. 经营性存款人违反规定开立银行结算账户的，给予警告并处以（ ）的罚款。

A. 1000 元 B. 1000～10000 元
C. 5000～10000 元 D. 10000～30000 元

二、多选题

1. 属于"银行结算账户"概念中"银行"范围的有（ ）。

A. 政策性银行　　　　　　　　B. 商业银行
C. 城市信用合作社　　　　　　D. 外国银行分行

2. 银行结算账户按用途不同进行分类为（　　）。

A. 基本存款账户　　　　　　　B. 一般存款账户
C. 专用存款账户　　　　　　　D. 临时存款账户

3. 下列可以纳入单位银行结算账户管理的有（　　）。

A. 个体工商户凭营业执照以字号开立的银行结算账户
B. 个体工商户凭营业执照以经营者姓名开立的银行结算账户
C. 邮政储蓄机构办理银行卡业务开立的账户
D. 存款人以单位名称开立的银行结算账户

4. 银行结算账户管理应当遵守的基本原则有（　　）。

A. 一个基本账户原则
B. 自主选择银行开立银行结算账户原则
C. 守法合规原则
D. 存款信息保密原则

5. 存款人有下列（　　）情形之一的，应向开户银行提出撤销银行结算账户的申请。

A. 被撤并、解散、宣告破产或关闭的
B. 注销、被吊销营业执照的
C. 因迁址需要变更开户银行的
D. 存款人尚未清偿开户银行债务的

6. 一般存款账户的使用范围包括办理存款人的（　　）。

A. 借款归还　　　　　　　　　B. 党、团、工会经费等的现金支取
C. 借款转存　　　　　　　　　D. 现金支取

7. 下列可以申请开立专用存款账户的专项资金有（　　）。

A. 基本建设资金　　　　　　　B. 更新改造资金
C. 期货交易保证金　　　　　　D. 证券交易结算资金

8. （　　）情况下，存款人可以申请开立临时存款账户。

A. 注册验资　　　　　　　　　B. 缴纳住房基金
C. 异地临时经营活动　　　　　D. 清算证券交易结算资金

9. 根据个人银行结算账户的有关规定，下列表述中，正确的有（　　）。

A. 储蓄账户仅限于办理现金存取业务，不得办理转账结算
B. 个人银行结算账户用于办理个人转账收付和现金存取
C. 邮政储蓄机构办理银行卡业务开立的账户纳入个人银行结算账户管理

D. 通过个人银行结算账户使用支票、信用卡等信用支付工具

三、判断题

1. 单位银行结算账户的存款人只能在银行开立一个基本存款账户。（ ）

2. 存款人发生被撤并、解散、宣告破产或关闭，或被注销、被吊销营业执照等主体资格终止的，应于3个工作日内向开户银行提出撤销银行结算账户的申请。（ ）

3. 银行对一年未发生收付活动且未欠开户银行债务的单位银行结算账户，应通知单位自发出通知之日起10日内办理销户手续，逾期视同自愿销户，未划转款项列入久悬未取专户管理。（ ）

4. 一般存款账户需要在基本存款账户的开户银行开立。（ ）

5. 开立一般存款账户，实行备案制，无须中国人民银行核准。（ ）

6. 信托基金专用存款账户可以支取现金。（ ）

7. 注册验资的临时存款户在验资期间可自由收付，注册验资资金的汇缴人应与出资人的名称一致。（ ）

8. 个人银行结算账户既可以办理现金存取业务，也可以办理转账结算。（ ）

9. 银行结算账户管理档案的保管期限为银行结算账户撤销后5年。（ ）

2-3 课后大通关答案：

一、单选题 1.D 2.A 3.A 4.B 5.D 6.B 7.C 8.A 9.B 10. D

二、多选题 1.ABCD 2.ABCD 3.ABD 4.ABCD 5.ABC 6.AC 7.ABCD 8.AC 9.ABCD

三、判断题 1.√ 2.× 3.× 4.× 5.√ 6.× 7.× 8.√ 9.×

第四节　票据结算方式

一、票据结算概述

（一）票据的概念与种类

票据是由出票人依法签发的，约定自己或者委托付款人在见票时或指定的日期向收款人或持票人无条件支付一定金额的有价证券。

在我国，《票据法》中的票据包括银行汇票、商业汇票、银行本票和支票。

（二）票据的特征与功能

1. 票据的特征

（1）票据是债权证券

持票人可以就票据上所载的金额向特定票据债务人行使其请求权，其性质是债权，因此票据是债权证券。

（2）票据是设权证券

所谓设权证券，是指权利的发生必须是首先作成证券。票据上所表示的权利，是由出票这种票据行为而创设，没有票据，就没有票据上的权利，因此票据是一种设权证券。

（3）票据是文义证券

与票据有关的一切权利和义务，都严格按照票据上记载的文义而定，文义之外的任何理由、事项都不得作为根据。为了保护善意持票人和维护交易安全，票据上记载的文义即使有错，通常也不得依据票据之外的其他证据变更或补充。

（4）票据是无因证券

所谓无因证券，是指证券效力与作成证券的原因完全分离，证券权利的存在和行使，不以作成证券的原因为要件。票据的持票人行使票据权利时，不必证明其取得票据的原因，以及票据权利发生的原因。这些原因存在与否、有效与否，与票据权利原则上互不影响。票据的持票人仅依票据上所载文义就可以请求给付一定金额的货币。

（5）票据是要式证券

所谓要式证券，是指票据必须具备法定格式才能有效。除《票据法》另有规定者外，不具备法定格式的，不发生票据的效力。票据格式表现为票据的必须记载事项、票据用纸（包括纸质、纸色、尺寸）、书写方法、书写用具及墨水颜色等。法定的必须记载的事项不齐备而又被《票据法》不容许的，票据无效；票据用纸、书写不符合规定的，票据无效。

2. 票据的功能

①支付功能；

②汇兑功能；

③信用功能；

④结算功能；

⑤融资功能。

(三)票据行为

票据行为是指票据当事人以发生票据债务为目的的、以在票据上签名或盖章为权利与义务成立要件的法律行为,包括出票、背书、承兑和保证四种。

1. 出票

出票是指出票人签发票据并将其交付给收款人的行为。出票人在票据上的签章不符合《票据法》等规定的,票据无效;承兑人、保证人在票据上的签章不符合《票据法》等规定的,其签章无效,但不影响其他符合规定签章的效力;背书人在票据上的签章不符合《票据法》等规定的,其签章无效,但不影响其前手符合规定签章的效力。

2. 背书

背书是指持票人为将票据权利转让给他人或者将一定的票据权利授予他人行使,而在票据背面或者粘单上记载有关事项并签章的行为。

背书按照目的不同分为转让背书和非转让背书。转让背书是以持票人将票据权利转让给他人为目的;非转让背书是将一定的票据权利授予他人行使,包括委托收款背书和质押背书。无论何种目的的背书,都应当记载背书事项并交付票据。

3. 承兑

承兑是指汇票付款人承诺在汇票到期日支付汇票金额并签章的行为。承兑仅适用于商业汇票。付款人承兑汇票后,应承担到期付款的责任。

4. 保证

保证是指票据债务人以外的人,为担保特定债务人履行票据债务而在票据上记载有关事项并签章的行为。被保证的汇票,保证人应当与被保证人对持票人承担连带责任;保证人为两人以上的,保证人之间承担连带责任;票据到期后得不到付款的,持票人有权向保证人请求付款,保证人应当足额付款。保证人清偿汇票债务后,可以行使持票人对被保证人及其前手的追索权。

(四)票据当事人

票据当事人是指票据法律关系中享有票据权利、承担票据义务的当事人,也称票据法律关系主体。票据当事人可分为基本当事人和非基本当事人。

1. 基本当事人

票据的基本当事人是指将票据作成和交付时就业已存在的当事人,是构成票据法律关系的必要主体。基本当事人不存在或不完全,票据上的法律关系就不能成立，票据就无效。

基本当事人包括出票人、付款人和收款人。

①出票人，是指依法定方式签发票据并将票据交付给收款人的人；

②收款人，是指票据到期后有权收取票据所载金额的人，又称票据权利人；

③付款人，是指由出票人委托付款或自行承担付款责任的人。汇票的付款人有两种，商业承兑汇票的付款人是合同中应给付款项的一方当事人，也是该汇票的承兑人；银行承兑汇票的付款人是承兑银行，但其款项来源还是与该票据有关的合同中应付款方的存款；支票的付款人是出票人的开户银行；本票的付款人就是出票人。

付款人付款后，票据上的一切债务责任清除。

2. 非基本当事人

票据的非基本当事人是指在票据作成并交付后，通过一定的票据行为加入票据关系而享有一定权利、承担一定义务的当事人。非基本当事人包括承兑人、背书人、被背书人、保证人等。

票据上的非基本当事人在各种票据行为中都有自己特定的名称，所以，同一当事人可以有两个名称，即双重身份，如汇票中的付款人在承兑汇票后称为承兑人，第一次背书中的被背书人就是第二次背书中的背书人。其中，承兑人，是指接受汇票出票人的付款委托同意承担支付票款义务的人，又称汇票主债务人；背书人，是指在转让票据时，在票据背面或粘单上签字或盖章并将该票据交付给受让人的票据收款人或持有人；被背书人，是指被记名受让票据或接受票据转让的人；保证人，是指为票据债务提供担保的人，由票据债务人以外的他人担当。保证人在被保证人不能履行票据付款责任时，以自己的金钱履行票据付款义务，然后取得持票人的权利，再向票据债务人追索。

并非所有票据当事人一定同时出现在某一张票据上，除基本当事人外，非基本当事人是否存在，取决于相应票据行为是否发生。

（五）票据权利与责任

票据的权利与义务是指票据法律关系主体所享有的权利和应承担的义务，是票据法律关系的重要内容。

1. 票据权利

指票据持票人向票据债务人请求支付票据金额的权利，包括付款请求权和追索权。

付款请求权，是指持票人向汇票的承兑人、本票的出票人、支票的付款人出示票据要求付款的权利，是第一顺序权利，又称主要票据权利。行使付款请求权的持票人可以是票据记载的收款人或最后的被背书人，担负付款请求权付款义务的主要是主债务人。票据追索权，是指票据当事人行使付款请求权遭到拒绝或有其他法定原因存在时，向其前手请求偿还票据金额及其他法定费用的权利，是第二顺序权利，又称偿还请求权。行使追索权的当事人除票据记载收款人和最后被背书人外，还可能是代为清偿票据债务的保证人、背书人。

【知识点】票据权利

多选题：根据《票据法》的规定，票据的权利包括（ ）。

A. 收款请求权　　　　　　B. 偿还权
C. 付款请求权　　　　　　D. 追索权

答案：CD

【解析】根据《票据法》的规定，票据权利是指票据持票人向票据债务人请求支付票据金额的权利，包括付款请求权和追索权，故本题应选择CD选项。

2. 票据责任

指票据债务人向持票人支付票据金额的责任。它是基于债务人特定的票据行为（如出票、背书、承兑等）而应承担的义务，一般包括四种情况：

①汇票承兑人因承兑而应承担付款义务；
②本票出票人因出票而承担自己付款的义务；
③支票付款人在与出票人有资金关系时承担付款义务；
④汇票、本票、支票的背书人，汇票、支票的出票人、保证人，在票据不获承兑或不获付款时承担付款清偿义务。

二、支票

（一）支票的概念及适用范围

①支票是指由出票人签发的，委托办理支票存款业务的银行在见票时无条件支付确定的金额给收款人或者持票人的票据。

单位和个人的各种款项结算，均可以使用支票。

> **知识链接：**
> 2007年7月8日，中国人民银行宣布，支票可以实现全国范围内互通使用。

②支票的基本当事人有三个：出票人、付款人和收款人。出票人即存款人，是在经中国人民银行当地分支行批准办理支票业务的银行机构开立可以使用支票存款账户的单位和个人；付款人为支票上记载的出票人开户银行；收款人（持票人）是票面上注明的收款单位或个人，也可以是经背书转让的被背书人。

③支票可以背书转让，但用于支取现金的支票不能背书转让。

（二）支票的种类

按照支付票款的方式不同，支票分为现金支票、转账支票和普通支票。支票上印有"现金"字样的为现金支票，现金支票只能用于支取现金。支票上印有"转账"字样的为转账支票，转账支票只能用于转账。支票上未印有"现金"或"转账"字样的为普通支票，普通支票可以用于支取现金，也可以用于转账。在普通支票左上角划两条平行线的，为划线支票，划线支票只能用于转账，不能支取现金。

> **知识链接：**
> 支票没有金额起点和最高限额。

【知识点】支票的种类

多选题：支票的种类分为（　）。

A. 现金支票　　　　　　　　B. 转账支票

C. 普通支票　　　　　　　　D. 划线支票

答案：ABC

【解析】根据《票据法》的规定，支票分为现金支票、转账支票和普通支票，故本题应选择 ABC 选项。

【知识点】支票的种类

判断题：根据《支付结算办法》的规定，转账支票只能用于转账，不能支取现金。（　）

答案：√

【解析】略。

（三）支票的出票

支票的记载事项，如表 2-4-1 所示。

表 2-4-1　支票的记载事项表

绝对记载事项	相对记载事项
①表明"支票"的字样； ②无条件支付的委托； ③确定的金额； ④付款人名称； ⑤出票日期； ⑥出票人签章。	①付款地。支票上未记载付款地的，付款人的营业场所为付款地； ②出票地。支票上未记载出票地的，出票人的营业场所、住所或者经常居住地为出票地。

①支票的金额、收款人名称，可以由出票人授权补记，未补记前不得背书转让和提示付款。

②出票人可以在支票上记载自己为收款人。支票的出票人签发支票的金额不得超过付款时其在付款人处实有的存款金额。

③支票上可以记载非法定记载事项，但这些事项并不发生支票上的效力。

④出票的效力。出票人作成支票并交付之后，对出票人产生相应的法律效力，出票人必须按照签发的支票金额承担保证向该持票人付款的责任。出票人必须在付款人处存有足够可处分的资金，以保证支票票款的支付；当付款人对支票拒绝付款或者超过支票付款提示期限的，出票人应向持票人承担付款责任。

【知识点】支票的出票

多选题：根据《支付结算办法》的规定，下列事项中，属于支票绝对记载事项的有（　　）。

A. 表明"支票"的字样　　　　B. 付款地

C. 出票地　　　　　　　　　D. 确定的金额

答案：AD

【解析】根据规定，签发支票必须记载下列事项（即绝对记载事项）：表明"支票"的字样；无条件支付的委托；确定的金额；付款人名称；出票日期；出票人签章。支票上未记载前款规定事项之一的，支票无效，故本题应选择 AD 选项。

（四）支票的付款

支票限于见票即付，不得另行记载付款日期。另行记载付款日期的，该记载无效。

1. 提示付款期限

①支票的持票人应当自出票日起 10 日内提示付款；

②异地使用的支票，其提示付款的期限由中国人民银行另行规定；

③超过提示付款期限提示付款的,付款人可以不予付款;付款人不予付款的,出票人仍应当对持票人承担票据责任。

2. 付款

出票人在付款人处的存款足以支付支票金额时,付款人应当在见票当日足额付款。如出票人在付款人处的存款不足以支付支票金额时,则属于签发空头支票行为,应承担法律责任。

3. 付款责任的解除

付款人依法支付支票金额的,对出票人不再承担受委托付款的责任,对持票人不再承担付款的责任。但是,付款人以恶意或者有重大过失付款的除外。恶意或者有重大过失付款是指付款人在收到持票人提示的支票时,明知持票人不是真正的票据权利人,支票的背书以及其他签章系属伪造,或者付款人不按照正常的操作程序审查票据等情形。在此情况下,付款人不能解除付款责任,由此造成损失的,由付款人承担赔偿责任。

【知识点】支票的付款
单选题:支票限于( ),不得另行记载付款日期。
A. 定日付款   B. 见票即付
C. 见票后定日付款   D. 见票后定期付款
答案:B
【解析】根据规定,支票限于见票即付,不得另行记载付款日期。另行记载付款日期的,该记载无效,故本题应选择 B 选项。

(五)支票的办理要求

1. 签发支票的要求

①签发支票应使用碳素墨水或墨汁填写,中国人民银行另有规定的除外;

②签发现金支票和用于支取现金的普通支票,必须符合国家现金管理的规定;

③支票的出票人签发支票的金额不得超过付款时在付款人处实有的金额。禁止签发空头支票;

④支票的出票人预留银行签章是银行审核支票付款的依据;银行也可以与出票人约定使用支付密码,作为银行审核支付支票金额的条件;

⑤出票人不得签发与其预留银行签章不符的支票;使用支付密码的,出票人不得签发支付密码错误的支票;

⑥出票人签发空头支票、签章与预留银行签章不符的支票,不以骗取财物为目的的,由中国人民银行处以票面金额 5% 但不低于 1000 元的罚款;持

票人有权要求出票人赔偿支票金额 2% 的赔偿金。对屡次签发的，银行应停止其签发支票。

> **易错辨析：**
>
> 根据《支付结算办法》规定，出票人签发空头支票、签章与预留银行签章不符的支票、使用支付密码的地区，支付密码错误的支票，银行应予以退票，并按票面金额处以 5% 但不低于 1000 元的罚款；持票人有权要求出票人赔偿支票金额 2% 的赔偿金。

【知识点】签发支票的要求

单选题：甲企业以支票方式向乙企业支付 16000 元货款，乙企业次日提示付款时，因甲企业实有存款金额仅为 10000 元而遭退票，银行应对甲企业处以（ ）罚款。

A. 500 元   B. 800 元
C. 1000 元   D. 1800 元

答案：C

【解析】根据《支付结算办法》规定，出票人签发空头支票、签章与预留银行签章不符的支票，使用支付密码的地区，支付密码错误的支票，银行应予以退票，并按票面金额处以 5% 但不低于 1000 元的罚款，16000×5%=800 元，但罚款不应低于 1000 元，故本题应选择 C 选项。

【知识点】签发支票的要求

单选题：甲企业以支票方式向乙企业支付 16000 元货款，乙企业次日提示付款时，因甲企业实有存款金额仅为 10000 元而遭退票，对此，乙企业有权要求甲企业向其支付赔偿金的金额为（ ）。

A. 320 元   B. 500 元
C. 800 元   D. 1000 元

答案：A

【解析】根据《支付结算办法》规定，出票人签发空头支票、签章与预留银行签章不符的支票，使用支付密码的地区，支付密码错误的支票，持票人有权要求出票人赔偿支票金额 2% 的赔偿金，16000×2%=320 元，故本题应选择 A 选项。

2. 兑付支票的要求

①持票人可以委托开户银行收款或直接向付款人提示付款。用于支取现金的支票仅限于收款人向付款人提示付款。

②持票人委托开户银行收款时，应作委托收款背书，在支票背面背书人签章栏签章、记载"委托收款"字样、背书日期，在被背书人栏记载开户银

行名称，并将支票和填制的进账单送交开户银行。

③持票人持用于转账的支票向付款人提示付款时，应在支票背面背书人签章栏签章，并将支票和填制的进账单送交出票人开户银行。

收款人持用于支取现金的支票向付款人提示付款时，应在支票背面"收款人签章"处签章，持票人为个人的，还需交验本人身份证件，并在支票背面注明证件名称、号码及发证机关。

三、商业汇票

（一）商业汇票的概念和种类

商业汇票是指由出票人签发的，委托付款人在指定日期无条件支付确定金额给收款人或者持票人的票据。商业汇票的付款期限，最长不得超过6个月。

按承兑人的不同，商业汇票分为商业承兑汇票和银行承兑汇票。商业承兑汇票由银行以外的付款人承兑，银行承兑汇票由银行承兑。

商业汇票的付款人为承兑人。

（二）商业汇票的出票

1. 出票人的确定

商业汇票的出票人，为在银行开立存款账户的法人以及其他组织；与付款人具有真实的委托付款关系；具有支付汇票金额的可靠资金来源。银行承兑汇票的出票人必须具备下列三个条件：①在承兑银行开立存款账户的法人以及其他组织；②与承兑银行具有真实的委托付款关系；③资信状况良好，具有支付汇票金额的可靠资金来源。

2. 商业汇票的记载事项

如表2-4-2所示。

表2-4-2　商业汇票的记载事项表

绝对记载事项 （欠缺记载事项之一的，商业汇票无效）	相对记载事项
①表明商业承兑汇票或银行承兑汇票的字样； ②无条件支付的委托； ③确定的金额； ④付款人名称； ⑤收款人名称； ⑥出票日期； ⑦出票人签章。	①汇票上未记载付款日期的，视为见票即付； ②汇票上未记载付款地的，付款人的营业场所、住所或者经常居住地为付款地； ③汇票上未记载出票地的，出票人的营业场所、住所或者经常居住地为出票地。

相对记载事项也是商业汇票上应记载的内容，但是，未在汇票上记载的，并不影响汇票本身的效力，汇票仍然有效，此等未记载的事项可以通过法律的直接规定来补充确定。

此外，汇票上可以记载非法定记载事项，但这些事项不具有汇票上的效力。

3. 商业汇票出票的效力

出票人依照《票据法》的规定完成出票行为之后，即产生票据上的效力。包括：

①对收款人的效力。收款人取得汇票后，即取得票据权利。

②对付款人的效力。出票行为是单方行为，付款人并不因此而有付款义务。只是基于出票人的付款委托使其具有承兑人的地位，付款人在对汇票承兑后，即成为汇票上的主债务人。

③对出票人的效力。出票人签发汇票后，即承担保证该汇票承兑和付款的责任。

（三）商业汇票的承兑

承兑是指汇票付款人承诺在汇票到期日支付汇票金额的票据行为。承兑是汇票特有的制度。商业承兑汇票由银行以外的付款人承兑，银行承兑汇票由银行承兑，商业汇票的付款人为承兑人。

1. 承兑的程序

（1）提示承兑

提示承兑是指持票人向付款人出示汇票，并要求付款人承诺付款的行为。提示承兑的基本规定，如表2-4-3所示。

表2-4-3 提示承兑的基本规定表

付款类型	提示承兑	提示承兑期限
①定日付款 ②出票后定期付款	必须	汇票到期日前
③见票后定期付款	必须	自出票日起一个月内
④见票即付	无须	

汇票未按照规定期限提示承兑的，持票人丧失对其前手的追索权。

（2）承兑成立

承兑成立的相关要求，如表2-4-4所示。

表 2-4-4　承兑成立的相关要求表

承兑成立要点	相关要求
承兑时间	①付款人对向其提示承兑的汇票，应当自收到提示承兑的汇票之日起 3 日内承兑或者拒绝承兑； ②如果付款人在 3 日内不作承兑与否表示的，则应视为拒绝承兑； ③持票人可以请求其作出拒绝承兑证明，向其前手行使追索权。
接受承兑	①付款人收到持票人提示承兑的汇票时，应当向持票人签发收到汇票的回单； ②回单上应当记明汇票提示承兑日期并签章； ③回单是付款人向持票人出具的已收到请求承兑汇票的证明。
承兑的格式	①付款人承兑汇票的，应当在汇票正面记载"承兑"字样和承兑日期并签章； ②见票后定期付款的汇票，应当在承兑时记载付款日期； ③汇票上未记载承兑日期的，以 3 天承兑期的最后一日为承兑日期； ④上列应记载事项必须记载于汇票的正面。
退回已承兑的汇票	付款人依承兑格式填写完毕应记载事项并将已承兑的汇票退回持票人后才产生承兑的效力。

2. 承兑的效力

①承兑人于汇票到期日必须向持票人无条件地支付汇票上的金额，否则其必须承担迟延付款责任；

②承兑人必须对汇票上的一切权利人承担责任，该等权利人包括付款请求权人和追索权人；

③承兑人不得以其与出票人之间的资金关系来对抗持票人，拒绝支付汇票金额；

④承兑人的票据责任不因持票人未在法定期限提示付款而解除。

3. 承兑不得附有条件

付款人承兑商业汇票，不得附有条件；承兑附有条件的，视为拒绝承兑。银行承兑汇票的承兑银行，应当按照票面金额向出票人收取万分之五的手续费。

【知识点】商业汇票的承兑

多选题：根据《支付结算办法》的规定，下列关于商业承兑汇票提示承兑期限的表述符合法律规定的有（　　）。

A. 商业承兑汇票提示承兑期限为自汇票到期日起 10 日内

B. 定日付款的商业汇票，持票人应当在汇票到期日前提示承兑

C. 出票后定期付款的商业汇票，提示承兑期限为自出票日起 1 个月内

D. 见票后定期付款的商业汇票，持票人应当自出票日起 1 个月内提示承兑

答案：BD

【解析】根据《支付结算办法》规定，定日付款或者出票后定期付款的汇票，持票人应当在汇票到期日前向付款人提示承兑；见票后定期付款的汇票，持票人应当自出票日起一个月内向付款人提示承兑，故本题应选择 BD 选项。

（四）商业汇票的付款

商业汇票的付款，是指付款人依据票据文义支付票据金额，以消灭票据关系的行为。

1. 提示付款

在取得商业汇票付款前，持票人应当向付款人提示付款，持票人应当按照下列法定期限提示付款，如表 2-4-5 所示。

表 2-4-5　提示付款的法定期限表

付款类型	提示付款期
见票即付	自出票日起一个月内
①定日付款 ②出票后定期付款 ③见票后定期付款	自到期日起十日内

持票人未按照上述规定期限提示付款的，在作出说明后，承兑人或者付款人仍应当继续对持票人承担付款责任。通过委托收款银行或者通过票据交换系统向付款人提示付款的，视同持票人提示付款。持票人依照规定提示付款的，付款人必须在当日足额付款。

【知识点】商业汇票的付款

单选题：出票后定期付款的商业汇票，自到期日起（　）内向承兑人提示付款。

A. 5 日　　　　　　　　　　B. 10 日

C. 一个月　　　　　　　　　D. 三个月

答案：B

【解析】根据《支付结算办法》规定，见票即付的汇票，自出票日起一个月内向付款人提示付款；定日付款、出票后定期付款或者见票后定期付款的汇票，自到期日起十日内向承兑人提示付款，故本题应选择 B 选项。

2. 支付票款

①付款责任。持票人付款提示后,付款人依法审查无误后必须无条件地在当日按票据金额足额支付给持票人。否则,应承担迟延付款的责任。

②审查责任。付款人或代理付款人付款时,应当审查汇票背书的连续性,并审查提示付款人的合法身份证明或者有效证件。

③自行承担责任。付款人及其代理付款人以恶意或者有重大过失付款的,应当由付款人自行承担责任;对定日付款、出票后定期付款或者见票后定期付款的汇票,付款人在到期日前付款的,由付款人自行承担所产生的责任。

3. 付款的效力

付款人依法足额付款后,全体汇票债务人的责任解除。

(五) 商业汇票的背书

1. 背书的概念

商业汇票的背书,是指以转让商业汇票权利或者将一定的商业汇票权利授予他人行使为目的,按照法定的事项和方式在商业汇票背面或者粘单上记载有关事项并签章的票据行为。

2. 商业汇票背书的相关规定

①汇票转让只能采用背书的方式,而不能仅凭单纯交付方式,否则就不产生票据转让的效力。

②出票人在汇票上记载"不得转让"字样的,则该汇票不得转让。

③对于记载"不得转让"字样的票据,其后手以此票据进行贴现、质押的,通过贴现、质押取得票据的持票人主张票据权利的,人民法院不予支持。

④如果收款人或持票人将出票人禁止背书的汇票转让的,该转让不发生票据法上的效力,出票人和承兑人对受让人不承担票据责任。

⑤以背书转让的汇票,后手应当对其直接前手背书的真实性负责。

知识链接:

前款所称背书连续,是指在票据转让中,转让汇票的背书人与受让汇票的被背书人在汇票上的签章依次前后衔接。如果背书不连续,付款人可以拒绝向持票人付款,否则付款人应自行承担责任。

前款所称后手是指在票据签章人之后签章的其他票据债务人。

3. 背书记载事项

背书是一种要式行为，必须符合法定的形式，背书记载事项包括：

①签单及日期。背书由背书人签章并记载背书日期，背书人未签单的背书行为无效；背书未记载日期的，视为在汇票到期日前背书。

②被背书人名称的记载。汇票以背书转让或者以背书将一定的汇票权利授予他人行使时，必须记载被背书人名称；若未记载，持票人自己记载与背书人记载具有同等法律效力。

4. 无效的背书

①背书不得附有条件。背书时附有条件的，所附条件不具有汇票上的效力。

②将汇票金额的一部分转让的背书或者将汇票金额分别转让给二人以上的背书无效。

5. 法定禁止的背书

汇票被拒绝承兑、被拒绝付款或者超过付款提示期限的，不得背书转让。背书转让的，背书人应当承担汇票责任。

（六）商业汇票的保证

商业汇票的债务可以由保证人承担保证责任。

1. 保证的当事人

保证的当事人为保证人与被保证人。保证应由汇票债务人以外的他人承担。

2. 保证的格式

保证人必须在汇票或粘单上记载下列事项：①表明"保证"的字样；②保证人名称和住所；③被保证人的名称；④保证日期；⑤保证人签章。

票据保证事项必须记载于汇票或粘单上，如果另行签订保证合同或保证条款的，不属于票据保证，应当适用《担保法》的有关规定。

保证不得附有条件，附有条件的，所附条件不影响对商业承兑汇票的保证责任。

3. 保证的效力

①保证人的责任。被保证的汇票，保证人应当与被保证人对持票人承担连带责任。

②共同保证人的责任。保证人为两人以上的，保证人之间承担连带责任。

③保证人的追索权。保证人清偿汇票债务后，可以行使持票人对被保证人及其前手的追索权。

> **易错辨析：**
> ①商业汇票的付款人承兑汇票，不得附有条件；承兑附有条件的，视为拒绝承兑；
> ②商业汇票的背书不得附有条件，背书时附有条件的，所附条件不具有汇票上的效力；
> ③商业汇票的保证不得附有条件，附有条件的，不影响对汇票的保证责任。

> **知识拓展：汇票的追索权**
> 汇票到期被拒绝付款的，持票人可以对背书人、出票人以及汇票的其他债务人行使追索权。汇票的出票人、背书人、承兑人和保证人对持票人承担连带责任。持票人可以不按照汇票债务人的先后顺序，对其中任何一人、数人或者全体行使追索权。持票人对汇票债务人中的一人或者数人已经进行追索的，对其他汇票债务人仍可以行使追索权。被追索人清偿债务后，与持票人享有同一权利。持票人为出票人的，对其前手无追索权；持票人为背书人的，对其后手无追索权。被追索人依照规定清偿债务后，可以向其他汇票债务人行使再追索权。

四、银行汇票

（一）银行汇票的概念和适用范围

1. 银行汇票的概念

银行汇票是由出票银行签发的，在见票时按照实际结算金额无条件支付给收款人或者持票人的票据。银行汇票的当事人只有两个，即出票银行和收款人，银行既是出票人，又是付款人。

2. 银行汇票的适用范围

单位和个人在异地、同城或同一票据交换区域的各种款项结算，均可使用银行汇票。

（二）银行汇票的记载事项

银行汇票的记载事项包括：①表明"银行汇票"的字样；②无条件支付

的承诺；③确定的金额；④付款人名称；⑤收款人名称；⑥出票日期；⑦出票人签章。

汇票上未记载上列事项之一的，银行汇票无效。

（三）银行汇票的基本规定

①银行汇票可以用于转账，标明"现金"字样的银行汇票也可以提取现金。

②银行汇票的付款人为银行汇票的出票银行，银行汇票的付款地为代理付款人或出票人所在地。

③银行汇票的出票人在票据上的签章，应为经中国人民银行批准使用的该银行汇票专用章加其法定代表人或其授权经办人的签名或者盖章。

④银行汇票的提示付款期限自出票日起1个月。持票人超过付款期限提示付款的，代理付款人（银行）不予受理。

⑤银行汇票可以背书转让，但填明"现金"字样的银行汇票不得背书转让。银行汇票的背书转让以不超过出票金额的实际结算金额为准。未填写实际结算金额或实际结算金额超过出票金额的银行汇票不得背书转让。

⑥填明"现金"字样和代理付款人的银行汇票丧失，可以由失票人通知付款人或者代理付款人挂失止付。未填明"现金"字样和代理付款人的银行汇票丧失，不得挂失止付。

⑦银行汇票丧失，失票人可以凭人民法院出具的其享有票据权利的证明，向出票银行请求付款或退款。

（四）银行汇票申办和兑付的基本规定

1. 银行汇票申办的基本规定

①申请人使用银行汇票，应向出票银行填写"银行汇票申请书"，填明收款人名称、汇票金额、申请人名称、申请日期等事项并签章，其签章为预留银行印鉴。申请人或者收款人为单位的，不得在"银行汇票申请书"上填明"现金"字样。

②出票银行受理银行汇票申请书，收妥款项后签发银行汇票，并用压数机压印出票金额，将银行汇票和解讫通知一并交给申请人。申请人应将银行汇票和解讫通知一并交付给汇票上记明的收款人。

③银行汇票的实际结算金额低于出票金额的，其多余金额由出票银行退交申请人。

④申请人因汇票超过付款提示期限或其他原因要求退款时，应将银行汇票和解讫通知同时交到出票银行，并提供本人身份证件或单位证明。

申请人缺少解讫通知要求退款的，出票银行应于银行汇票提示付款期满一个月后办理。

2. 银行汇票兑付的基本规定

①收款人受理银行汇票时，应审查下列事项：

银行汇票和解讫通知是否齐全、汇票号码和记载的内容是否一致；

收款人是否确为本单位或本人；

银行汇票是否在提示付款期限内；

必须记载的事项是否齐全；

出票人签章是否符合规定，是否有压数机压印的出票金额，并与大写出票金额一致；

出票金额、出票日期、收款人名称是否更改，更改的其他记载事项是否由原记载人签章证明。

②收款人受理银行汇票依法审查无误后，应在出票金额以内，根据实际需要的款项办理结算，并将实际结算金额和多余金额准确、清晰地填入银行汇票和解讫通知的有关栏内。

③未填明实际结算金额和多余金额或实际结算金额超过出票金额的，银行不予受理。

④银行汇票的实际结算金额不得更改，更改实际结算金额的银行汇票无效。

⑤持票人向银行提示付款时，必须同时提交银行汇票和解讫通知，缺少任何一联，银行不予受理。

⑥持票人超过提示付款期限向代理付款银行提示付款不获付款的，必须在票据权利时效内向出票银行作出说明，并提供本人身份证件或单位证明，持银行汇票和解讫通知向出票银行请求付款。

五、银行本票

（一）银行本票的概念和适用范围

1. 银行本票的概念

银行本票是银行签发的，承诺自己在见票时无条件支付确定的金额给收款人或者持票人的票据。

2. 银行本票的适用范围

单位和个人在同一票据交换区域需要支付的各种款项，均可以使用银行本票。银行本票可以用于转账，注明"现金"字样的银行本票可以用于支取现金。

（二）银行本票的记载事项

银行本票必须记载下列事项：①表明"银行本票"的字样；②无条件支付的承诺；③确定的金额；④收款人名称；⑤出票日期；⑥出票人签章。欠缺上列内容之一的，银行本票无效。

申请人或收款人为单位的，不得申请签发现金银行本票。

（三）银行本票的提示付款期限

银行本票的提示付款期限自出票日起最长不得超过2个月。持票人超过付款期限提示付款的，代理付款人不予受理。

本票的持票人未按照规定期限提示见票的，丧失对出票人以外的前手的追索权。

知识点小结见表2-4-6：

表2-4-6　知识点小结表

票据类型		使用人	结算款项	适用范围	绝对记载事项		提示付款期限
					不同事项	相同事项	
支票		单位和个人	各项款项	全国范围内通用	①无条件支付的委托 ②付款人名称	①表明"××××"的字样 ②确定的金额 ③出票日期 ④出票人签章	出票日起10日
汇票	商业汇票	企事业单位	有购销合同的商品交易款项	同城、异地均可	①无条件支付的委托 ②付款人名称 ③收款人名称		到期日起10日（见票即付的商业汇票出票日起1个月）
	银行汇票	单位和个人	各项款项	异地、同城或同一票据交换区域	①无条件支付的承诺 ②付款人名称 ③收款人名称		出票日起1个月
银行本票		单位和个人	各项款项	同一票据交换区域	①无条件支付的承诺 ②收款人名称		出票日起2个月

【课后大通关】

一、单选题

1. 下列各项中，属于由出票人签发的，委托付款人在指定日期无条件支付确定金额给收款人或者持票人的票据是（　　）。

   A. 商业汇票　　　　　　　　B. 支票
   C. 银行汇票　　　　　　　　D. 银行本票

2. 根据支付结算法律制度的规定，签发票据时，可以更改的项目是（　　）。

   A. 合同号码　　　　　　　　B. 收款人名称
   C. 票据金额　　　　　　　　D. 出票日期

3. 根据《中华人民共和国票据法》的规定，下列各项中，不属于银行本票必须记载的事项是（　　）。

   A. 付款地　　　　　　　　　B. 出票人签章
   C. 收款人名称　　　　　　　D. 出票日期

4. 某票据的出票日期为"2019年3月15日"，其规范写法是（　　）。

   A. 贰零壹玖年零叁月壹拾伍日　　B. 贰零壹玖年叁月壹拾伍日
   C. 贰零壹玖年零叁月拾伍日　　　D. 贰零壹玖年叁月拾伍日

5. 出票人签发的支票金额超过其付款时在付款人处实有的存款金额的，是（　　）。

   A. 现金支票　　　　　　　　B. 转账支票
   C. 空头支票　　　　　　　　D. 远期支票

6. 下列各项中，可以支取现金的支票是（　　）。

   A. 现金支票和普通支票　　　B. 现金支票和转账支票
   C. 划线支票和普通支票　　　D. 转账支票和划线支票

7. 关于商业汇票的出票说法不正确的有（　　）。

   A. 出票后，收款人就票据金额享有付款请求权
   B. 收款人在付款请求权不能满足时，即享有追索权
   C. 收款人享有依法转让票据的权力
   D. 付款人无论是否承兑，均成为汇票上的主债务人

二、多选题

1. 下列各项中，属于支票基本当事人的有（　　）。

   A. 被背书人　　　　　　　　B. 付款人
   C. 收款人　　　　　　　　　D. 背书人

2. 下列各项中，属于票据的有（　　）。

   A. 银行汇票　　　　　　　　B. 商业汇票
   C. 银行本票　　　　　　　　D. 支票

3. 下列各项中，属于票据非基本当事人的有（　）。
A. 收款人　　　　　　　　　B. 背书人
C. 付款人　　　　　　　　　D. 保证人

4. 下列各项中，不属于出票行为有的（　）。
A. 出票人签发票据并将其交付给付款人的行为
B. 出票人签发票据并将其交付给收款人的行为
C. 汇票付款人承诺在汇票到期日支付汇票金额并签章的行为
D. 出票人承诺在汇票到期日支付汇票金额并签章的行为

5. 下列关于票据基本当事人的各项叙述中，正确的有（　）。
A. 基本当事人是指票据作成和交付时就业已存在的当事人
B. 基本当事人是构成票据法律关系的必要主体
C. 基本当事人不完全，票据无效
D. 基本当事人包括出票人、付款人、收款人和保证人

6. 下列关于商业汇票的各项表述中，符合法律规定的有（　）。
A. 商业汇票的提示承兑期限，为自汇票到期日起30日内
B. 商业汇票的提示付款期限，为自汇票到期日起10日内
C. 商业汇票的付款期限，最长不得超过6个月
D. 见票后定期付款的商业汇票，提示承兑期限为自出票日起1个月内

三、判断题

1. 支票上未记载出票地的，出票人的营业场所、住所或者经常居住地为出票地。　　　　　　　　　　　　　　　　　　　　　　　　　（　）
2. 签发空头支票是一种违法行为，对其责任人要给予严厉的处罚和制裁，构成犯罪的，要依法追究其刑事责任。　　　　　　　　　　　　（　）
3. 背书按照用途不同分为转让背书和非转让背书。　　　　　　（　）
4. 商业汇票的付款日期属于绝对记载事项，必须记载，不得欠缺。（　）
5. 票据的出票是指出票人签发票据并将其交付给收款人的行为。（　）
6. 支票上印有"转账"字样的为转账支票。　　　　　　　　　　（　）
7. 根据《中华人民共和国票据法》规定，支票限于见票即付的票据，不得另行记载付款日期。　　　　　　　　　　　　　　　　　　　　（　）
8. 支票上未记载出票地的，出票人的营业场所、住所或者经常居住地为出票地。　　　　　　　　　　　　　　　　　　　　　　　　　（　）

四、案例分析题

甲公司为履行与乙公司的买卖合同，签发一张商业汇票，甲公司的开户银行P银行按期对该汇票进行了承兑，汇票收款人为乙公司，乙公司背书给

丙公司。丁公司对该汇票提供了保证。根据材料，请回答以下问题：

（1）下列关于 P 银行票据责任的表述中正确的有（ ）。

A. P 银行到期承担无条件付款责任

B. 到期甲公司在 P 银行不足支付时，P 银行不承担付款责任

C. 甲公司在 P 银行的存款满足条件后，P 银行才承担付款责任

D. 按甲公司在 P 银行的存款的多少确定 P 银行应承担的付款责任

（2）关于丙公司行使的票据权利的说法正确的有（ ）。

A. 付款请求权 B. 利益返还请求权

C. 票据追索权 D. 票据返还请求权

（3）下列属于票据行为的有（ ）。

A. 甲出票乙 B. 乙背书给丙

C. P 银行承兑 D. 丁公司提供保证

（4）关于票据当事人的说法中正确的有（ ）。

A. 基本当事人有出票人甲、收款人乙、付款人 P 银行

B. 基本当事人有出票人甲、收款人乙、保证人丁

C. 非基本当事人有承兑人 P 银行、背书人乙、被背书人丙、保证人丁

D. 非基本当事人有出票人甲、背书人乙、被背书人丙、保证人丁

（5）下列人员中，行使追索权时，对持票人负有付款义务的有（ ）。

A. 商业汇票的背书人 B. 银行本票的背书人

C. 支票的出票人 D. 商业汇票的保证人

2-4 课后大通关答案：

一、单选题 1. A 2.A 3.A 4.B 5.C 6.A 7.D

二、多选题 1.BC 2.ABCD 3.BD 4.ACD 5.ABC 6.BCD

三、判断题 1.√ 2.√ 3.× 4.× 5.√ 6.√ 7.√ 8.√

四、案例分析题（1）A（2）AC（3）ABCD（4）AC（5）ABC

第五节　银行卡

一、银行卡的概念与分类

（一）银行卡的概念

银行卡是指经批准由商业银行（含邮政金融机构）向社会发行的具有消费信用、转账结算、存取现金等全部或部分功能的信用支付工具。

（二）银行卡的分类

①按照发行主体是否在境内分为境内卡和境外卡。

境内卡是指由境内商业银行发行的，既可以在境内使用，也可以在境外使用的银行卡；境外卡是指由境外设立的外资金融机构或外资非金融机构发行的，可以在境内使用的银行卡。

境内卡按照发行对象的不同分为个人卡和单位卡。个人卡是指发卡银行向个人发行的银行卡；单位卡是指发卡银行向企业、机关、事业单位和社会团体法人签发的，并由法人授权特定人使用的银行卡。

②按照是否给予持卡人授信额度分为信用卡和借记卡。

信用卡按是否向发卡银行交存备用金，又分为贷记卡和准贷记卡。贷记卡是指发卡银行给予持卡人一定的信用额度，持卡人可以在信用额度内先消费、后还款的信用卡，它具有透支消费、期限内还款可免息等特点。准贷记卡是指持卡人必须先按照发卡银行要求交存一定金额备用金，当备用金余额不足支付时，可以在规定的信用额度内透支的信用卡。

借记卡是指发卡银行向持卡人签发的，没有信用额度，持卡人先存款、后使用的银行卡。借记卡不能透支。

③按照账户币种的不同分为人民币卡、外币卡和双币种卡。

人民币卡是指存款、信用额度均为人民币，并且应当以人民币偿还的银行卡；外币卡是指存款、信用额度均为外币，并且应当以外币偿还的银行卡；双币种卡是指存款、信用额度同时有人民币和外币两个账户的银行卡。

④按信息载体不同分为磁条卡和芯片卡。

二、银行卡账户与交易

（一）银行卡交易的基本规定

①单位人民币卡可办理商品交易和劳务供应款项的结算，但不得透支。单位卡不得支取现金。

②发卡银行对贷记卡的取现应当每笔进行授权，每卡每日累计取现不得超过限定额度。

每卡每日累计提款不得超过2万元人民币。

③发卡银行应当依照法律规定遵守信用卡业务风险控制指标。

信用卡业务风险控制指标相关规定，如表2-5-1所示。

表 2-5-1　信用卡业务风险控制指标

风险控制指标	单位卡		个人卡
单笔透支额	不超过 5 万元		不超过 2 万元
月透支余额	有综合授信额度的	不超过授信额度的 3%	不超过 5 万元
	无综合授信额度的	不超过 10 万元	
外币卡的透支额度	不超过保证金的 80%		

④准贷记卡的透支期限最长为 60 天。贷记卡的首月最低还款额不得低于其当月透支余额的 10%。

⑤发卡银行通过下列途径追偿透支款项和诈骗款项：扣减持卡人保证金、依法处理抵押物和质押物；向保证人追索透支款项；通过司法机关的诉讼程序进行追偿。

（二）银行卡的资金来源

1. 单位卡

单位卡账户的资金，一律从其基本存款账户转账存入，不得交存现金，不得将销货收入的款项存入其账户。

2. 个人卡

个人卡在使用过程中，需要向其账户续存资金的，以其持有的现金存入或以工资性款项以及属于个人的合法的劳务报酬收入、投资回报等收入转账存入。严禁将单位的款项存入个人卡账户。

（三）银行卡的计息和收费

1. 计息

①发卡银行对准贷记卡及借记卡（不含储值卡）账户内的存款，按照中国人民银行规定的同期同档次存款利率及计息办法计付利息。

②发卡银行对储值卡（含 IC 卡的电子钱包）内的币值不计付利息。

③贷记卡持卡人非现金交易享受如下优惠条件：

第一，免息还款期待遇。银行记账日至发卡行规定的到期还款日之间为免息还款期，最长为 60 天。

第二，最低还款额待遇。持卡人在到期还款日前偿还所使用全部银行款项有困难的，可按发卡行规定的最低还款额还款。

④利率标准。对信用卡透支利率实行上限和下限管理，透支利率上限为日利率万分之五，透支利率下限为日利率万分之五的 0.7 倍。信用卡透支的

计结息方式,以及对信用卡溢缴款是否计付利息及其利率标准,由发卡机构自主确定。

2. 收费

收费是指商业银行办理银行卡收单业务向商户收取结算手续费。

3. 违约金和服务费用

对信用卡持卡人违约逾期未还款的行为,发卡机构应与持卡人通过协议约定是否收取违约金,以及相关收取方式和标准。发卡机构对向持卡人收取的违约金和年费、取现手续费、货币兑换费等服务费用不得计收利息。

4. 信用卡预借现金业务

信用卡预借现金业务包括现金提取、现金转账和现金充值。

现金提取,是指持卡人通过柜面和自动柜员机(ATM)等自助机具,以现钞形式获得信用卡预借现金额度内资金;现金转账,是指持卡人将信用卡预借现金额度内资金划转到本人银行结算账户;现金充值,是指持卡人将信用卡预借现金额度内资金划转到本人在非银行支付机构开立的支付账户。

5. 非本人授权交易的处理

持卡人提出伪卡交易和账户盗用等非本人授权交易时,发卡机构应及时引导持卡人留存证据,按照相关规则进行差错争议处理,并定期向持卡人反馈处理进度。

(四)银行卡申领、注销和挂失

1. 银行卡的申领

①单位。凡在中国境内金融机构开立基本存款账户的单位,可凭中国人民银行核发的开户许可证申领单位卡。单位卡可申领若干张,持卡人资格由申领单位法定代表人或其委托的代理人书面指定和注销。

②个人。凡具有完全民事行为能力的公民,可凭本人有效身份证件及发卡银行规定的相关证明文件申领个人卡。个人卡的主卡持卡人,可为其配偶及年满18周岁的亲属申领附属卡,申领的附属卡最多不得超过两张,也有权要求注销其附属卡。

2. 银行卡的注销

①持卡人在还清全部交易款项、透支本息和有关费用后,可申请办理销户。

②信用卡可申请办理销户的情形有:

信用卡有效期满 45 天后，持卡人不更换新卡的；

信用卡挂失满 45 天后，没有附属卡又不更换新卡的；

信用卡被列入止付名单，发卡银行已收回其信用卡 45 天的；

持卡人死亡，发卡银行已收回其信用卡 45 天的；

持卡人要求销户或担保人撤销担保，并已交回全部信用卡 45 天的；

信用卡账户两年（含）以上未发生交易的；

持卡人违反其他规定，发卡银行认为应该取消资格的。

发卡机构调整信用卡利率标准的，应至少提前 45 天通知持卡人。持卡人有权在新利率标准生效之日前选择销户，并按照已签订的协议偿还相关款项。

③销户时，单位卡账户余额转入其基本存款账户，不得提取现金；个人卡账户可以转账结清，也可以提取现金。

3. 银行卡的挂失

持卡人丧失银行卡，应立即持本人身份证件或其他有效证明，并按规定提供有关情况，向发卡银行或代办银行申请挂失。

【知识点】信用卡的销户

判断题：根据《支付结算办法》的规定，信用卡销户时，单位卡账户余额可以提取现金。（ ）

答案：×

【解析】持卡人不需要继续使用信用卡的，应持信用卡主动到发卡银行办理销户。销户时，单位卡账户余额转入其基本存款账户，不得提取现金，故题中表述是错误的。

【课后大通关】

一、单选题

1. 贷记卡透支按月计算收取利息，其计算方法是（ ）。

A. 按月计收单利　　　　　　B. 按月计收复利

C. 免息还款期按单利计收　　D. 分期付款按复利计收

2. 不论是贷记卡还是准贷记卡，其透支的日利率均是（ ）。

A. 0.05%　　　　　　　　　B. 0.06%

C. 0.08%　　　　　　　　　D. 0.1%

3. 持卡人通过ＡＴＭ等自助机具办理现金提取业务，每卡每日累计不得超过人民币（ ）。

A. 0.5 万元　　　　　　　　B. 1 万元

C. 2 万元　　　　　　　　　D. 5 万元

二、判断题

1. 单位卡在使用过程中需要续存资金的，一律从其基本存款账户转账存入。（ ）

2. 境内卡按照发行对象的不同分为个人卡和单位卡。（ ）

3. 信用卡按照是否向发卡银行交存备用金分为借记卡和贷记卡。（ ）

4. 贷记卡持卡人超过批准的信用额度用卡，不得享受免息还款的待遇。

（ ）

5. 单位人民币卡可办理商品交易和劳务供应款项的结算，可以透支。

（ ）

三、案例分析题

【案例分析一】 2019 年 3 月 10 日，某公司向银行申请了信用卡，其中一部分作为对管理人员的福利，另一部分作为公司自用。

（1）下列情形中，可以办理销户的有（ ）。

A. 4 月 12 日，该公司要求注销自用的信用卡

B. 3 月 11 日，公司一名管理人员的信用卡丢失并于当日挂失，4 月 12 日要求注销该丢失的信用卡

C. 至 2011 年 8 月 7 日，该公司自用的信用卡未发生过任何交易

D. 至 2012 年 7 月 30 日，该公司自用的信用卡未发生过任何交易

（2）关于信用卡资金来源的表述中，正确的有（ ）。

A. 公司可以将资金从基本存款账户中转账存入持有的信用卡

B. 公司持有的信用卡可以交存现金

C. 公司可以将其销货收入的款项存入持有的信用卡

D. 公司管理人员可以将个人的收入及公司的临时款项存入其持有的信用卡

（3）公司的下列做法中，错误的有（ ）。

A. 3 月 16 日，公司持卡购买一台价值 13 万元的设备

B. 3 月 30 日，公司从信用卡中支取现金 5000 元

C. 3 月 21 日，公司将其信用卡转借给其子公司

D. 4 月 1 日，公司结算信用卡，3 月共透支 15 万元

（4）关于信用卡的表述中，正确的有（ ）。

A. 同一持卡人单笔透支发生额，个人卡不得超过 2 万元

B. 信用卡透支利率为日利率 5‰

C. 贷记卡的首月最低还款额不得低于其当月透支金额的 3%

D. 准贷记卡的透支期限最长为 60 天

（5）发卡银行给予持卡人一定的信用额度，持卡人可以在信用额度内先消费、后还款的信用卡是（　）。

A. 普通卡　　　　　　　　B. 附属卡

C. 贷记卡　　　　　　　　D. 准贷记卡

【案例分析二】 2019年3月10日公民甲在P商业银行申办了一张在银行核定的信用额度内先消费、后还款的信用卡。当月，甲在特约单位乙商场用该信用卡消费1万元。

要求：根据上述资料，分析回答下列问题。

（1）关于公民甲申办的这张信用卡的种类，下列说法中正确的有（　）。

A. 借记卡　　　　　　　　B. 个人卡

C. 贷记卡　　　　　　　　D. 准贷记卡

（2）如果公民甲选择首月最低还款额，下列说法中正确的有（　）。

A. 首月最低还款额不得低于1000元

B. 首月最低还款额不得低于500元

C. 甲不再享受免息还款期待遇

D. 甲仍可享受免息还款期待遇

（3）关于信用卡的使用，下列说法中正确的有（　）。

A. P商业银行应按规定向甲收取结算手续费

B. P商业银行应按规定向乙收取结算手续费

C. P商业银行应按规定向甲、乙收取结算手续费

D. P商业银行只有在甲未按期履行还款义务时才向乙收取结算手续费。

（4）下列情形中，甲可以办理销户的有（　）。

A. 4月12日，甲要求注销自用的信用卡

B. 3月11日，甲的信用卡丢失并于当日挂失，4月12日要求注销该丢失的信用卡

C. 至2012年6月7日，甲的信用卡未发生过任何交易

D. 至2013年8月30日，甲信用卡未发生过任何交易

（5）下列关于发卡银行对卡内存款计付利息的说法中正确的有（　）。

A. 贷记卡账户内的存款计付利息

B. 准贷记卡账户内的存款不计付利息

C. 借记卡账户内的存款不计付利息

D. 贷记卡账户内的存款不计付利息

> **2-5 课后大通关答案：**
> 一、单选题 1.B 2.A 3.B
> 二、判断题 1.√ 2.√ 3.× 4.√ 5.×
> 三、案例分析题
> 案例分析一（1）D（2）A（3）ABCD（4）D（5）C
> 案例分析二（1）BC（2）AC（3）B（4）D（5）D

第六节　其他结算方式

一、汇兑

（一）汇兑的概念和分类

汇兑是汇款人委托银行将其款项支付给收款人的结算方式。汇兑分为信汇、电汇两种，信汇是以邮寄方式将汇款凭证转给外地收款人指定的汇入行，而电汇则是以电报或电传方式将汇款凭证转发给收款人指定的汇入行，汇款人可以根据实际需要进行选择。

汇兑结算适用于各种经济内容的异地提现和结算。

（二）办理汇兑的程序

1. 签发汇兑凭证

根据《支付结算办法》的规定，汇款人签发汇兑凭证时，必须记载下列事项：①表明"信汇"或"电汇"的字样；②无条件支付的委托；③确定的金额；④收款人名称；⑤汇款人名称；⑥汇入地点、汇入行名称；⑦汇出地点、汇出行名称；⑧委托日期；⑨汇款人签章。汇兑凭证上欠缺上列记载事项之一的，银行不予受理。

汇款人和收款人均为个人，需要在汇入银行支取现金的，应在信、电汇凭证的"汇款金额"大写栏，先填写"现金"字样，后填写汇款金额。

2. 银行受理

汇出银行受理汇款人签发的汇兑凭证，经审查无误后，应及时向汇入银行办理汇款，并向汇款人签发汇款回单。汇款回单只能作为汇出银行受理汇款的依据，不能作为该笔汇款已转入收款人账户的证明。

3. 汇入处理

汇入银行对开立存款账户的收款人，应将汇入款项直接转入收款人账户，并向其发出收账通知。收账通知是银行将款项确已收入收款人账户的凭据。

支取现金的，信、电汇凭证上必须有按规定填明的"现金"字样，才能办理。未填明现金字样，需要支取现金的，由汇入银行按照国家现金管理规定审查支付。

（三）汇兑的撤销和退汇

1. 汇兑的撤销

汇款人对汇出银行尚未汇出的款项可以申请撤销。

汇款人申请撤销汇款的条件必须是该款项尚未从汇出银行汇出。在申请撤销时，汇款人应出具正式函件或本人身份证件及原信、电汇回单。汇出银行只有在查明确未汇出款项，并收回原信、电汇回单时，方可办理撤销手续。

2. 汇兑的退汇

汇款人对汇出银行已经汇出的款项可以申请退汇。

汇款人申请退汇必须是该汇款已从汇出银行汇出。其条件如下：

①对在汇入银行开立存款账户的收款人，由汇款人与收款人自行联系退汇；

②对未在汇入银行开立存款账户的收款人，汇款人应出具正式函件或本人身份证件以及原信、电汇回单，由汇出银行通知汇入银行，经汇入银行核实汇款确未支付，并将款项退回汇出银行，方可办理退汇；

③汇入银行对于收款人拒绝接受的汇款，应即办理退汇；

④汇入银行对于向收款人发出取款通知，经过 2 个月无法交付的汇款，应主动办理退汇。

3. 汇兑的转汇

转汇的收款人必须是原收款人。转汇银行不得受理汇款人或汇出银行对汇款的撤销或退汇。

二、委托收款

（一）委托收款的概念

1. 概念

委托收款是指收款人委托银行向付款人收取款项的结算方式。

2. 适用范围

单位和个人凭已承兑的商业汇票、债券、存单等付款人债务证明办理款项的结算,均可以使用委托收款结算方式,委托收款在同城、异地均可以使用,其结算款项的划回方式分为邮寄和电报两种,由收款人选用。

【知识点】委托收款的适用范围

单选题:委托收款结算适用的主体是( )。

A. 单位　　　　　　　　　　B. 个人
C. 单位和个人均可　　　　　D. 必须是国家机关

答案:C

【解析】单位和个人凭已承兑的商业汇票、债券、存单等付款人债务证明办理款项的结算,均可以使用委托收款结算方式,故本题应选择C选项。

(二)委托收款的记载事项

委托收款的记载事项包括:①表明"委托收款"的字样;②确定的金额;③付款人名称;④收款人名称;⑤委托收款凭据名称及附寄单证张数;⑥委托日期;⑦收款人签章。

(三)委托收款的结算规定

1. 委托收款办理方法

以银行为付款人的,银行应在当日将款项主动支付给收款人。

以单位为付款人的,银行通知付款人后,付款人应于接到通知当日书面通知银行付款。

银行在办理划款时,付款人存款账户不能足额支付的,应通过被委托银行向收款人发出未付款项通知书。

2. 委托收款的注意事项

付款人审查有关债务证明后,对收款人委托收取的款项需要拒绝付款的,有权提出拒绝付款。

收款人收取公用事业费,必须具有收付双方事先签订的经济合同,由付款人向开户银行授权,并经开户银行同意,报经中国人民银行当地分支行批准,可以使用同城特约委托收款。

三、托收承付

(一)托收承付的概念

1. 概念

托收承付是指根据购销合同由收款人发货后委托银行向异地付款人收取

款项，由付款人向银行承付的结算方式。

2. 托收承付的办理要求

①使用托收承付结算方式的收款单位和付款单位，必须是国有企业、供销合作社以及经营管理较好，并经开户银行审查同意的城乡集体所有制工业企业。

②办理托收承付结算的款项，必须是商品交易以及因商品交易而产生的劳务供应的款项。代销、寄销、赊销商品的款项不得办理托收承付结算。

③托收承付结算每笔的金额起点为1万元，新华书店系统每笔的金额起点为1千元。

④收付双方使用托收承付结算方式必须签有符合《合同法》的购销合同，并在合同上订明使用托收承付结算款项的划回方法，分为邮寄和电报，由收款人选用。

（二）托收承付的记载事项

托收承付凭证记载事项有：①表明"托收承付"的字样；②确定的金额；③付款人的名称和账号；④收款人的名称和账号；⑤付款人的开户银行名称；⑥收款人的开户银行名称；⑦托收附寄单证张数或册数；⑧合同名称、号码；⑨委托日期；⑩收款人签章。

（三）托收承付的办理方法

1. 托收

收款人按照签订的购销合同发货后，应将托收凭证并附发运凭证或其他符合托收承付结算的有关证明和交易单证送交银行。

2. 承付

①付款人开户银行收到托收凭证及其附件后，应当及时通知付款人。购货单位承付货款有验单承付和验货承付两种方式。

②验单承付期为3天，从购货单位开户银行发出通知的次日算起（承付期内遇法定节假日顺延）；验货付款的承付期为10天，从运输部门向付款人发出提货通知的次日算起。

③付款人在承付期内，未向银行表示拒绝付款，银行即视作承付，在承付期满的次日上午将款项划给收款人。

④付款方若在验单或验货时发现货物的品种、规格、数量、质量等与合同不符，可在承付期内提出全部或部分拒付意见。拒付款项应填写"拒绝承

付理由书"送交其开户银行审查并办理拒付手续。

⑤付款方在承付期满后,如果其银行账户内没有足够的资金承付货款,其不足部分作延期付款处理。延期付款部分要按一定比例支付给收款方赔偿金。

四、国内信用证

(一)国内信用证的概念

国内信用证(简称信用证)是适用于国内贸易的一种支付结算方式,是开证银行依照申请人(购货方)的申请向受益人(销货方)开出的有一定金额、在一定期限内凭信用证规定的单据支付款项的书面承诺。

我国的信用证为不可撤销、不可转让的跟单信用证。不可撤销信用证,是指信用证开具后在有效期内,非经信用证各有关当事人(即开证银行、开证申请人和受益人)的同意,开证银行不得修改或者撤销的信用证;不可转让信用证,是指受益人不能将信用证的权利转让给他人的信用证。

【知识点】国内信用证的概念

单选题:我国信用证是不可撤销、不可转让的( )信用证。

A. 光票　　　　　　　　　B. 不保兑

C. 跟单　　　　　　　　　D. 保兑

答案:C

【解析】略。

(二)国内信用证的适用范围

国内信用证结算方式只适用于国内企业之间商品交易产生的货款结算,并且只能用于转账结算,不得支取现金。

(三)国内信用证办理的基本程序

1. 开证

开证行决定受理开证业务时,应向申请人收取不低于开证金额20%的保证金,并可根据申请人资信情况要求其提供抵押、质押或由其他金融机构出具保函。

2. 通知

通知行收到信用证审核无误后,应填制信用证通知书,连同信用证交付受益人。

3. 议付

议付是指信用证指定的议付行在单证相符条件下，扣除议付利息后向受益人给付对价的行为。议付行必须是开证行指定的受益人开户行。议付仅限于延期付款信用证。

议付行议付后，应将单据寄开证行索偿资金。议付行议付信用证后，对受益人具有追索权。到期不获付款的，议付行可从受益人账户收取议付金额。

4. 付款

开证行对议付行寄交的凭证、单据等审核无误后，对即期付款信用证，从申请人账户收取款项支付给受益人；对延期付款信用证，应向议付行或受益人发出到期付款确认书，并于到期日从申请人账户收取款项支付给议付行或受益人。

申请人交存的保证金和其存款账户余额不足支付的，开证行仍应在规定的付款时间内进行付款。对不足支付的部分作逾期贷款处理。

【课后大通关】

一、单选题

1. 支票的提示付款期限为自出票日起（　　）。

　　A. 3 天　　　　　　　　　　B. 5 天
　　C. 10 天　　　　　　　　　 D. 15 天

2. 支票的出票人签发支票的金额不得超过（　　）在付款人处实有的金额，即禁止签发空头支票。

　　A. 开具时　　　　　　　　　B. 付款时
　　C. 出票时　　　　　　　　　D. 签发时

3. 根据《支付结算办法》规定，出票人签发空头支票，银行应予退票，并按票面金额处以（　　）罚款。

　　A. 2% 但不低于 1000 元　　　B. 5% 但不低于 1000 元
　　C. 2%　　　　　　　　　　　D. 5%

4. 银行本票自出票日起，付款期限最长不得超过（　　）。

　　A. 十天　　　　　　　　　　B. 一个月
　　C. 二个月　　　　　　　　　D. 六个月

5. 银行汇票的提示付款期限自出票日起（　　）。

　　A. 十天　　　　　　　　　　B. 一个月
　　C. 二个月　　　　　　　　　D. 六个月

二、多选题

1. 汇票到期被拒绝付款的，持票人可以对（ ）行使追索权。

A. 背书人 B. 出票人

C. 收款人 D. 汇票的其他债务人

2. 信用卡持卡人还清透支本息后，可以办理销户的情况有（ ）。

A. 信用卡有效期满 45 天后，持卡人不更换新卡

B. 信用卡挂失满 45 天后，没有附属卡又不更换新卡

C. 持卡人死亡，发卡银行已收回其信用卡 45 天

D. 信用卡账户 2 年（含）以上未发生交易

3. 信用卡按是否向发卡银行交存备用金，分为（ ）。

A. 借记卡 B. 准借记卡

C. 贷记卡 D. 准贷记卡

三、判断题

1. 支票在付款时超过提示付款期限的，付款人可以不予付款；付款人不予付款的，出票人不再对持票人承担票据责任。（　）

2. 根据《支付结算办法》的规定，商业承兑汇票可以由付款人签发并承兑，也可以由收款人签发交由付款人承兑。（　）

3. 商业汇票的付款人承兑汇票，不得附有条件；承兑附有条件的，视为拒绝承兑。（　）

4. 凡在中华人民共和国境内金融机构开立基本存款账户的单位可申领单位信用卡。单位卡只能申领一张。（　）

5. 信用卡透支额，金卡最高不得超过 1 万元。（　）

2-6 课后大通关答案：

一、单选题 1.C 2.B 3.B 4.C 5.B

二、多选题 1.ABD 2.ABCD 3. CD

三、判断题 1.× 2.√ 3.√ 4.× 5.√

第七节　网上支付

近年来，随着互联网技术的不断发展，网上支付方式产生并得到飞速发展。网上支付是电子支付的一种形式，它是指电子交易的当事人，包括消费者、商户、银行或者支付机构，使用电子支付手段通过信息网络进行的货币支付或资金流转。网上支付的主要方式有网上银行和第三方支付两种。

一、网上银行

（一）网上银行的概念

网上银行，也称网络银行，简称网银。就是银行在互联网上设立虚拟银行柜台，使传统银行服务不再通过物理的银行分支机构来实现，而是借助于网络与信息技术手段在互联网上实现。

（二）网上银行的分类

1. 按经营模式分为单纯网上银行和分支型网上银行

单纯网上银行是完全依赖于互联网的虚拟的电子银行，它没有实际的物理柜台，一般只有一个办公地址，没有分支机构，也没有营业网点，采用互联网等高科技服务手段与客户建立密切的联系，为客户提供全方位的金融服务。

分支型网上银行是指现有的传统银行利用互联网开展传统的银行业务，即传统银行利用互联网作为新的服务手段为客户提供在线服务，实际上是传统银行服务在互联网上的延伸。

2. 按主要服务对象分为企业网上银行和个人网上银行

企业网上银行主要服务于企事业单位，企事业单位可以通过企业网络银行实时了解财务状况，及时调度资金，轻松处理工资发放和大批量的网络支付业务。

个人网上银行主要服务于个人，个人可以通过个人网络银行实时查询、转账，进行网络支付和汇款。

（三）网上银行的主要功能

1. 企业网上银行的功能

①账户信息查询。

②支付指令。

③ B2B 网上支付。B2B，即企业之间进行的电子商务活动。B2B 网上支付业务能够为客户提供网上 B2B 支付平台。

④批量支付。

2. 个人网上银行的功能

①账户信息查询；

②人民币转账业务；
③银证转账业务；
④外汇买卖业务；
⑤账户管理业务；
⑥B2C网上支付。B2C，商业机构对消费者的电子商务，指的是企业与消费者之间进行的在线式零售商业活动（包括网上购物和网上拍卖等）。

（四）网上银行业务流程及交易时的身份认证

1. 客户开户流程

客户开通网上银行有两种方式：一是客户前往银行柜台办理；二是客户先网上自助申请，后到柜台签约。开户时，必须出具身份证或有关证件，并遵守有关实名制规定。

2. 网上交易

网上银行的具体交易流程如下：
①客户使用浏览器通过互联网链接到网银中心，发出网上交易请求。
②网银中心接受并审核客户的交易请求，并将交易请求转发给相应成员行的业务主机。
③成员行业务主机完成交易处理，并将处理结果返回给网银中心。
④网银中心对交易结果进行再处理后，返回相应信息给客户。

3. 交易时的身份认证

交易时，银行采用下列方式验证用户的身份：
①密码。密码和账号相符即可成功交易。
②文件数字证书；
③动态口令卡；
④动态手机口令；
⑤移动口令牌；
⑥移动数字证书。

二、第三方支付

（一）第三方支付的概念

第三方支付是指经过中国人民银行批准从事第三方支付业务的非银行支付机构，借助通信、计算机和信息安全技术，采用与各大银行签约的方式，在用户与银行支付结算系统间建立连接的电子支付模式（其中通过手机端进行的，称为移动支付）。第三方支付，本质上是一种新型的支付手段，是互联网技术与传统金融支付的有机结合。目前国内的第三方支付品牌主要有支付宝、微信支付、百度钱包、拉卡拉、财付通、盛付通、快钱等。

根据中国人民银行的有关规定，非金融机构提供支付服务，应当取得《支付业务许可证》，成为支付机构。未经中国人民银行批准，任何非金融机构和个人不得从事或变相从事支付业务。

（二）第三方支付方式种类

1. 线上支付

线上支付是指通过互联网实现的用户和商户之间、商户和商户之间的在线货币支付、资金清算等行为。

2. 线下支付

线下支付是指通过非线上支付方式进行的支付行为，包括POS机刷卡支付、拉卡拉等自助终端支付、电话支付、手机近端支付等方式。

（三）第三方支付交易流程及其身份验证

1. 开户

使用第三方支付，客户必须在支付机构平台上开立账户，向支付机构平台提供银行卡、身份证等有关信息。

支付机构为客户开立支付账户的，应当对客户实行实名制管理，登记并采取有效措施验证客户身份基本信息，按规定核对有效身份证件并留存有效身份证件复印件或者影印件，建立客户唯一识别编码，并在与客户业务关系存续期间采取持续的身份识别措施，确保有效核实客户身份及其真实意愿，不得开立匿名、假名支付账户。支付账户不得透支，不得出借、出租、出售，不得利用支付账户从事或者协助他人从事非法活动。

2. 账户充值

客户开户后，将银行卡和支付账户绑定。付款前，将银行卡中的资金转入支付账户，称为"充值"。

3. 收付款

客户下单后，付款时，通过支付平台将自己支付账户中的虚拟资金划转到支付平台暂存，待客户收到商品并确认后，支付平台会将款项划转到商家的支付账户中，支付行为完成。

4. 交易时的身份认证

支付机构可以组合选用下列三类要素，对客户使用支付账户付款进行身份验证：

①仅客户本人知悉的要素，如静态密码等；

②仅客户本人持有并特有的，不可复制或者不可重复利用的要素，如经过安全认证的数字证书、电子签名等；

③客户本人生理特征要素，如指纹等。

支付机构应当确保采用的要素相互独立，部分要素的损坏或者泄露不应导致其他要素损坏或者泄露。

（四）第三方支付机构及支付账户管理规定

①支付机构应根据客户身份对同一客户在本机构开立的所有支付账户进行关联管理，并按照下列要求对个人支付账户进行分类管理。

对于以非面对面方式通过至少一个合法安全的外部渠道进行身份基本信息验证，且为首次在本机构开立支付账户的个人客户，支付机构可以为其开立Ⅰ类支付账户，账户余额仅可用于消费和转账，余额付款交易自账户开立起累计不超过1000元（包括支付账户向客户本人同名银行账户转账）；

对于支付机构自主或委托合作机构以面对面方式核实身份的个人客户，或以非面对面方式通过至少三个合法安全的外部渠道进行身份基本信息多重交叉验证的个人客户，支付机构可以为其开立Ⅱ类支付账户，账户余额仅可用于消费和转账，其所有支付账户的余额付款交易年累计不超过10万元（不包括支付账户向客户本人同名银行账户转账）；

对于支付机构自主或委托合作机构以面对面方式核实身份的个人客户，或以非面对面方式通过至少五个合法安全的外部渠道进行身份基本信息多重交叉验证的个人客户，支付机构可以为其开立Ⅲ类支付账户，账户余额可以用于消费、转账以及购买投资理财等金融类产品，其所有支付账户的余额付款交易年累计不超过20万元（不包括支付账户向客户本人同名银行账户转账）。

②支付机构办理银行账户与支付账户之间转账业务的，相关银行账户与支付账户应属于同一客户。

③因交易取消（撤销）、退货、交易不成功或者投资理财等金融类产品赎回等原因需划回资金的，相应款项应当划回原扣款账户。

④支付机构应根据交易验证方式的安全级别，按照下列要求对个人客户使用支付账户余额付款的交易进行限额管理：

支付机构采用包括数字证书或电子签名在内的两类（含）以上有效要素进行验证的交易，单日累计限额由支付机构与客户通过协议自主约定；

支付机构采用不包括数字证书、电子签名在内的两类（含）以上有效要素进行验证的交易，单个客户所有支付账户单日累计金额应不超过 5000 元（不包括支付账户向客户本人同名银行账户转账）；

支付机构采用不足两类有效要素进行验证的交易，单个客户所有支付账户单日累计金额应不超过 1000 元（不包括支付账户向客户本人同名银行账户转账），且支付机构应当承诺无条件全额承担此类交易的风险损失赔付责任。

【课后大通关】

一、单选题

1. 下列选项中，不属于企业网上银行功能的是（ ）。

A. 支付指令　　　　　　　　B. 批量支付
C. 账户信息查询　　　　　　D. 银行转账业务

二、多选题

1. 下列选项中，属于网上支付方式的有（ ）。

A. 网上银行　　　　　　　　B. 支付指令
C. 第三方支付　　　　　　　D. 外汇买卖

2. 网上银行按主要服务对象分为（ ）。

A. 企业网上银行　　　　　　B. 个人网上银行
C. 单纯网上银行　　　　　　D. 分支型网上银行

3. 网上银行按经营模式分为（ ）。

A. 企业网上银行　　　　　　B. 个人网上银行
C. 单纯网上银行　　　　　　D. 分支型网上银行

4. 个人网上银行的功能主要包括（ ）。

A. 人民币转账业务　　　　　B. 批量支付
C. 支付指令　　　　　　　　D. 银证转账业务

5. 第三方支付方式包括（ ）。

A. 整体支付　　　　　　　　B. 单独支付
C. 线上支付　　　　　　　　D. 线下支付

三、判断题

1. 网上银行按经营模式分为企业网上银行和个人网上银行两种。（　）

2. 第三方支付是指经过开户银行批准从事第三方支付业务的非银行支付机构，借助通信、计算机和信息安全技术，采用与各大银行签约的方式，在用户与银行支付结算系统间建立连接的电子支付模式。（　）

3. 个人网上银行主要服务于个人，个人可以通过个人网络银行实时查询、转账、进行网络支付和汇款。（　）

2-7 课后大通关答案：

一、单选题 1. D

二、多选题 1. AC 2. AB 3. CD 4. AD 5. CD

三、判断题 1. × 2. × 3. √

【考试训练营】

一、单选题

1. 中国人民银行应于（　）个工作日内对银行报送的需要核准账户的开户资料的合规性予以审核。

   A. 1   B. 2
   C. 3   D. 5

2. 单位从其银行结算账户支付给个人银行结算账户的款项，每笔超过（　）的，应向其开户银行提供相关付款凭证。

   A. 1 万元   B. 2 万元
   C. 3 万元   D. 5 万元

3. 非经营性存款人伪造、变造证明文件欺骗银行开立银行结算账户的，给予警告并处以（　）元罚款。

   A.1000 元   B.1000～10000 元
   C.5000～10000 元   D.10000～30000 元

4. 银行审核支票付款的依据是支票出票人的（　）。

   A. 电话号码   B. 身份证
   C. 预留银行签章   D. 支票存根

5. 商业汇票的付款人对向其提示承兑的汇票，应当自收到提示承兑的汇票之日起（　）日内承兑或者拒绝承兑。

   A. 1   B. 2
   C. 3   D. 5

6. 出票银行签发的，由其在见票时按照实际结算金额无条件支付给收款人或者持票人的票据是（　）。

　　A. 银行汇票　　　　　　　　B. 银行本票

　　C. 商业承兑汇票　　　　　　D. 银行承兑汇票

7. 单位信用卡账户的资金一律从其（　）转账存入。

　　A. 基本存款账户　　　　　　B. 一般存款账户

　　C. 专用存款账户　　　　　　D. 临时存款账户

8. 下列选项中不属于支票的基本当事人的为（　）。

　　A. 出票人　　　　　　　　　B. 收款人

　　C. 付款人　　　　　　　　　D. 背书人

9. 甲企业在其银行存款账面余额不足 1 万元的情况下，向业务单位开出一张 1.5 万元的转账支票，银行可对其处予（　）罚款。

　　A. 1000 元　　　　　　　　　B. 750 元

　　C. 500 元　　　　　　　　　D. 300 元

二、多选题

1. 银行应对于存款人的开户申请书填写的事项和证明文件的（　）进行认真审查。

　　A. 真实性　　　　　　　　　B. 完整性

　　C. 连续性　　　　　　　　　D. 合规性

2. 根据《人民币银行结算账户管理办法》的规定，银行结算账户的变更包括（　）。

　　A. 存款人名称变更　　　　　B. 单位法定代表人或主要负责人变更

　　C. 地址的变更　　　　　　　D. 其他开户资料的变更

3. 存款人有以下情形之一的，应向开户银行提出撤销银行结算账户的申请（　）。

　　A. 被撤并、解散、宣告破产或关闭的

　　B. 更换了企业主要负责人

　　C. 注销、被吊销营业执照的

　　D. 连续 3 个月未使用的

4. 根据《人民币银行结算账户管理办法》的规定，下列各项中，可以申请开立基本存款账户的有（　）。

　　A. 异地常设机构　　　　　　B. 民办非企业组织

　　C. 外国驻华机构　　　　　　D. 居民委员会、社区委员会

5. 根据《人民币银行结算账户管理办法》的规定，需要支取现金的，应

在开户时报中国人民银行当地分支行批准的资金专用存款账户的有（　）。

A. 信托基金　　　　　　　　B. 更新改造资金

C. 政策性房地产开发资金　　D. 证券交易结算资金

6. 根据《人民币银行结算账户管理办法》的规定，下列各专用存款账户中，不得支取现金的是（　）。

A. 财政预算外资金　　　　　B. 金融机构存放同业资金

C. 期货交易保证金　　　　　D. 基本建设资金

7.（　）情况下，存款人可以申请开立临时存款账户。

A. 注册验资　　　　　　　　B. 缴纳住房基金

C. 异地临时经营活动　　　　D. 清算证券交易结算资金

8. 根据《人民币银行结算账户管理办法》的规定，存款人申请开立临时存款账户，应向银行出具的证明文件有（　）。

A. 临时机构应出具其驻在地主管部门同意设立临时机构的批文

B. 异地建筑施工及安装单位应出具其营业执照正本或其隶属单位的营业执照正本，以及施工及安装地建设主管部门核发的许可证或建筑施工及安装合同并出具基本存款账户开户登记证

C. 异地从事临时经营活动的单位应出具其营业执照正本以及临时经营地工商行政管理部门的批文并出具基本存款账户开户登记证

D. 注册验资资金应出具工商行政管理部门核发的企业名称预先核准通知书或有关部门的批文

9. 根据《人民币银行结算账户管理办法》的规定，下列（　）款项可以转入个人银行结算账户。

A. 工资、奖金收入

B. 稿费、演出费等劳务收入

C. 债券、期货、信托等投资的本金和收益

D. 个人债权或产权转让收益

10. 单位从其银行结算账户支付给个人银行结算账户的款项，每笔超过规定标准的，应向其开户银行提供（　）付款凭证。

A. 奖励证明

B. 新闻出版、演出主办等单位与收款人签订的劳务合同或支付给个人款项的证明

C. 债权或产权转让协议

D. 代发工资协议和收款人清单

11. 存款人开立、撤销银行结算账户，不得有下列行为（　）。

A. 违反规定开立银行结算账户

B. 违反规定不及时撤销银行结算账户

C. 出租、出借银行结算账户

D. 伪造、变造证明文件欺骗银行开立银行结算账户

12. 下列关于商业汇票出票人的表述中，正确的有（　）。

A. 在银行开立存款账户的法人以及其他组织

B. 与付款人具有真实的委托付款关系

C. 资本结构满足一定的条件

D. 具有支付汇票金额的可靠资金来源

13. 存款人使用银行结算账户，不得有下列行为（　）。

A. 违反规定支取现金

B. 出租、出借银行结算账户

C. 利用开立银行结算账户逃避银行债务

D. 违反规定开立银行结算账户

三、判断题

1. 根据《人民币银行结算账户管理办法》的规定，没有开立基本存款账户的存款人也可以开立一般存款账户。　　　　　　　　　　（　）

2. 开立一般存款账户，实行备案制，须由中国人民银行核准。（　）

3. 存款人在临时存款账户的使用中需要延长期限的，可在有效期内向开户银行提出申请。　　　　　　　　　　　　　　　　　　（　）

4. 商业汇票的持票人可不按照汇票债务人先后顺序，对其中任何一人、数人或者全体行使追索权。　　　　　　　　　　　　　　（　）

5. 信用卡透支额，普通卡最高不得超过 1 万元。　　　　　（　）

6. 信用卡透支期限最长为 60 天。　　　　　　　　　　　　（　）

7. 单位和个人的各种款项的结算，均可使用汇兑结算方式。（　）

四、案例分析题

2010 年 5 月，张某在北京注册成立了一家新公司，并依法向银行申请开立了基本存款账户。10 月，张某对该公司追加投资。12 月，张某根据业务需要，将公司迁到上海，向银行提出变更开户行的请求。

（1）银行需对张某的追加投资进行验资，则该公司需新开立的账户是（　）。

A. 基本存款账户　　　　　　　　B. 专用存款账户

C. 临时存款账户　　　　　　　　D. 一般存款账户

（2）开立新账户须出具基本存款账户的情形有（　）。

A. 设立临时机构
B. 异地建筑施工及安装
C. 异地借款的存款人在异地开立一般存款账户
D. 因经营需要在异地办理收入汇缴和业务支出的存款人在异地开立专用存款账户

（3）一般存款账户在（　）日内可以使用。

A. 1　　　　　　　　　　　B. 2
C. 3　　　　　　　　　　　D. 5

（4）银行接到存款人变更通知后，认为符合变更条件的，及时为其办理变更手续，并于（　）个工作日内向中国人民银行报告。

A. 1　　　　　　　　　　　B. 2
C. 3　　　　　　　　　　　D. 5

（5）若该公司未在规定期限内通知银行变更信息，则要受到（　）元的处罚。

A. 1000　　　　　　　　　B. 5000～3万
C. 1万～3万　　　　　　　D. 5万～30万

第二章考试训练营答案：

一、单选题 1.B 2.D 3.A 4.C 5.C 6.A 7.A 8.D 9.A

二、多选题 1.ABD 2.ABCD 3.AC 4.ABCD 5.BC 6.AC 7.AC 8.ABCD 9.ABCD 10.ABCD 11.ABD 12.ABD 13.ABC

三、判断题 1.× 2.× 3.√ 4.√ 5.× 6.√ 7.√

四、案例分析题 1.C 2.ABCD 3.C 4.B 5.A

第三章　税收法律制度

本章导航

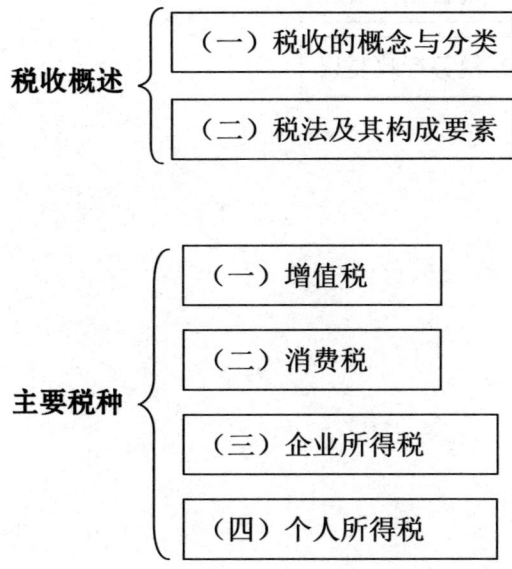

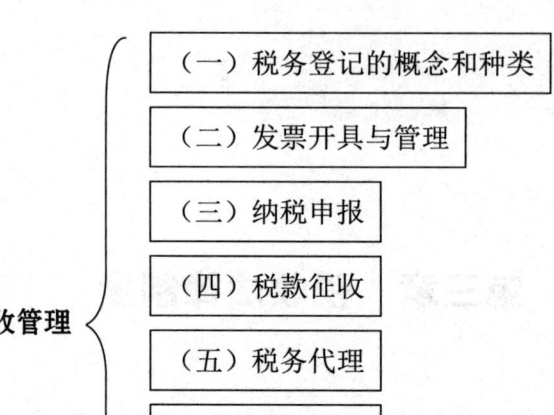

第一节 税收概述

一、税收的概念与分类

（一）税收概念与作用

1. 税收的概念

税收是国家为了满足一般的社会共同需要，凭借政治的权力，按照国家法律规定的标准，强制地、无偿地取得财政收入的一种分配形式。

2. 税收的作用

①税收是国家组织财政收入的主要形式和工具；
②税收是国家调控经济运行的重要手段；
③税收具有维护国家政权的作用；
④税收是国际经济交往中维护国家利益的可靠保证。

（二）税收的特征

税收特征是由税收的本质决定的，是税收本质属性的外在表现，是区别税与非税的外在尺度和标志。税收的形式特征通常概括为税收"三性"，即强制性、无偿性和固定性。

1. 强制性

税收的强制性，指税收是国家凭借政治权力，通过法律形式对社会产品进行的强制性分配，而非纳税人的一种自愿缴纳。负有纳税义务的社会集团和社会成员都必须依法纳税，否则会受到法律制裁。

2. 无偿性

税收的无偿性，是指国家征税以后对具体纳税人既不需要直接偿还，也不付出任何直接形式的报酬。无偿性是税收的重要特征，它使税收明显地区别于国债等财政收入形式，决定了税收是国家筹集财政收入的主要手段。

3. 固定性

税收的固定性，是指国家征税必须通过法律形式，通过法律形式预先规定征税对象及征收比例等，并保持相对的连续性和稳定性。基于法律的税收固定性始终是税收的固有形式特征,税收固定性对国家和纳税人都具有十分重要的意义。

税收的"三性"特征是相互联系的统一体,相辅相成、缺一不可。其中,无偿性是核心,强制性是保障,固定性是对强制性和无偿性的一种规范和约束。

(三)税收的分类

1. 按征税对象分类

税收按征税对象的性质划分,可分为流转税、所得税、财产税、资源税和行为税五种类型。

①流转税是指以货物或劳务的流转额为征税对象的一类税收。我国现行的增值税、消费税和关税等都属于流转税类。

②所得税也称收益税,是指以纳税人的各种所得额为征税对象的一类税收。现阶段,我国所得税类主要包括企业所得税、个人所得税等。

③财产税是以纳税人所拥有或支配的特定财产为征税对象的一类税收。我国现行的房产税、契税、车船税等属于财产税类。

④资源税是以自然资源和某些社会资源作为征税对象的一类税收。我国现行的资源税、土地增值税和城镇土地使用税等属于此类。

⑤行为税也称特定目的税,是指国家为了实现特定目的,以纳税人的某些特定行为为征税对象的一类税收。印花税、车辆购置税、城市维护建设税等属于此类税收。

2. 按征收管理的分工体系分类

按征收管理的分工体系划分类,可分为工商税类、关税类。

①工商税类。工商税收是指以从事工业、商业和服务业的单位和个人为纳税人的各种税的总称,是我国现行税制的主体部分,由税务机关负责征收管理。具体包括增值税、消费税、资源税、企业所得税、个人所得税、城市维护建设税、房产税、车船税、土地增值税、城镇土地使用税、印花税等。

②关税类。关税类是国家授权海关对出入关境的货物和物品为征税对象的一类税收。由海关征收管理。主要是指进出口关税,也包括由海关代征的进口环节增值税、消费税,以及对入境旅客行李物品和个人邮递物品征收的进口税。

3. 按照税收征收权限和收入支配权限分类

按照税收征收权限和收入支配权限划分,可分为中央税、地方税和中央地方共享税。

①中央税是指由中央政府征收和管理使用或者地方政府征税后全部划解中央，由中央所有和支配的税收。消费税（含进口环节由海关代征的部分）、车辆购置税、关税、海关代征的进口环节增值税等为中央税。

②地方税是由地方政府征收、管理和支配的一类税收。地方税主要包括城镇土地使用税、耕地占用税、土地增值税、房产税、车船税、契税等。

③中央与地方共享税是指税收收入由中央和地方政府按比例分享的税收。如增值税（不含进口环节由海关代征的部分）、企业所得税和个人所得税等。

4. 按照计税标准不同进行的分类

按照计税标准不同划分，可分为从量税、从价税和复合税。

①从量税。从量税是以课税对象的实物量作为计税依据征收的一种税，一般采用定额税率。如我国现行的车船税、土地使用税、消费税中的啤酒和黄酒等。

②从价税。从价税是以课税对象的价格作为计税依据，一般实行比例税率和累进税率，税收负担比较合理。如我国现行的增值税、企业所得税、个人所得税等税种。

③复合税。复合税是指对征税对象采用从价和从量相结合的计税方法征收的一种税，如我国现行的消费税中对卷烟、白酒等征收的消费税。

二、税法及其构成要素

（一）税法的概念

税法是指税收法律制度，是国家权力机关和行政机关制定的用以调整国家与纳税人之间在税收征纳方面的权利与义务关系的法律规范的总称，是国家法律的重要组成部分。

（二）税法的分类

1. 按照税法的功能作用的不同，将税法分为税收实体法和税收程序法

税收实体法是规定税收法律关系主体的实体权利、义务的法律规范的总称。税收实体法具体规定了各种税种的征收对象、征收范围、税目、税率等。如《企业所得税法》《个人所得税法》就属于税收实体法。

税收程序法是税务管理方面的法律规范。税收程序法主要包括税收管理法、纳税程序法、发票管理法、税务机关组织法、税务争议处理法等。如《中华人民共和国税收征收管理法》《中华人民共和国海关法》《进出口关税条例》就属于税收程序法。

2. 按照主权国家行使税收管辖权的不同，可分为国内税法、国际税法、外国税法

①国内税法是指一国在其税收管辖权范围内，调整国家与纳税人之间权利义务关系的法律规范的总称，是由国家立法机关和经由授权或依法律规定的国家行政机关制定的法律、法规和规范性文件。

②国际税法是指两个或两个以上的课税权主体对跨国纳税人的跨国所得或财产征税形成的分配关系，并由此形成国与国之间的税收分配形式，主要包括双边或多边国家间的税收协定、条约和国际惯例。

③外国税法是指外国各个国家制定的税收法律制度。

3. 按照税法法律级次不同划分，分为税收法律、税收行政法规、税收规章和税收规范性文件

①税收法律（狭义的税法），由全国人民代表大会及其常务委员会制定。如《企业所得税法》《个人所得税法》《税收征收管理法》。

②税收行政法规，由国务院制定的有关税收方面的行政法规和规范性文件。如《消费税暂行条例》。

③税收规章和税收规范性文件，由国务院财税主管部门（财政部、国家税务总局、海关总署和国务院关税税则委员会）根据法律和国务院行政法规或者规范性文件的要求，在本部门权限范围内发布的有关税收事项的规章和规范性文件，包括命令、通知、公告、通告、批复、意见、函等文件形式。

（三）税法的构成要素

税法的构成要素，是指各种单行税法具有的共同的基本要素的总称。

1. 征税人

征税人是指负有征收税款义务的国家机关。在我国，各级财政机关、税务机关和海关具有负责实施各项税法，负责税收的征收管理工作，行使税收征管的行政权力，是国家的征税人。

2. 纳税义务人

纳税义务人即纳税主体，是税法中规定的直接负有纳税义务的单位和个人，包括法人、自然人及其他组织。

3. 征税对象

征税对象即纳税客体，主要是指税收法律关系中征纳双方权利义务所指向的物或行为，是区分不同税种的主要标志。如，企业所得税的征税对象就是应税所得，增值税是以商品和劳务在流转过程中产生的增值额作为征税对象。

4. 税目

税目是各个税种所规定的具体征税项目，它是征税对象的具体化。比如，消费税具体规定了烟、酒等10多个项目。

5. 税率

税率是对征税对象的征收比例或征收额度，是计算税额的尺度，也是衡量税负轻重与否的重要标志，税率是税法的核心要素，因而它是体现税收政策的中心环节。我国现行的税率主要有以下三种：

①比例税率，即对同一征税对象不分数额大小，规定相同的征收比例。我国的增值税、城市维护建设税、企业所得税等采用的是比例税率。

②定额税率，即根据征税对象确定的计算单位直接规定固定的税额。目前采用定额税率的有城镇土地使用税、车船税等。

③累进税率，即对同一课税对象随着数量的增加，征收比例也随之增高，可分为超额累进税率和超率累进税率。超额累进税率，即把征税对象按数额的大小分成若干等级，每等级规定一个税率，税率依次提高，但每一个纳税人的征税对象则依所属等级同时适用几个税率分别计算，将计算结果相加后得到应纳税款。目前，采用这种税率的有个人所得税。超率累进税率，即以征税对象数额的相对率划分若干级距，分别规定相应的差别税率，相对率每超过一个级距的，对超过的部分就按高一级的税率计算征税。目前，采用这种税率的是土地增值税。

6. 计税依据

①从价计征。从价计征以征税对象的价格或者金额作为计税标准，按一定比率计算征收。如我国开征的增值税、关税等。从价计征与征税对象的价格直接相关，在征税对象和税率一定的情况下，价格越高，则应纳税额多；价格越低，则应纳税额越少。

②从量计征。从量计征以征税对象的重量、件数、面积、容积等为计税标准，采取固定税额计算征收。如我国的车船税、耕地占有税、城镇土地使用税等都属于从量计征的范围。从量计征只受征税对象数量多少的影响，数

量越大，征收的税额越多，反之则少，不受价格高低的影响。

③复合计征。复合计征以征税对象的数量和价格为计税依据标准。

7. 纳税环节

纳税环节指税法规定的征税对象从生产到消费的流转过程中应当缴纳税款的环节。如流转税在生产和流通环节纳税、所得税在分配环节纳税等。

按纳税环节的多少，可将税收课征制度划分为两类：一次课征制和多次课征制。一次课征制是指同一税种在商品流转的全过程中只选择某一环节课征的制度，如现行的消费税和资源税。多次课征制是指同一税种在商品流转过程中选择两个或两个以上环节课征的制度。

8. 纳税期限

纳税期限是指纳税人按照税法规定缴纳税款的法定期限。我国现行税制的纳税期限有三种形式：按期纳税、按次纳税、按年计征分期预缴。

9. 纳税地点

纳税地点主要是指根据各个税种纳税对象的纳税环节和有利于对税款的源泉控制而规定的纳税人（包括代征、代扣、代缴义务人）的具体纳税地点。

10. 减免税

减免税是税收制度中对某些纳税人和课税对象给予鼓励和照顾的一种规定。减税是对应纳税额少征收一部分，免税是对应纳税额全部免税。减税免税规定是为了解决按税制规定的税率征税时所不能解决的具体问题而采取的一种措施，是在一定时期内给予纳税人的一种税收优惠，同时也是税收的统一性和灵活性相结合的具体体现。

①减税和免税。减税、免税规定是对特定的纳税人和特定的课税对象所做的某种程度的减征税款或全部免征税款的规定。在具体运用上，减税、免税规定一般可分为三种类型：一是法定减免，凡是由各种税的基本法规定的减税、免税都称为法定减免。它体现了该种税减免的基本原则规定，具有长期的适用性。二是特定减免，是根据社会经济情况发展变化和发挥税收调节作用的需要而规定的减税、免税。三是临时减免，是指除法定减免和特定减免以外的其他临时性减税、免税，主要是为了照顾纳税人的某些特殊的暂时的困难而临时批准的一些减税免税。

②起征点。起征点是课税达到征税数额开始征税的界限。课税对象的数额未达到起征点的不征税，达到或超过起征点的就要对课税对象的全部数额征税。

③免征额。免征额是在课税对象总额中免于征税的数额。它是按照一定

标准从全部课税对象总额中，预先减除的部分。免征额部分不征税，只就超过免征额的部分征税。

> **易错辨析：**
> 起征点与免征额有相同点，即当课税对象小于起征点和免征额时，都不予征税。两者也有不同点，即当课税对象大于起征点和免征额时，采用起征点制度的要对课税对象的全部数额征税，采用免征额制度的仅对课税对象超过免征额部分征税。

11. 法律责任

法律责任是指税收法律关系的主体因违反税收法律规范所应承担的法律后果。税收法律责任的形式主要有三种，即经济责任、行政责任和刑事责任。

所谓经济责任，是指对违反税法的行为人在强制其补偿国家经济损失的基础上给予的经济制裁。追究经济责任的主要形式有两种：罚款、加收滞纳金。

所谓行政责任，是指对违反税法的当事人，由税务机关或由税务机关提请有关部门依照行政程序所给予的一种税务行政制裁。追究行政责任的方式具体有两种：行政处罚、行政处分。对于纳税主体而言，其行政法律责任形式主要是行政处罚。对于征收主体而言，税务机关承担的行政法律责任主要有行政赔偿责任和撤销违法决定等，税务机关工作人员承担的行政法律责任主要是行政处分。

刑事责任是对违反税法行为情节严重，已构成犯罪的当事人或直接责任人所给予的刑事制裁。经济责任和行政责任通常是由税务机关依法追究的，而刑事责任则是由司法机关追究。刑事责任是税收法律责任中最严厉的一种制裁措施。

其中，纳税义务人、征税对象、税率是构成税法的三个最基本的要素。

【课后大通关】

一、单选题

1. 下列选项中不属于税收特征的是（ ）。
 A. 强制性 B. 无偿性
 C. 固定性 D. 稳定性

2. 我国的税种分为流转税、所得税、财产税、资源税和行为税等，这是按照（ ）分类的。
 A. 征税对象不同 B. 纳税期限不同
 C. 税率不同 D. 税目不同

3. 下列税种中，属于流转税的是（　　）。
   A. 个人所得税　　　　　　　　B. 消费税
   C. 资源税　　　　　　　　　　D. 契税

4. 下列税种中，属于行为税类的税种有（　　）。
   A. 增值税　　　　　　　　　　B. 印花税
   C. 房产税　　　　　　　　　　D. 资源税

5. 下列各项中，属于中央税的是（　　）。
   A. 契税　　　　　　　　　　　B. 消费税
   C. 房产税　　　　　　　　　　D. 个人所得税

6. 下列税种中，既属于流转税，又属于工商税类和中央地方共享税的是（　　）。
   A. 消费税　　　　　　　　　　B. 房产税
   C. 企业所得税　　　　　　　　D. 增值税

7. 下列税种中，采用从量税的是（　　）。
   A. 营业税　　　　　　　　　　B. 车船税
   C. 增值税　　　　　　　　　　D. 消费税

8. 下列各项中，属于税收法律关系客体的是（　　）。
   A. 征税人　　　　　　　　　　B. 征税对象
   C. 纳税人　　　　　　　　　　D. 纳税义务

9. 我国税法构成要素中，（　　）是税法中具体规定应当征税的项目，是征税对象的具体化。
   A. 税率　　　　　　　　　　　B. 税目
   C. 纳税人　　　　　　　　　　D. 征税对象

10. 下列税法构成要素中，衡量纳税义务人税收负担轻重与否的重要标志是（　　）。
    A. 计税依据　　　　　　　　　B. 减税免税
    C. 税率　　　　　　　　　　　D. 征税对象

二、多选题

1. 下列属于税收的作用的有（　　）。
   A. 是国际经济交往中维护国家利益的可靠保证
   B. 国家调控经济运行的重要手段
   C. 税收是国家组织财政收入的主要形式
   D. 具有维护国家政权的作用

2. 在下列税种中，属于行为税类的有（　　）。

A. 印花税 B. 增值税
C. 城市维护建设税 D. 城镇土地使用税

3.计税依据按照计量单位来划分,有( )两种类型。

A. 实物计征 B. 货币计征
C 从价计征 D. 从量计征

4.按照主权国家行使税收管辖权的不同,可将税法分为( )。

A. 国内税法 B. 国际税法
C.外国税法 D. 通用税法

5.构成税法的最基本的要素是( )。

A.纳税义务人 B. 征税对象
C.税率 D. 纳税期限

三、判断题

1.中央税、地方税和中央地方共享税,这是按照税收的征收权限和收入支配权限进行的分类。 ( )

2.流转税在生产经营和分配环节征税,所得税在销售环节征税。 ( )

3.计税依据和征税对象同样反映征税客体,但两者解决的问题不同。征税对象规定的对什么征税,计税依据则在确定征税对象之后解决如何计量的问题。 ( )

4.《中华人民共和国个人所得税法》等属于税收程序法。 ( )

5.如果税法规定某一税种的起征点是800元,那么,超过起征点的,只对超过800元的部分征税。 ( )

3-1 课后大通关答案:

一、单选题 1.D 2.A 3.B 4.B 5.B 6.D 7.B 8.B 9.B 10.C

二、多选题 1.ABCD 2.AC 3.CD 4.ABC 5.ABC

三、判断题 1.√ 2.× 3.√ 4.× 5.×

第二节 主要税种

一、增值税

(一)增值税的概念与分类

1.增值税的概念

增值税是以商品(含应税劳务)在流转过程中产生的增值额作为计税依

据而征收的一种流转税。

在我国境内销售货物或者加工、修理修配劳务（以下简称劳务），销售服务、无形资产、不动产以及进口货物的单位和个人，为增值税的纳税人，应当缴纳增值税。

2. 增值税的分类

在实践中，各国施行的增值税都是以法定增值额为课税对象。法定增值额和理论增值额往往不相一致，其主要区别在于对购入固定资产的处理上。所以，根据以购入固定资产已纳税款处理不同，可以将增值税分为生产型增值税、收入型增值税、消费型增值税三种类型。

①生产型增值税。其主要特点是不允许扣除任何外购的固定资产价值。

②收入型增值税。其主要特点是只允许扣除计入当期产品价值的折旧费部分。

③消费型增值税。其主要特点是允许将当期购入的固定资产全部扣除。是三种类型最简便、最能体现增值税优越性的一种类型。

2009年1月1日起，符合规定的固定资产进项税额允许抵扣，实现了生产型增值税向消费型增值税的转型，我国全面实行消费型增值税。

3. 增值税的改革历程

我国自1979年开始试行增值税，1982年财政部制定了《增值税暂行办法》，自1983年1月1日开始在全国试行。

第一次改革在1984年，属于增值税的过渡阶段；

第二次改革在1993年，属于增值税的规范阶段；

第三次改革在2009年，属于增值税的转型阶段；

第四次改革在2012年，是增值税的"营改增"阶段。交通运输业和部分现代服务业由征收营业税改为征收增值税，扩大了增值税的征收范围；

2013年8月1日起，在全国范围内开展交通运输业（除铁路运输外）和部分现代服务业"营改增"试点；

2014年1月1日起，"营改增"试点扩大到铁路运输和邮政服务业。

自2014年1月1日起，交通运输业、邮政服务业和部分现代服务业全部纳入"营改增"全国试点范围；到2015年底，仅剩建筑业、房地产业、金融业、生活服务业四大行业尚未完成"营改增"。

2016年3月，财政部、国家税务总局颁布《关于全面推开营业税改征增值税试点的通知》（财税〔2016〕36号），发布自2016年5月1日起，在全国范围内全面推开"营改增"试点，建筑业、房地产业、金融业、生活服务业等全部营业税纳税人,纳入试点范围,由缴纳营业税改为缴纳增值税,至此,全面完成"营改增"。

2017年11月,中华人民共和国国务院令第691号,公布《国务院关于废止〈中华人民共和国营业税暂行条例〉和修改〈中华人民共和国增值税暂行条例〉的决定》第二次修订),对增值税税进行修订,营业税退出历史舞台。

2018年4月,财政部、税务总局发布《关于调整增值税税率的通知》(财税〔2018〕32号),自2018年5月1日起,我国的增值税制度进一步深化改革,调减税率、统一标准,国家再次让利企业和消费者,下调增值税税率。

(二)增值税的征税范围

1. 征税范围的基本规定

销售或者进口的货物。货物是指有形动产,包括电力、热力、气体在内。销售货物是指有偿转让货物的所有权。

提供的加工、修理修配劳务。提供加工、修理修配劳务是指有偿提供加工、修理修配劳务,但单位或个体经营者聘用的员工为本单位或雇主提供加工、修理修配劳务,不包括在内。

销售服务、无形资产或者不动产。销售服务、无形资产或者不动产,是指有偿提供服务、有偿转让无形资产或者不动产,但属于下列非经营活动的情形除外:

①行政单位收取的同时满足以下条件的政府性基金或者行政事业性收费:由国务院或者财政部批准设立的政府行基金,由国务院或者省级人民政府及其财政、价格主管部门批准设立的行政事业性收费;收取时开具省级以上(含省级)财政部门监(印)制的财政票据;所收款项全额上缴财政。

②单位或者个体工商户聘用的员工为本单位或者雇主提供取得工资的服务。

③单位或者个体工商户为聘用的员工提供服务。

④财政部和国家税务总局规定的其他内容。

2. 销售服务、无形资产、不动产的具体内容

(1)销售服务

销售服务,是指提供交通运输服务、邮政服务、电信服务、建筑服务、金融服务、现代服务、生活服务。

①交通运输服务,是指使用运输工具将货物或者旅客送达目的地,使其空间位置得到转移的业务活动。包括陆路运输服务、水路运输服务、航空运

输服务和管道运输服务。

陆路运输服务，是指通过陆路（地上或者地下）运送货物或者旅客的运输业务活动，包括铁路运输服务和其他陆路运输服务（包括公路运输、缆车运输、索道运输、地铁运输、城市轻轨运输等）。

水路运输服务，是指通过江、河、湖、川等天然、人工水道或者海洋航道运送货物或者旅客的运输业务活动。水路运输的程租、期租业务，属于水路运输服务。程租业务，是指运输企业为租船人完成某一特定航次的运输任务并收取租赁费的业务；期租业务，是指运输企业将配备有操作人员的船舶承租给他人使用一定期限，承租期内听候承租方调遣，不论是否经营，均按天向承租方收取租赁费，发生的固定费用均由船东负担的业务。

航空运输服务，是指通过空中航线运送货物或者旅客的运输业务活动。航空运输的湿租业务，属于航空运输服务。湿租业务，是指航空运输企业将配备有机组人员的飞机承租给他人使用一定期限，承租期内听候承租方调遣，不论是否经营，均按一定标准向承租方收取租赁费，发生的固定费用均由承租方承担的业务。

管道运输服务，是指通过管道设施输送气体、液体、固体物质的运输业务活动。

②邮政服务，是指中国邮政集团公司及其所属邮政企业提供邮件寄递、邮政汇兑和机要通信等邮政基本服务的业务活动。包括邮政普遍服务、邮政特殊服务和其他邮政服务。

③电信服务，是指利用有线、无线的电磁系统或者光电系统等各种通信网络资源，提供语音通话服务，传送、发射、接收或者应用图像、短信等电子数据和信息的业务活动。包括基础电信服务和增值电信服务。

④建筑服务，是指在境内提供各类建筑物、构筑物及其附属设施的建造、修缮、装饰，线路、管道、设备、设施等的安装以及其他工程作业的业务活动。包括工程服务、安装服务、修缮服务、装饰服务和其他建筑服务。

⑤金融服务，是指经营金融保险的业务活动。包括贷款服务、直接收费金融服务、保险服务和金融商品转让。

⑥现代服务，是指围绕制造业、文化产业、现代物流产业等提供技术性、知识性服务的业务活动。包括研发和技术服务、信息技术服务、文化创意服务、物流辅助服务、租赁服务、鉴证咨询服务、广播影视服务、商务辅助服务和其他现代服务。

⑦生活服务，是指为满足城乡居民日常生活需求提供的各类服务活动，包括文化体育服务、教育医疗服务、旅游娱乐服务、餐饮住宿服务、居民日

常服务和其他生活服务。

（2）销售无形资产

销售无形资产，是指转让无形资产所有权或者使用权的业务活动。无形资产，是指不具实物形态，但能带来经济利益的资产，包括技术、商标、著作权、商誉、自然资源使用权和其他权益性无形资产。

技术，包括专利技术和非专利技术。

自然资源使用权，包括土地使用权、海域使用权、探矿权、采矿权、取水权和其他自然资源使用权。

其他权益性无形资产，包括基础设施资产经营权、公共事业特许权、配额、经营权（包括特许经营权、连锁经营权、其他经营权）、经销权、分销权、代理权、会员权、席位权、网络游戏虚拟道具、域名、名称权、肖像权、冠名权、转会费等。

（3）销售不动产

销售不动产，是指转让不动产所有权的业务活动。不动产，是指不能移动或者移动后会引起性质、形状改变的财产，包括建筑物、构筑物等。

建筑物，包括住宅、商业营业用房、办公楼等可供居住、工作或者进行其他活动的建造物。

构筑物，包括道路、桥梁、隧道、水坝等建造物。

转让建筑物有限产权或者永久使用权的，转让在建的建筑物或者构筑物所有权的，以及在转让建筑物或者构筑物时一并转让其所占土地的使用权的，按照销售不动产缴纳增值税。

3. 征收范围的特殊规定

（1）视同销售货物

单位或个体经营者的下列行为，视同销售货物：

①将货物交付其他单位或者个人代销；

②销售代销货物；

③设有两个以上机构并实行统一核算的纳税人，将货物从一个机构移送其他机构用于销售，但相关机构设在同一县（市）的除外；

④将自产、委托加工的货物用于非增值税应税项目；

⑤将自产、委托加工的货物用于集体福利或个人消费；

⑥将自产、委托加工或购进的货物作为投资，提供给其他单位或个体工商户；

⑦将自产、委托加工或购进的货物分配给股东或投资者；

⑧将自产、委托加工或购进的货物无偿赠送其他单位或个人。

上述第⑤项所称"集体福利或个人消费"是指企业内部设置的供职工使用的食堂、浴室、理发室、宿舍、幼儿园等福利设施及设备、物品等，或者以福利、奖励、津贴等形式发放给职工个人的物品。

（2）视同销售服务、无形资产或者不动产

单位和个体工商户的下列情形，视同销售服务、无形资产或者不动产：

①向其他单位或者个人无偿提供服务，但用于公益事业或者以社会公众为对象的除外。

②财政部和国家税务总局规定的其他情形。

（3）混合销售行为

一项销售行为如果既涉及货物又涉及服务，为混合销售。从事货物的生产、批发或者零售的单位和个体工商户的混合销售，按照销售货物缴纳增值税；其他单位和个体工商户的混合销售行为，按照销售服务缴纳增值税。

（4）兼营

兼营是指纳税人的经营范围既包括销售货物和应税劳务，又包括销售服务、无形资产或者不动产。与混合销售行为不同的是，兼营是指销售货物、应税劳务、服务、无形资产或者不动产不同时发生在同一购买者身上，也不发生在同一项销售行为中。

纳税人发生应税销售行为适用不同税率或者征收率的，应当分别核算适用不同税率或者征收率的销售额，未分别核算销售额的，按照以下方法适用税率或者征收率：

①兼有不同税率的应税销售行为，从高适用税率。

②兼有不同征收率的应税销售行为，从高适用征收率。

③兼有不同税率和征收率的应税销售行为，从高适用税率。

（三）增值税的纳税人

增值税纳税人是指税法规定负有缴纳增值税义务的单位和个人。

在我国境内发生如下业务的单位和个人为增值税纳税人：销售、进口货物；提供加工、修理、修配劳务；销售服务、无形资产或者不动产。

按照经营规模的大小和会计核算健全与否等标准，增值税纳税人可分为一般纳税人和小规模纳税人。

1. 增值税一般纳税人

（1）增值税一般纳税人的范围

一般纳税人是指年应征增值税销售额（以下简称"年应税销售额"，包括一个公历年度内的全部应税销售额）超过《增值税暂行条例实施细则》规定的小规模纳税人标准的企业和企业性单位。

下列纳税人不属于一般纳税人：
①年应税销售额未超过小规模纳税人标准的企业；
②除个体经营者以外的其他个人；
③非企业性单位；
④不经常发生增值税应税行为的企业。

（2）增值税一般纳税人的特点
①一般纳税人的特点是增值税进项税额可以抵扣销项税额；
②可以使用增值税专用发票。

2. 小规模纳税人

小规模纳税人是指年销售额在规定标准以下，并且会计核算不健全，不能按规定报送有关税务资料的增值税纳税人。

（1）小规模纳税人的认定标准

增值税小规模纳税人标准为年应征增值税销售额500万元及以下。

财政部、国家税务总局发布的《关于统一增值税小规模纳税人标准的通知》财税〔2018〕33号规定，使得2018年5月1日前50万元及80万元销售额标准正式取消，所有行业统一了小规模纳税的认定标准。

（2）小规模纳税人的特别规定

按照《中华人民共和国增值税暂行条例实施细则》第二十八条规定，已登记为增值税一般纳税人的单位和个人，在2018年12月31日前，可转登记为小规模纳税人，其未抵扣的进项税额作转出处理。

（四）增值税的扣缴义务人

中华人民共和国境外（以下简称境外）的单位或者个人在境内销售服务、无形资产或者不动产，在境内未设有经营机构的，以购买方为增值税扣缴义务人。财政部和国家税务总局另有规定的除外。

（五）增值税税率

2018年4月，财政部、国家税务总局发布《关于调整增值税税率的通知》（财税〔2018〕32号），为完善增值税制度，调整增值税税率，自2018年5月1日起执行。调整后的增值税税率，如表3-2-1所示。

表 3-2-1 增值税税率表

纳税人	税率	适用范围
一般纳税人		**增值税项目**
	16%	①销售或者进口货物；销售劳务； ②有形动产租赁服务；
	10%	①粮食等农产品、食用植物油、食用盐； ②自来水、暖气、冷气、热水、煤气、石油液化气、天然气、二甲醚、沼气、居民用煤炭制品； ③图书、报纸、杂志、音像制品、电子出版物； ④饲料、化肥、农药、农机（不包括农机零部件）、农膜； ⑤国务院规定的其他货物。
		购进农产品进项税额扣除率
	10%	纳税人购进农产品（原适用11%扣除率的）
	12%	税人购进用于生产销售或委托加工16%税率货物的农产品
		全面推行营改增试点项目
	10%	①提供交通运输服务、邮政服务、基础电信服务、建筑服务； ②销售不动产（转让建筑物、构筑物等不动产所有权）； ③不动产租赁服务； ④转让土地使用权；
	6%	①金融服务； ②现代服务业（包括研发和技术服务、信息技术服务、文化创意服务、物流辅助服务、鉴证咨询服务、广播影视服务、商务辅助服务、其他现代服务）； ③增值电信服务； ④生活服务（包括文化体育服务、教育医疗服务、旅游娱乐服务、餐饮住宿服务、居民日常服务、其他生活服务）； ⑤销售无形资产（转让技术、商标、著作权、商誉、自然资源和其他权益性无形资产使用权或所有权）。
	零税率	①纳税人出口货物（国务院另有规定的除外）； ②境内单位和个人跨境销售国务院规定范围内的服务、无形资产。
小规模纳税人	3%	①销售货物或者加工、修理修配劳务，销售应税服务、无形资产； ②一般纳税人发生按规定适用或者可以选择适用简易计税方法计税的特定应税行为，但适用5%征收率的除外。
	5%	①销售不动产； ②经营租赁不动产（土地使用权）； ③转让营改增前取得的土地使用权； ④房地产开发企业销售、出租自行开发的房地产老项目； ⑤一级二级公路、桥、闸（老项目）通行费； ⑥特定的不动产融资租赁； ⑦选择差额纳税的劳务派遣、安全保护服务； ⑧一般纳税人提供人力资源外包服务； ⑨中外合作油（气）田开采的原油、天然气。

（六）增值税一般纳税人应纳税额的计算

1. 计税方法

我国增值税实行扣税法。一般纳税人凭增值税专用发票及其他合法扣税凭证注明税款进行抵扣，其应纳增值税的计算公式为：

应纳税额＝当期销项税额－当期进项税额

＝当期销售额×适用税率－当期进项税额

当期销项税额小于进项税额时，其不足抵扣的部分可以结转到下期继续抵扣。

2. 销项税额

（1）销售额的确定

销售额是指纳税人销售货物、劳务、服务、无形资产或者不动产（以下统称应税销售行为），从购买方收取的全部价款和价外费用。

销售额以人民币计算。纳税人以人民币以外的货币结算销售额的，应当折合成人民币计算。

纳税人发生应税销售行为的价格明显偏低并无正当理由的，由主管税务机关核定其销售额。

增值税采用价外计税方式，用不含税价作为计税依据，因而销售额中不包括收取的销项税额。

（2）含税销售额的换算

一般纳税人发生应税销售行为所取得的含税销售额在计算销项税额时，必须将其换算为不含税的销售额。对于一般纳税人发生应税销售行为，采用销售额和销项税额合并定价方法的，按下列公式计算销售额：

不含税销售额＝含税销售额÷（1＋增值税税率）

公式中的税率为销售的货物或者应税劳务按《增值税暂行条例》规定所适用的税率。

（3）销项税额的计算

销项税额是指纳税人发生应税销售行为，按照销售额和规定的税率计算并向购买方收取的增值税税额。销项税额的计算公式为：

销项税额＝销售额×适用税率

（4）特殊规定

纳税人发生应税销售行为的价格明显偏低或者偏高，且不具有合理商业目的的，或者发生视同销售行为而无销售额的，主管税务机关有权按照下列顺序确定销售额：

①按纳税人最近时期销售同类货物、加工修理修配劳务、服务、无形资产或者不动产的平均价格确定；

②按其他纳税人最近时期销售同类货物、加工修理修配劳务、服务、无形资产或者不动产的平均价格确定；

③按组成计税价格确定。组成计税价格的公式为：

组成计税价格 = 成本 ×（1 + 成本利润率）

征收增值税的货物，同时又征收消费税的，其组成计税价格中应加计消费税税额。其组成计税价格公式为：

组成计税价格 = 成本 ×（1 + 成本利润率）÷（1 - 消费税税率）

销项税额 = 组成计税价格 × 适用税率

公式中的成本，是指销售自产货物的为实际生产成本，销售外购货物的为实际采购成本。公式中的成本利润率为10%。但属于应从价定率征收消费税的货物，其组成计税价格公式中的成本利润率，为《消费税若干具体问题的规定》中规定的成本利润率。

3. 进项税额

进项税额是指纳税人购进货物、劳务、服务、无形资产、不动产所支付或者负担的增值税税额。在开具增值税专用发票的情况下，销售方收取的销项税额，就是购买方支付的进项税额。增值税的核心就是用纳税人收取的销项税额抵扣其支付的进项税额，其余额为纳税人实际应缴纳的增值税税额。

> **易错辨析：**
> 并不是纳税人支付的所有进项税额都可以从销项税额中抵扣。当纳税人购进的货物、劳务、服务、无形资产、不动产不是用于增值税应税项目，而是用于非应税项目、免税项目或用于集体福利、个人消费等情况时，其支付的进项税额就不能从销项税额中抵扣。

（1）准予从销项税额中抵扣的进项税额

根据《增值税暂行条例》的规定，准予从销项税额中抵扣的进行税额，限于下列增值税扣税凭证上注明的增值税税额和按规定的扣除率计算的进项税额：

①从销售方取得的增值税专用发票上注明的增值税额。

②从海关取得的海关进口增值税专用缴款书上注明的增值税额。

③购进农产品，除取得增值税专用发票或者海关进口增值税专用缴款书外，按照农产品收购发票或者销售发票上注明的农产品买价和10%的扣除率

计算的进项税额，国务院另有规定的除外。

④自境外单位或者个人购进劳务、服务、无形资产或者境内的不动产，从税务机关或者扣缴义务人取得的代扣代缴税款的完税凭证上注明的增值税额。

⑤不动产进项税额的抵扣。增值税一般纳税人（以下称纳税人）2016年5月1日后取得并在会计制度上按固定资产核算的不动产，以及2016年5月1日后发生的不动产在建工程，其进项税额应自取得之日起分2年从销项税额中抵扣，第一年抵扣比例为60%，第二年抵扣比例为40%。

取得的不动产，包括以直接购买、接受捐赠、接受投资入股以及抵债等各种形式取得的不动产。纳税人新建、改建、扩建、修缮、装饰不动产，属于不动产在建工程。

纳税人按照规定从销项税额中抵扣进项税额，应取得2016年5月1日后开具的合法有效的增值税扣税凭证。购进时已全额抵扣进项税额的货物和服务，转用于不动产在建工程的，其已抵扣进项税额的40%部分，应于转用的当期从进项税额中扣减，计入待抵扣进项税额，并于转用的当月起第13个月从销项税额中抵扣。

（2）不得从销项税额中抵扣的进项税额

纳税人购进货物、劳务、服务、无形资产、不动产，取得的增值税扣税凭证不符合法律、行政法规或者国务院税务主管部门有关规定的，其进项税额不得从销项税额中抵扣。

下列项目的进项税额不得从销项税额中抵扣：

①用于简易计税方法计税项目、免征增值税项目、集体福利或者个人消费的购进货物、劳务、服务、无形资产和不动产；

②非正常损失的购进货物及相关的劳务和交通运输服务；

③非正常损失的在产品、产成品所耗用的购进货物（不包括固定资产）、劳务和交通运输服务；

④非正常损失的不动产，以及该不动产所耗用的购进货物、设计服务和建筑服务；

⑤非正常损失的不动产在建工程所耗用的购进货物，设计服务和建筑服务。纳税人新建、改建、扩建、修缮、装饰不动产，均属于不动产在建工程。

⑥国务院规定的其他项目。

以上所称非正常损失，是指因管理不善造成被盗、丢失、霉烂变质的损失。

（七）增值税小规模纳税人应纳税额的计算

小规模纳税人发生应税销售行为，实行按照销售额和征收率计算应纳税额的简易办法，并不得抵扣进项税额。其应纳税额计算公式为：

应纳税额 = 销售额 × 征收率

将含税销售额换算为不含税销售额，计算公式为：

不含税销售额 = 含税销售额 ÷（1 + 征收率）

（八）增值税的征收管理

1. 纳税义务发生的时间

纳税义务发生的时间，是纳税人发生应税销售行为应当承担纳税义务的起始时间。

①采用直接收款方式销售货物，不论货物是否发出，均为收到销售款或者取得索取销售款凭证的当天；先开具发票的，为开具发票的当天；纳税人发生销售服务、无形资产或者不动产行为的，为收讫销售款或者取得销售款项凭据的当天；先开具发票的，为开具发票的当天。

收讫销售款项是指纳税人提供应税服务过程中或者完成后收到款项。

取得索取销售款项凭证的当天，是指书面合同确定的付款日期；未签订书面合同或者书面合同未确定付款日期的，为应税服务完成的当天。

②采取托收承付和委托银行收款方式销售货物，为发出货物并办妥托收手续的当天。

③采取赊销和分期收款方式销售货物，为书面合同约定的收款当天，无书面合同或者书面合同没有约定收款日期的，为货物发出的当天。

④采取预收货款方式销售货物，为货物发出的当天；但生产销售生产工期超过 12 个月的大型机械设备、船舶、飞机等货物，为收到预收款或者书面合同约定的收款日期的当天。

纳税人提供有形动产租赁服务采取预收款方式的，其纳税义务发生时间为收到预收款的当天。

⑤委托其他纳税人代销货物，为收到代销单位的代销清单或者收到全部或者部分货款的当天。未收到代销清单及货款的，为发出代销货物满 180 天的当天。

⑥纳税人从事金融商品转让的，为金融商品所有权转移的当天。

⑦纳税人发生视同销售货物行为，为货物移送的当天；纳税人发生视同销售服务、无形资产或者不动产的，其纳税义务发生时间为服务、无形资产

转让完成的当天或者不动产权属变更的当天。

⑧纳税人进口货物,纳税义务发生时间为报关进口的当天。

⑨增值税扣缴义务发生时间为纳税人增值税纳税义务发生的当天。

2. 纳税期限

增值税的纳税期限分别为 1 日、3 日、5 日、10 日、15 日、1 个月或者 1 个季度。

纳税人的具体纳税期限,由主管税务机关根据纳税人应纳税额的大小分别核定;以 1 个季度为纳税期限的规定适用于小规模纳税人以及财政部和国家税务总局规定的其他纳税人;不能按照固定期限纳税的,可以按次纳税。

纳税人以 1 个月或者 1 个季度为一个纳税期的,自纳税期满之日起 15 日内申报纳税;以 1 日、3 日、5 日、10 日或者 15 日为一个纳税期的,自期满之日起 5 日内预缴税款,于次月 1 日起 15 日内申报纳税并结清上月应纳税款。

纳税人进口货物,应当自海关填发海关进口增值税专用缴款书之日起 15 日内缴纳税款。

【知识点】增值税纳税期限

判断题:增值税纳税人以 1 个月或者 1 个季度为一个纳税期的,自期满之日起 5 日内预缴税款。   （ ）

答案:×

【解析】纳税人以 1 个月或者 1 个季度为一个纳税期的,自期满之日起 15 日内申报纳税;以 1 日、3 日、5 日、10 日或者 15 日为一个纳税期的,自期满之日起 5 日内预缴税款,于次月 1 日起 15 日内申报纳税并结清上月应纳税款。

3. 纳税地点

①固定业户应当向其机构所在地的主管税务机构申报纳税。总机构和分支机构不在同一县(市)的,应当分别向各自所在地的主管税务机关申报纳税;经国务院财政、税务主管部门或者其授权的财政、税务机关批准,可以由总机构汇总向总机构所在地的主管税务机关申报纳税;

②固定业户到外县(市)销售货物或者劳务,应当向其机构所在地的主管税务机关报告外出经营事项,并向其机构所在地的主管税务机关申报纳税;未报告的,应当向销售地或者劳务发生地的主管税务机关申报纳税;未向销售地或者劳务发生地的主管税务机关申报纳税的,由其机构所在地的主管税务机关补征税款;

③非固定业户销售货物或者劳务,应当向销售地或者劳务发生地的主管

税务机关申报纳税；未向销售地或者劳务发生地的主管税务机关申报纳税的，由其机构所在地或者居住地的主管税务机关补征税款；

④进口货物，应当向报关地海关申报纳税；

⑤扣缴义务人应当向其机构所在地或者居住地主管税务机关申报缴纳其扣缴的税款。

【知识点】增值税纳税地点

多选题：根据《增值税暂行条例》的有关规定，下列各项中，关于增值税纳税地点的说法正确的有（　）。

A．固定业户应当向其机构所在地的主管税务机构申报纳税

B．固定业户到外县（市）销售货物或者应税劳务，应当在销售地或劳务发生地的主管税务机构申报纳税

C．非固定业户销售货物或者应税劳务，应当向销售地或劳务发生地的主管税务机构申报纳税

D．进口货物应当向报关地海关申报纳税

答案：ACD

【解析】固定业户应当向其机构所在地主管税务机关申报纳税，故选项A正确；固定业户到外县（市）销售货物的，应当向其机构所在地主管税务机关申请开具外出经营活动税收管理证明，向其机构所在地主管税务机关申报纳税，故选项B不正确；非固定业户销售货物或者应税劳务，应当向销售地或者劳务发生地的主管税务机关申报纳税，故选项C正确；进口货物，应当由进口人或其代理人向报关地海关申报纳税，故选项D正确。

二、消费税

（一）消费税的概念

消费税是对在我国境内从事生产、委托加工和进口应税消费品的单位和个人征收的一种流转税，是对特定的消费品和消费行为在特定的环节征收的一种流转税。

（二）消费税的征税范围

消费税的征税范围，如表3-2-2所示。

表 3-2-2 消费税征税范围及相关规定

征税范围	征税环节	
生产应税消费品	①在生产销售环节征税； ②纳税人将生产的应税消费品换取生产资料、消费资料、投资入股、偿还债务，以及用于继续生产应税消费品以外的其他方面都应缴纳消费税。	
委托加工应税消费品	定义	是指委托方提供原料和主要材料，受托方只收取加工费和代垫部分辅助材料加工的应税消费品。 由受托方提供原材料或其他情形的一律不能视同加工应税消费品。
	征税方式	①由受托方（非个人）向委托方交货时代收代缴税款； ②委托个人加工的应税消费品，由委托方收回后，自行缴纳消费税。
	特别规定	①委托加工的应税消费品，委托方用于连续生产应税消费品的，所纳税款准予按规定抵扣；直接出售的，不再缴纳消费税。 ②委托方将收回的应税消费品，以不高于受托方的计税价格出售的，为直接出售，不再缴纳消费税； ③委托方以高于受托方的计税价格出售的，不属于直接出售，需按照规定申报缴纳消费税，在计税时准予扣除受托方已代收代缴的消费税。
进口应税消费品	单位和个人进口应税消费品，于报关进口时由海关代征消费税。	
批发、零售应税消费品	金基、银基合金首饰以及金、银和金基、银基合金的镶嵌首饰在零售环节纳税，税率5%。	

经国务院批准，自1995年1月1日起，金银首饰消费税由生产销售环节征收改为零售环节征收。改在零售环节征收消费税的金银首饰仅限于金基、银基合金首饰以及金、银和金基、银基合金的镶嵌首饰，适用税率为5%。其计税依据是不含增值税的销售额。

对既销售金银首饰，又销售非金银首饰的生产、经营单位，应将两类商品划分清楚，分别核算销售额。凡划分不清楚或不能分别核算的，在生产环节销售的，一律从高适用税率征收消费税；在零售环节销售的，一律按金银首饰征收消费税。金银首饰与其他产品组成成套消费品销售的，应按销售额全额征收消费税。

金银首饰连同包装物一起销售的，无论包装物是否单独计价，也无论会计上如何核算，均应并入金银首饰的销售额，计征消费税。

带料加工的金银首饰，应按受托方销售的同类金银首饰的销售价格确定计税依据征收消费税。没有同类金银首饰销售价格的，按照组成计税价格计算纳税。

纳税人采用以旧换新（含翻新改制）方式销售的金银首饰，应按实际收取的不含增值税的全部价款确定计税依据征收消费税。

（三）消费税纳税人

消费税纳税人是指在中华人民共和国境内（起运地或者所在地在境内）生产、委托加工和进口《消费税暂行条例》规定的消费品的单位和个人，以及国务院确定的销售《消费税暂行条例》规定的消费品的其他单位和个人。

（四）消费税的税目与税率

1. 税目

我国消费税的税目共有 15 个，分别是：
①烟（包括卷烟、雪茄烟、烟丝）；
②酒（包括白酒、黄酒、啤酒、其他酒）；
③高档化妆品（包括成套化妆品）；
④贵重首饰及珠宝玉石；
⑤鞭炮、焰火；
⑥成品油；
⑦摩托车；
⑧小汽车；
⑨高尔夫球及球具；
⑩高档手表；
⑪游艇；
⑫木制一次性筷子；
⑬实木地板；
⑭电池；
⑮涂料。
其中，有些还包括若干子目。

2. 税率

消费税的税率包括比例税率和定额税率两类。

比例税率：根据不同的税目或子目，应税消费品的税率不同，例如高档化妆品的比例税率为 15%、高档手表的比例税率为 20% 等。

定额税率：主要是烟、酒、成品油等税目采用，如黄酒 240 元/吨、汽油 1.52 元/升。

（五）消费税的计征方法

消费税的计税依据有销售额和销售数量两种。

消费税的计征方法主要有三种：

1. 从价定率计征

从价定率计征消费税的计税依据为销售额。

2. 从量定额计征

从量定额计征消费税的计税依据为销售数量。

3. 复合计税计征

采用复合计税方法的，即以两种方法计算的应纳税额之和为该应税消费品的应纳税额。

我国目前只对卷烟和白酒采用复合征收方法。

（六）消费税应纳税额的计算

1. 直接对外销售应税消费品应纳税额的计算

①采用从价定率计算方法，其计算公式为：

应纳税额＝应税消费品的销售额×比例税率

②采用从量定额计算方法，其计算公式为：

应纳税额＝应税消费品的销售数量×单位税额

③采用复合计税方法，其计算公式为：

应纳税额＝应税消费品的销售额×比例税率＋应税消费品的销售数量×单位税额

2. 自产自用应税消费品应纳税额的计算

自产自用，是指纳税人生产的应税消费品不是直接用于对外销售，而是用于连续生产应税消费品或者用于其他方面。

纳税人自产自用应税消费品用于连续生产应税消费品的，不缴纳消费税（如烟丝生产卷烟，烟丝不纳税）。

纳税人自产自用应税消费品用于其他方面的，应于移送使用时缴纳消费税。用于其他方面是指纳税人将自产的应税消费品用于生产非应税消费品、在建工程、管理部门、馈赠、赞助、广告、职工福利与奖励等方面。

①如果该消费品采用从价定率方法计税，则应当以纳税人生产的同类消费品的不含增值税的销售价格为计税依据，按照适用税率计算应纳税额；没有同类消费品销售价格的，应当以组成计税价格为计税依据，按照适用税率

计算应纳税额，其计算公式为：

组成计税价格＝（成本＋利润）÷（1－消费税税率）

应纳税额＝组成计税价格 × 消费税税率

②如果该消费品采用复合计税方法计税，其组成计税价格的计算公式：

组成计税价格＝（成本＋利润＋自产自用数量 × 定额税率）÷（1－比例税率）

应纳税额＝组成计税价格 × 比例税率＋应税消费品的销售数量 × 单位税额

3. 委托加工应税消费品应纳税额的计算

委托加工的应税消费品，由受托方在向委托方交货时代扣代缴消费税。委托方收回货物后用于连续生产已税消费品的，已缴纳的消费税税款准予抵扣。

委托加工的应税消费品，按照受托方的同类消费品的销售价格计算纳税；没有同类消费品销售价格的，按照组成计税价格计算纳税。

实行从价定率方法计算纳税的组成计税价格计算公式：

组成计税价格＝（材料成本＋加工费）÷（1－消费税税率）

应纳税额＝组成计税价格 × 消费税税率

实行复合计税方法计算纳税的组成计税价格计算公式：

组成计税价格＝（材料成本＋加工费＋委托加工数量 × 单位税额）÷（1－比例税率）

应纳税额＝组成计税价格 × 比例税率＋委托加工数量 × 单位税额

4. 进口应税消费品应纳税额的计算

进口应税消费品在报送进口时由海关代为征收进口环节应纳消费税。

实行从价定率方法计算纳税的组成计税价格计算公式：

组成计税价格＝（关税完税价格＋关税）÷（1－消费税税率）

应纳税额＝组成计税价格 × 适用税率

实行从量定额方法计算纳税的计算公式：

应纳税额＝进口应税消费品数量 × 消费税单位税额

实行复合计税方法计算纳税的计算公式：

组成计税价格＝（关税完税价格＋关税＋进口数量 × 消费税单位税额）÷（1－消费税比例税率）

应纳税额＝组成计税价格 × 消费税比例税率＋进口数量 × 消费税单位税额

（七）消费税征收管理

1. 纳税义务发生时间

①纳税人销售应税消费品的，按不同的销售结算方式分为以下几种：

采取赊销和分期收款结算方式的，为书面合同约定的收款日期的当天，书面合同没有约定收款日期或者无书面合同的，为发出应税消费品的当天。

采取预收货款结算方式的，为发出应税消费品的当天。

采取托收承付和委托银行收款方式的，为发出应税消费品并办妥托收手续的当天。

采取其他结算方式的，为收讫销售款或者取得索取销售款凭据的当天。

②纳税人自产自用应税消费品的，为移送使用的当天。

③纳税人委托加工应税消费品的，为纳税人提货的当天。

④纳税人进口应税消费品的，为报关进口的当天。

2. 消费税纳税期限

按照《消费税暂行条例》规定，消费税的纳税期限分别为1日、3日、5日、10日、15日、1个月或者1个季度。纳税人的具体纳税期限，由主管税务机关根据纳税人应纳税额的大小分别核定；不能按照固定期限纳税的，可以按次纳税。

纳税人以1个月或1个季度为一期纳税的，自期满之日起15日内申报纳税；以1日、3日、5日、10日或者15日为一期纳税的，自期满之日起5日内预缴税款，于次月1日起至15日内申报纳税并结清上月应纳税款。

纳税人进口应税消费品，应当自海关填发海关进口消费税专用缴款书之日起15日内缴纳税款。

【知识点】消费税纳税期限

多选题：根据《消费税暂行条例》规定，消费税的纳税期限有（　）。

A. 3日　　　　　　　　　　B. 10日
C. 20日　　　　　　　　　 D. 1个月

答案：ABD

【解析】按照《消费税暂行条例》规定，消费税的纳税期限分别为1日、3日、5日、10日、15日、1个月或者1个季度。

3. 消费税纳税地点

纳税人销售的应税消费品，以及自产自用的应税消费品，除国务院财政、税务主管部门另有规定外，应当向纳税人机构所在地或者居住地的主管税务机关申报纳税。

委托加工的应税消费品,除受托方为个人外,由受托方向机构所在地或居住地主管税务机关解缴消费税税款;委托个人加工的应税消费品,由委托方向其机构所在地或者居住地主管税务机关申报纳税。

进口的应税消费品,由进口人或者其代理人向报关地海关申报纳税。

纳税人到外县(市)销售或者委托外县(市)代销自产应税消费品的,于应税消费品销售后,向机构所在地或居住地主管税务机关申报纳税。

纳税销售的应税消费品,如因质量等原因,由购买者退回时,经由所在地主管税务机关审核批准后,可退还已征收的消费税税款,但不能自行直接抵减应纳税税款。

三、企业所得税

(一)企业所得税的概念

企业所得税是对我国企业和其他组织的生产经营所得和其他所得征收的一种税。

(二)企业所得税的分类、征税对象及税率

企业分为居民企业和非居民企业。

企业所得税的分类、征税对象及税率如表 3-2-3 所示。

表 3-2-3　企业所得税分类、征税对象及税率表

分类	概念	征税对象		适用税率
居民企业	是指依法在中国境内成立,或者依照外国(地区)法律成立但实际管理机构在中国境内的企业	就来源于中国境内、境外的所得作为征税对象		25%
非居民企业	是指依照外国(地区)法律成立且实际管理机构不在中国境内,但在中国境内设立机构、场所的,或者在中国境内未设立机构、场所,但有来源于中国境内所得的企业	在中国境内设立机构、场所的,就其所设机构、场所取得的来源于中国境内的所得	所得与机构、场所有联系	25%
			所得与机构、场所无联系	20%
		发生在中国境外但与其所设机构、场所有实际联系的所得		25%

基本税率为 25%。

优惠税率:对符合条件的小型微利企业,减按 20% 的税率征收企业所

得税;对国家需要重点扶持的高新技术企业,减按15%的税率征收企业所得税。

【知识点】企业所得税纳税义务人

多选题:根据《企业所得税法》的有关规定,判定居民企业的标准有( )。

A. 登记注册地标准　　　　　　B. 所得来源地标准
C. 经营行为实际发生地标准　　D. 实际管理机构所在地标准

答案:AD

【解析】居民企业,是指依法在中国境内成立,或者依照外国(地区)法律成立但实际管理机构在中国境内的企业。因此,根据《企业所得税法》规定,我国居民企业的判定标准是登记注册地标准和实际管理机构地标准相结合。

(三)企业所得税应纳税所得额

企业所得税应纳税所得额是企业所得税的计税依据,按照《企业所得税法》的规定,应纳税所得额为企业每一个纳税年度的收入总额,减去不征税收入、免税收入、各项扣除,以及允许弥补的以前年度亏损后的余额。

1. 应纳税所得额的计算方法

应纳税所得额有两种计算方法:

(1)直接计算法

应纳税所得额=收入总额-不征税收入额-免税收入额-各项扣除额-准予弥补的以前年度亏损额

(2)间接计算法

应纳税所得额=利润总额±纳税调整项目金额

2. 应纳税所得额相关项目说明

(1)收入总额

企业以货币形式和非货币形式从各种来源取得的收入,为收入总额,包括销售货物收入,提供劳务收入,转让财产收入,股息、红利等权益性投资收益,利息收入,租金收入,特许权使用费收入,接受捐赠收入,其他收入。

(2)不征税收入

不征税收入是指从性质和根源上不属于企业营利性活动带来的经济利益、不负有纳税义务并不作为应纳税所得额组成部分的收入。如财政拨款、依法收取并纳入财政管理的行政事业性收费、政府性基金以及国务院规定的其他不征税收入。

值得注意的是,企业的不征税收入用于支出所形成的费用,不得在计算应纳税所得额时扣除；企业的不征税收入用于支出所形成的资产，其计算的折旧、摊销不得在计算应纳税所得额时扣除。

【知识点】不征税收入

多选题：根据《企业所得税法》规定，下列收入中，属于不征税收入的有（　）。

A. 依法取得并纳入财政管理的行政事业性收费

B. 财政拨款收入

C. 租金收入

D. 接受捐赠收入

答案：AB

【解析】不征税收入包括财政拨款，依法收取并纳入财政管理的行政事业性收费、政府性基金，国务院规定的其他不征税收入。

（3）免税收入

免税收入是指属于企业的应税所得但按照税法规定免予征收企业所得税的收入。

①国债利息收入。为鼓励企业积极购买国债，支援国家建设项目，税法规定，企业因购买国债所得的利息收入，免征企业所得税。

②符合条件的居民企业之间的股息、红利等权益性收益，是指居民企业直接投资于其他居民企业取得的投资收益。

③在中国境内设立机构、场所的非居民企业从居民企业取得与该机构、场所有实际联系的股息、红利等权益性投资收益。该收益都不包括连续持有居民企业公开发行并上市流通的股票不足 12 个月取得的投资收益。

④符合条件的非营利组织的收入。但不包括非营利组织从事营利性活动取得的收入，国务院财政、税务主管部门另有规定的除外。

（4）准予扣除的项目

《企业所得税法》规定，企业实际发生的与取得收入有关的、合理的支出，包括成本、费用、税金、损失和其他支出，准予在计算应纳税所得额时扣除。

①成本。成本是指企业在生产经营活动中发生的销售成本、销货成本、业务支出，以及其他耗费，即企业销售商品（产品、材料、下脚料、废料、废旧物资等）、提供劳务、转让固定资产、无形资产（包括技术转让）的成本。

②费用。费用是指企业每一个纳税年度为生产、经营商品和提供劳务等所发生的销售（经营）费用、管理费用和财务费用。已计入成本的有关费用除外。

③税金。税金是指企业发生的除企业所得税和允许抵扣的增值税以外的

企业缴纳的各项税金及其附加,即企业按规定缴纳的消费税、城市维护建设税、关税、资源税、土地增值税、房产税、车船税、土地使用税、印花税、教育费附加等产品销售税金及附加。这些已纳税金准予税前扣除。准许扣除的税金有两种方式:一是在发生当期扣除;二是在发生当期计入相关资产的成本,在以后各期分摊扣除。

④损失。损失是指企业在生产经营活动中发生的固定资产和存货的盘亏、毁损、报废损失,转让财产损失,呆账损失,坏账损失,自然灾害等不可抗力因素造成的损失以及其他损失。

企业发生的损失,减除责任人赔偿和保险赔款后的余额,依照国务院财政、税务主管部门的规定扣除。企业已经作为损失处理的资产,在以后纳税年度又全部收回或者部分收回时,应当计入当期收入。

(5) 不得扣除的项目

在计算应纳税所得额时,下列支出不得扣除:

①向投资者支付的股息、红利等权益性投资收益款项;

②企业所得税税款;

③税收滞纳金。是指纳税人违反税收法规,被税务机关处以的滞纳金;

④罚金、罚款和被没收财物的损失。是指纳税人违反国家有关法律、法规规定,被有关部门处以的罚款,以及被司法机关处以的罚金和被没收财物;

⑤企业发生的公益性捐赠支出以外的捐赠支出。企业发生的公益性捐赠支出,在年度利润总额12%以内的部分,准予在计算应纳税所得额时扣除。公益性捐赠,是指企业通过公益性社会团体或者县级以上人民政府及其部门,用于《中华人民共和国公益事业捐赠法》规定的公益事业的捐赠。

⑥赞助支出,是指企业发生的与生产经营活动无关的各种非广告性质支出;

⑦未经核定的准备金支出,是指不符合国务院财政、税务主管部门规定的各项资产减值准备、风险准备等准备金支出;

⑧企业之间支付管理费、企业内营业机构之间支付的租金和特许权使用费,以及非银行企业内营业机构之间支付的利息;

⑨与取得收入无关的其他支出。

(6) 职工福利费、工会经费和职工教育经费支出的税前扣除

①职工福利费支出,不超过工资薪金总额14%的部分,准予扣除;

②企业拨缴的工会经费,不超过工资薪金总额2%的部分,准予扣除;

③除国务院财政、税务主管部门另有规定外,企业发生的职工教育经费支出,不超过工资薪金总额2.5%的部分,准予扣除;超过部分,准予在以

后纳税年度结转扣除。

（7）业务招待费、广告费和业务宣传费的税前扣除

①企业发生的与生产经营活动有关的业务招待费支出，按照发生额的60%扣除，但最高不得超过当年销售（营业）收入的5‰。

②企业发生的符合条件的广告费和业务宣传费支出，除国务院财政、税务主管部门另有规定外，不超过当年销售（营业）收入15%的部分，准予扣除；超过部分，准予在以后纳税年度结转扣除。

（8）亏损弥补

亏损，是指企业依照企业所得税法及其暂行条例的规定，将每一纳税年度的收入总额减除不征税收入、免税收入和各项扣除后小于零的数额。

税法规定，企业某一纳税年度发生的亏损可以用下一纳税年度的所得弥补；下一纳税年度的所得不足以弥补的，可以逐年延续弥补，但最长不得超过5年。5年内不管是盈利还是亏损，都作为实际弥补期限。而且，企业在汇总计算缴纳企业所得税时，其境外营业机构的亏损不得抵减境内营业机构的盈利。

（四）应纳所得税额的计算

应纳所得税额 = 应纳税所得额 × 所得税税率

（五）企业所得税征收管理

1. 纳税地点

①居民企业一般以企业登记注册地为纳税地点；但登记注册地在境外的，以企业实际管理机构所在地为纳税地点。

②居民企业在中国境内设立的不具有法人资格的分支或营业机构，由该居民企业汇总计算并缴纳企业所得税。

③非居民企业在中国境内设立机构、场所的，应当就其所设机构、场所取得的来源于中国境内的所得，以及发生在中国境外但与其所设机构、场所有实际联系的所得，以机构、场所所在地为纳税地点。

④非居民企业在中国境内未设立机构、场所的，或者虽设立机构、场所但取得的所得与其所设机构、场所没有实际联系的所得，以扣缴义务人所在地为纳税地点。

⑤除国务院另有规定外，企业之间不得合并缴纳企业所得税。

2. 纳税期限

企业所得税按年（自公历 1 月 1 日起到 12 月 31 日止）计征，分月或者分季预缴，年终汇算清缴（年终后 5 个月内进行），多退少补。

企业在一个纳税年度中间开业，或者由于合并、关闭等原因终止经营活动，使该纳税年度的实际经营期不足 12 个月的，应当以其实际经营期为 1 个纳税年度。企业清算时，应当以清算期间作为 1 个纳税年度。

3. 纳税申报

按月或按季预缴的，应当自月份或者季度终了之日起 15 日内，向税务机关报送预缴企业所得税纳税申报表，预缴税款。

企业在纳税年度内无论盈利或者亏损，都应当依照《企业所得税法》第 54 条规定的期限，向税务机关报送预缴企业所得税纳税申报表、年度企业所得税纳税申报表、财务会计报告和税务机关规定应当报送的其他有关材料。

四、个人所得税

（一）个人所得税概念

个人所得税是以个人（自然人）取得的各项应税所得为征税对象所征收的一种税。

（二）个人所得税纳税义务人

个人所得税的纳税义务人，以住所和居住时间为标准分为居民纳税义务人和非居民纳税义务人。

1. 居民纳税义务人

居民纳税义务人是指在中国境内有住所，或者无住所但在中国境内居住满 1 年的个人。居民纳税义务人负有无限纳税义务，其从中国境内和境外取得的所得，都要在中国缴纳个人所得税。

2. 非居民纳税义务人

非居民纳税义务人是指在中国境内无住所又不居住，或者无住所而在中国境内居住不满 1 年的个人。非居民纳税义务人承担有限纳税义务，仅就其从中国境内取得的所得，在中国缴纳个人所得税。

自 2000 年 1 月 1 日起，个人独资企业和合伙企业投资者为个人所得税的纳税义务人。

【知识点】 个人所得税纳税义务人

多选题：根据《个人所得税法》规定，下列各项中，属于个人所得税纳税义务人的有（　　）。

A. 中国公民　　　　　　　　B. 个体工商户
C. 外籍个人　　　　　　　　D. 个人独资企业

答案：ABCD

【解析】 个人所得税的纳税义务人，包括中国公民、个体工商户以及在中国有所得的外籍人员（包括无国籍人员）和香港、澳门、台湾同胞。个人独资企业和合伙企业投资者也为个人所得税的纳税义务人。

（三）个人所得税的应税项目和税率

1. 个人所得税应税项目

①工资、薪金所得；

②个体工商户的生产、经营所得；

③企事业单位的承包经营、承租经营的所得；

④劳务报酬所得，指个人独立从事各种非雇佣的各种劳务所取得的所得。包括：设计、装潢、安装、制图、化验、测试、医疗、法律、会计、咨询、讲学、新闻、广播、翻译、审稿、书画、雕刻、影视、录音、录像、演出、表演、广告、展览、技术服务、介绍服务、经纪服务、代办服务、其他劳务。

⑤稿酬所得，是指个人因其作品以图书、报刊形式出版、发表而取得的所得。

⑥特许权使用费所得，是指个人提供专利权、商标权、著作权、非专利技术以及其他特许权的使用权取得的所得。提供著作权的使用权取得的所得不包括稿酬所得。

⑦利息、股息、红利所得，是指个人拥有债权、股权而取得的利息、股息、红利所得。利息，是指个人拥有债权而取得的利息，包括存款利息、贷款利息和各种债券的利息。按税法规定，个人取得的利息所得，除国债和国家发行的金融债券利息外，应当依法缴纳个人所得税。股息、红利，指个人拥有股权取得的股息、红利。股息、红利所得，除另有规定外，都应当缴纳个人所得税。

⑧财产租赁所得，是指个人出租建筑物、土地使用权、机器设备、车船以及其他财产取得的所得。

个人取得的财产转租收入属于"财产租赁所得"的征税范围，由财产转租人缴纳个人所得税。在确认纳税义务人时，应以产权凭证为依据；对无产权凭证的，由主管税务机关根据实际情况确定。产权所有人死亡，在未办理产权继承手续期间，该财产出租而有租金收入的，以领取租金的个人为纳税义务人。

⑨财产转让所得，是指个人转让有价证券、股票、建筑物、土地使用权、机器设备、车船以及其他财产取得的所得。

⑩偶然所得，是指个人得奖、中奖、中彩以及其他偶然性质的所得。得奖是指参加各种有奖竞赛活动，取得名次得到的资金；中奖、中彩是指参加各种有奖活动，如有奖销售、有奖储蓄，或者购买彩票，经过规定程序，抽中、摇中号码而取得的资金。偶然所得应缴纳的个人所得税税款，一律由发奖单位或机构代扣代缴。

⑪经国务院财政部门确定征税的其他所得。

除上述列举的各项个人应税所得外，其他确有必要征税的个人所得，由国务院确定。个人取得的所得，难以界定应纳税所得项目的，由主管税务机关确定。

2. 个人所得税税率

个人所得税的税率按所得项目不同分别确定为：

（1）工资、薪金所得适用税率

工资、薪金所得，适用七级超额累进税率，税率为3%～45%，如表3-2-4所示。

表3-2-4　工资、薪金所得个人所得税税率表

级数	全月应纳税所得额	税率（%）	速算扣除数
1	不超过3000元的	3	0
2	超过3000元至12000元的部分	10	210
3	超过12000元至25000元的部分	20	1410
4	超过25000元至35000元的部分	25	2660
5	超过35000元至55000元的部分	30	4410
6	超过55000元至80000元的部分	35	7160
7	超过80000元的部分	45	15160

（2）个体工商户生产、经营所得和对企事业单位的承包经营、承租经营所得适用税率

个体工商户的生产、经营所得和对企事业单位的承包经营、承租经营所得，适用5%～35%的五级超额累进税率，如表3-2-5所示。

表 3-2-5 个体工商户的生产、经营所得和对企事业单位的承包经营、
承租经营所得个人所得税税率表

级数	全年应纳税所得额	税率（%）	速算扣除数
1	不超过 30000 元的	5	0
2	超过 30000 元至 90000 元的部分	10	1500
3	超过 90000 元至 300000 元的部分	20	10500
4	超过 300000 元至 500000 元的部分	30	40500
5	超过 500000 元的部分	35	65500

个人独资企业和合伙企业的生产经营所得，也适用 5%～35% 的五级超额累进税率。

（3）劳务报酬所得适用税率

劳务报酬所得，适用比例税率，税率为 20%。对劳务报酬所得一次收入畸高的，可以实行加成征收。

根据《个人所得税法实施条例》的规定，"劳务报酬所得一次收入畸高"，是指个人一次取得劳务报酬，其应纳税所得额超过 20000 元。对一次应纳税所得额超过 20000～50000 元的部分，依照税法规定计算应纳税额后再按照应纳税额加征五成；超过 50000 元的部分，加征十成。因此，劳务报酬所得实际适用 20%、30%、40% 的三级超额累进税率，如表 3-2-6。

表 3-2-6 劳务报酬所得个人所得税税率表

级距	每次应纳税所得额	税率	速算扣除数
1	不超过 20000 元的部分	20%	0
2	超过 20000 元至 50000 元的部分	30%	2000
3	超过 50000 元的部分	40%	7000

（4）稿酬所得适用税率

稿酬所得适用比例税率，税率为 20%，并按应纳税额减征 30%，故其实际税率为 14%。

（5）财产转让所得

财产转让所得，适用比例税率，税率为 20%。

（6）利息、股息、红利所得

利息、股息、红利所得，适用比例税率，税率为 20%。

（7）特许权使用费所得、财产租赁所得、偶然所得、其他所得

特许权使用费所得、财产租赁所得、偶然所得、其他所得，适用比例税率，税率为 20%。

【知识点】个人所得税税率

多选题：根据《个人所得税法》规定，下列所得中，适用20%的个人所得税税率的有（　）。

A. 工资、薪金所得　　　　　　B. 特许权使用费所得
C. 股息、红利所得　　　　　　D. 财产租赁所得

答案：BCD

【解析】工资、薪金所得，适用七级超额累进税率，税率为3%～45%；特许权使用费所得，利息、股息、红利所得，财产租赁所得，适用比例税率，税率为20%。

（四）个人所得税应纳税额的计算

1. 工资、薪金所得

（1）应纳税所得额的计算（按月计算）

2018年9月7日，财政部、税务总局印发《关于2018年第四季度个人所得税减除费用和税率适用问题的通知》，明确了关于工资、薪金所得适用减除费用和税率问题。

对纳税人在2018年10月1日（含）后实际取得的工资、薪金所得，减除费用统一按照5000元／月执行，并按照通知所附个人所得税税率表计算应纳税额（见本教材表3-2-4）。对纳税人在2018年9月30日（含）前实际取得的工资、薪金所得，减除费用按照税法修改前规定执行。

工资、薪金所得，以每月收入额减除费用5000元或4800元后的余额，为应纳税所得额。

（月）应纳税所得额＝全月工资所得－五险一金－5000（或4800）

在中国工作的外籍人员和在外国工作的中国籍人员的个税按4800元／月的扣除标准计算。

（2）应纳税额的计算

应纳税额＝应纳税所得额×适用税率－速算扣除数
　　　　＝（每月工资所得－五险一金－5000（或4800）元）×适用税率－速算扣除数

2. 个体工商户的生产、经营所得

（1）应纳税所得额的计算（按年计算）

个体工商户的生产、经营所得，以每一纳税年度的收入总额减除成本、费用及损失后的余额，为应纳税所得额。

（年）应纳税所得额＝全年收入总额－成本、费用、损失等

（2）应纳税额的计算

应纳税额＝应纳税所得额×适用税率－速算扣除数

　　　　＝（全年收入总额－成本、费用以及损失等）×适用税率－速算扣除数

3. 对企事业单位的承包经营、承租经营所得

（1）应纳税所得额的计算（按年计算）

对企事业单位的承包经营、承租经营所得，以每一纳税年度的收入总额，减除必要的费用后的余额，为应纳税所得额。减除必要费用，2018年10月1日后按5000元/月的基本减除费用进行扣除，同时适用新的经营所得税率表（见本教材表3-2-5）。

（年）应纳税所得额＝全年收入总额－必要费用（每月5000元）

（2）应纳税额的计算

应纳税额＝应纳税所得额×适用税率－速算扣除数

　　　　＝（全年收入总额－必要费用）×适用税率－速算扣除数

4. 劳务报酬所得

（1）应纳税所得额的计算（按次计算）

劳务报酬所得，每次收入不超过4000元的，减除费用800元；4000元以上的，减除20%的费用，其余额为应纳税所得额。

根据不同劳务项目的特点，对"每次收入"规定为：

只有一次性收入的，以取得该项收入为一次。例如从事设计、安装、装潢、制图、化验、测试等劳务，往往是接受客户的委托，按照客户的要求，完成一次劳务后取得收入。因此，是属于只有一次性的收入，应以每次提供劳务取得的收入为一次。

属于同一事项连续取得收入的，以1个月内取得的收入为一次。

①每次收入不足4000元的，应纳税所得额＝每次收入额－800

②每次收入超过4000元的，应纳税所得额＝每次收入额×（1－20%）

（2）应纳税额的计算

①每次收入不足4000元的：

应纳税额＝应纳税所得额×20%

　　　　＝（每次收入额－800）×20%

②每次收入超过4000元的，所得额不超过20000元的：

应纳税额＝应纳税所得额×20%

　　　　＝每次收入额×（1－20%）×20%

③每次收入的应纳税所得额超过20000元的：

应纳税额＝应纳税所得额×适用税率－速算扣除数
　　　＝每次收入额×（1－20%）×适用税率－速算扣除数

5. 稿酬所得

（1）应纳税所得额的计算（按次计算）

①每次收入不足 4000 元的：应纳税所得额＝每次收入额－800

②每次收入超过 4000 元的：应纳税所得额＝每次收入额×（1－20%）

稿酬所得，以每次出版、发表取得的收入为一次。

（2）应纳税额的计算

税法规定，稿酬所得个人所得税按应纳税额减征 30%。

①每次收入不足 4000 元的：

应纳税额＝应纳税所得额×20%×（1－30%）
　　　＝（每次收入额－800）×20%×（1－30%）

②每次收入超过 4000 元的：

应纳税额＝应纳税所得额×20%×（1－30%）
　　　＝每次收入额×（1－20%）×20%×（1－30%）

6. 财产转让所得

（1）应纳税所得额的计算（按次计算）

应纳税所得额＝收入－财产原值－合理税费

（2）应纳税额的计算

应纳税额＝应纳税所得额×适用税率
　　　＝（收入－财产原值－合理税费）×20%

7. 利息、股息、红利所得

（1）应纳税所得额的计算（按次计算）

应纳税所得额＝每次收入额

（2）应纳税额的计算

应纳税额＝应纳税所得额×适用税率
　　　＝每次收入额×20%

2008 年 10 月 9 日起暂免征收储蓄存款利息的个人所得税。

8. 特许权使用费所得、财产租赁所得、偶然所得、其他所得

个人出租住房取得的所得按 10% 的税率征收个人所得税。

（1）应纳税所得额的计算（按次计算）

应纳税所得额＝每次收入额

（2）应纳税额的计算

应纳税额＝应纳税所得额×适用税率

＝每次收入额×20%

财产租赁所得，以1个月内取得的收入为一次。

【知识点】财产租赁所得应纳税额的计算

单选题：刘某于2009年1月将自有的4间面积为150平方米的房屋出租给张某作为经营场所，租期1年，刘某每月取得租金收入2500元，全年租金收入30000元。刘某全年租金收入应缴纳的个人所得税为（ ）。

A. 4080元　　　　　　　　　　B. 6000元
C. 4800元　　　　　　　　　　D. 4120元

答案：A

【解析】财产租赁所得，以1个月内取得的收入为一次。每月取得租金收入2500元，不超过4000元，减除费用800元。因此，刘某每月应缴纳的个人所得税为：（2500－800）×20%＝340（元），故全年应纳个人所得税为340×12＝4080（元）。

（五）个人所得税征收管理

个人所得税的纳税办法有自行申报纳税和代扣代缴两种。

1. 自行申报

自行申报是由纳税人自行在税法规定的纳税期限内，向税务机关申报取得的应税所得项目和数额，如实填写个人所得税纳税申报表，并按照税法规定计算应纳税额，据此缴纳个人所得税的一种方法。

下列人员为自行申报纳税的纳税义务人：

①年所得12万元以上的，在年度终了后3个月内到主管税务机关办理纳税申报；

②从中国境内两处或者两处以上取得工资、薪金所得的；

③从中国境外取得所得的；

④取得应纳税所得，没有扣缴义务人的；

⑤国务院规定的其他情形。

2. 代扣代缴

代扣代缴是指按照税法规定负有扣缴税款义务的单位或个人，在向个人支付应纳税所得时，应计算应纳税额，从其所得中扣除并缴入国库，同时向税务机关报送扣缴个人所得税报告表。

凡支付个人应纳税所得的企业、事业单位、社会团体、军队、驻华机构（不含依法享有外交特权和豁免的驻华使领馆、联合国及其国际组织驻华机构）、个体户等单位或者个人，为个人所得税的扣缴义务人。

【课后大通关】

一、单选题

1. 我国实行的增值税属于（　　）。

　　A. 消费型增值税　　　　　　B. 收入型增值税

　　C. 生产型增值税　　　　　　D. 实耗型增值税

2. 下列属于增值税一般纳税人的是（　　）。

　　A. 年应税销售额超过小规模纳税人标准或符合税法规定情形的企业和企业型单位

　　B. 除个体经营者以外的其他个人

　　C. 非企业性单位

　　D. 不经常发生增值税应税行为的企业

3. 下列选项中，不构成销售额的是（　　）。

　　A. 增值税销项税额　　　　　B. 应税消费品的消费税税额

　　C. 违约金　　　　　　　　　D. 代垫款项

4. 采用预收货款方式销售货物，其增值税纳税义务发生时间为（　　）。

　　A. 收到预收款的当天　　　　B. 货物发出的当天

　　C. 货物送达购货方的当天　　D. 签订销售合同的当天

5. 某汽车厂为增值税一般纳税人，主要生产小汽车和商用小客车，小汽车不含税出厂价为 12.5 万元/辆，小客车不含税出厂价为 6.8 万元/辆。5月发生如下业务：本月销售小汽车 8600 辆，3 辆作为广告样品；销售小客车 576 辆，将本厂生产的 10 辆小客车移送改装分厂，将其改装为救护车。该企业上述业务应纳消费税（　　）万元。（本题中小汽车消费税税率为 3%，小客车消费税税率为 5%）。

　　A. 8804.24　　　　　　　　B. 3425.37

　　C. 8804.94　　　　　　　　D. 8798.84

6. 某啤酒厂自产啤酒 20 吨，赠送某啤酒节，每吨啤酒成本 1000 元，无同类产品售价。税法规定该啤酒的成本利润率为 10%，消费税税率为 220 元/吨。则应纳消费税为（　　）元。

　　A. 4400　　　　　　　　　　B. 4488

　　C. 3740　　　　　　　　　　D. 748

7. 下列各项中，按从价从量复合计征消费税的是（ ）。
   A. 汽车轮胎　　　　　　　B. 化妆品
   C. 白酒　　　　　　　　　D. 珠宝玉石

8. 下列关于消费税纳税义务发生时间的陈述，正确的是（ ）。
   A. 纳税人采用分期收款结算方式的，为收到全部款项的当天
   B. 纳税人采用预收货款结算方式的，为发出应税消费品的当天
   C. 纳税人采用托收承付方式销售的应税消费品，为委托收手续的当天
   D. 纳税人采取委托银行收款方式销售的应税消费品，为发出应税消费品的当天

9. 金银首饰、钻石及钻石饰品消费税的征税环节是（ ）。
   A. 委托加工提货环节　　　B. 零售环节
   C. 生产出厂销售　　　　　D. 进口环节

10. 我国的企业所得税率为（ ）。
    A. 10%　　　　　　　　　B. 15%
    C. 20%　　　　　　　　　D. 25%

11. 下列各项中，不属于企业所得税准予扣除项目的是（ ）
    A. 成本　　　　　　　　　B. 税金
    C. 税收滞纳金　　　　　　D. 损失

12. 居民企业中国境内设立不具有法人资格的营业机构的，（ ）应当计算并缴纳企业所得税。
    A. 汇总　　　　　　　　　B. 分别
    C. 独立　　　　　　　　　D. 就地缴纳

13. 宏远公司 2011 年度实现利润总额为 320 万元，无其他纳税调整事项。经税务机关核实的 2010 年度亏损额为 300 万元。该公司 2011 年度应缴纳的企业所得税税额为（ ）万元。
    A. 105.6　　　　　　　　B. 5
    C. 5.4　　　　　　　　　D. 3.6

14. 企业所得税法规定，纳税人发生年度亏损的，可以用以后年度的所得弥补，但延续弥补期最长不得超过（ ）年。
    A. 1　　　　　　　　　　B. 3
    C. 5　　　　　　　　　　D. 10

15. 下列各项中，属于个人所得税居民纳税人的是（ ）。
    A. 在中国境内无住所，居住也不满一年的个人
    B. 在中国境内无住所且不居住的个人

C. 在中国境内无住所而在境内居住超过 6 个月不满 1 年的个人

D. 在中国境内有住所的个人

16. 个人所得税实行（　）与比例税率相结合的税率体系。

A. 超额累进税率　　　　　　B. 全额累进税率

C. 超率累进税率　　　　　　D. 超倍累进税率

17. 根据个人所得税法的规定，可以实行加成征收的是（　）。

A. 稿酬所得　　　　　　　　B. 工资、薪金所得

C. 财产转让所得　　　　　　D. 劳务报酬所得

18. 某画家 2012 年 7 月 30 日将其精选的书画作品交由某出版社出版，从出版社取得报酬 10 万元，该笔报酬在缴纳个人所得税时适用的税目是（　）。

A. 工资、薪金所得　　　　　B. 劳务报酬所得

C. 稿酬所得　　　　　　　　D. 特许权使用费所得

19. 根据个人所得税法律制度的规定，个人转让房屋所得应使用的税目是（　）。

A. 财产转让所得　　　　　　B. 特许权使用费所得

C. 偶然所得　　　　　　　　D. 劳务报酬所得

20. 下列关于稿酬所得适用税率表述正确的是（　）。

A. 适用的个人所得税税率为 10%，并按应纳税额减征 30%

B. 适用的个人所得税税率为 15%，并按应纳税额减征 20%

C. 适用的个人所得税税率为 20%，并按应纳税额减征 20%

D. 适用的个人所得税税率为 20%，并按应纳税额减征 30%

21. 某大学于教授受某企业邀请，为该企业中层干部进行管理培训讲座，从企业取得报酬 5000 元。该笔报酬在缴纳个人所得税时适用的税目是（　）。

A. 工资薪金所得　　　　　　B. 劳务报酬所得

C. 稿酬所得　　　　　　　　D. 偶然所得

二、多选题

1. 下列各项中，应计入增值税的应税销售额的有（　）。

A. 向购买者收取的包装物租金

B. 向购买者收取的销项税额

C. 因销售货物向购买者收取的手续费

D. 因销售货物向购买者收取的代收款项

2. 准予抵扣的进项税额主要有（　）。

A. 一般纳税人购进货物或者应税劳务时，从销售方取得的增值税专用发票上注明的增值税额

B. 一般纳税人进口货物时，从海关取得的完税凭证上注明的增值税额

C. 一般纳税人向农业生产者购买的免税农业产品或者向小规模纳税人购买农产品时，按照买价和10%的扣除率计算的税额

D. 一般纳税人外购或销售货物所支付的运输费用，根据运费结算单据所列运费金额，依10%的扣除率计算的税额

3. 划分增值税一般纳税人和小规模纳税人的标准有（   ）。

A. 销售额   B. 经营效益好

C. 会计核算水平   D. 上级主管部门的要求

4. 现行政策规定，下列纳税人应视同小规模纳税人征税的有（   ）。

A. 年应税销售额在 560 万元的某工厂

B. 年应税销售额在 70 万元的某商场

C. 年应税销售额达到 300 万元的张三个人

D. 年应税销售额达到 400 万元的非企业性单位

5. 目前，下列应当征收消费税（   ）。

A. 酒精   B. 化妆品

C. 小汽车   D. 护肤护发品

6. 我国消费税的税率形式包括（   ）。

A. 比例税率   B. 定额税率

C. 超额累进税率   D. 超率累进税率

7. 根据消费税法律制度的规定，下列消费品中，实行从价定率与从量定额相结合的征税办法的有（   ）。

A. 粮食白酒   B. 卷烟

C. 黄酒   D. 薯类白酒

8. 下列单位不属于企业所得税纳税人的是（   ）。

A. 个人独资企业   B. 有限责任公司

C. 个体工商户   D. 合伙企业

9. 依据企业所得税有关规定，在计算应纳税所得额时，下列项目不能从收入总额中扣除的有（   ）。

A. 银行按规定加收的罚息   B. 罚款

C. 广告性支出   D. 税收滞纳金

10. 依据企业所得税有关规定，纳税人在计算应纳税所得额时，允许扣除的税金包括（   ）。

A. 消费税   B. 营业税

C. 印花税   D. 增值税

11. 下列属于不征税收入的是（　　）。

A. 财政拨款

B. 转让财产收入

C. 依法收取并纳入财政管理的政府性基金

D. 国债利息收入

12. 根据企业所得税法律制度的规定，下列各项中，属于免税收入的是（　　）。

A. 国债利息收入

B. 财政拨款

C. 符合规定条件的居民企业之间的股息、红利等权益性投资收益

D. 接受捐赠的收入

13. 根据个人所得税法律制度的规定，下列各项中，属于个人所得税居民纳税人的有（　　）。

A. 在中国境内有住所的个人

B. 在中国境内无住所而在境内居住满1年的个人

C. 在中国境内无住所又不居住

D. 在中国境内无住所而在中国境内居住不满1年的个人

14. 根据个人所得税的规定，以下各项所得适用累进税率形式的有（　　）。

A. 工资薪金所得　　　　　　B. 个体工商户生产经营所得

C. 财产转让所得　　　　　　D. 承包承租经营所得

三、判断题

1. 只要增值税年应纳税销售额达到规定的数额的企业，都可以认定为增值税一般纳税人；反之，年应税销售额未达到规定标准的企业，一律不能申请认定为一般纳税人。（　　）

2. 为鼓励出口，出口货物增值税实行零税率，国家限制出口的货物除外。（　　）

3. 小规模纳税人取得了增值税专用发票的，该税款可以抵扣。（　　）

4. 对从事生产、委托加工、进口和出口应税消费品的单位和个人，都应当征收消费税。（　　）

5. 某烟厂的卷烟是用外购已缴纳消费税的烟丝生产出来的，则卷烟在计征消费税时应扣除外购的烟丝已纳的消费税税款。（　　）

6. 凡是价外费用，无论作何会计核算，均应并入营业额，计算应纳税额。（　　）

7. 企业所得税的纳税年度，自公历1月1日起至12月31日止。（　　）

8. 纳税人逾期归还银行贷款,银行按规定加收的罚息,在计算企业所得税时,不允许在税前扣除。( )

9. 企业所得税按年计征,分月或者分季预缴,年终汇算清缴,多退少补。( )

10. 现行企业所得税法规定,企业应当自年度终了之日起3个月内,向税务机关报送年度企业所得税申报表,并汇算清缴税款。( )

11. 个人所得税的征税对象只包括自然人。( )

12. 某演员取得一次性的演出收入2.1万元,对此应实行加成征收办法计算个人所得税。( )

3-2 课后大通关答案:

一、单选题 1.A 2.A 3.A 6.B 7.B 8.A 9.C 10.B 11.B 19.D 20.C 21.A

二、多选题 1.ACD 2.ABCD 3.AC 4.BCD 5.ABC 6.AB 7.ABD 8.CD 9.ACD 10.BD 11.ABC 12.AC 13.AC 14.AB

三、判断题 1.× 2.√ 3.× 4.× 5.√ 6.× 7.√ 8.√ 9.√ 10.√ 11.× 12.×

第三节 税收征收管理

税收征收管理是指税务机关代表国家行使征税权,指导纳税人履行纳税义务,对日常税收活动依法进行组织、管理、监督、检查的活动。税收征收管理是实现税收职能的必要手段。

一、税务登记的概念和种类

1. 税务登记的概念

税务登记又称纳税登记,是税务机关依据税法规定,对纳税人的生产经营活动进行登记管理的一项法定制度,也是纳税人依法履行纳税义务的法定手续。税务登记是整个税收征收管理的起点。

凡有法律、法规规定的应税收入、应税财产或应税行为的各类纳税人(企业,企业在外地设立的分支机构和从事生产、经营的场所,个体工商户和从事生产、经营的事业单位),均应当办理税务登记。前款规定以外的纳税人,除国家机关、个人和无固定生产、经营场所的流动性农村小商贩外,也应当办理税务登记。根据税收法律、行政法规的规定负有扣缴义务的扣缴义务人(国家机关除外),应当在发生扣缴义务时,到税务机关申报登记,领取扣缴税款凭证。

【知识点】税务登记的对象

多选题：下列纳税人中，应当进行税务登记的有（　）。

A. 有应税收入的纳税人　　　　B. 有应税财产的纳税人

C. 有应税行为的纳税人　　　　D. 发生扣缴义务的扣缴义务人

答案：ABCD

【解析】凡有法律、法规规定的应税收入、应税财产或应税行为的各类纳税人，均应当办理税务登记。根据税收法律、行政法规的规定负有扣缴义务的扣缴义务人（国家机关除外），应当在发生扣缴义务时，到税务机关申报登记。

2. 税务登记的种类

税务登记包括：开业登记；变更登记；停业、复业登记；注销登记；外出经营报验登记；纳税人税种登记；扣缴义务人扣缴税款登记。

（1）开业登记

开业登记也称设立登记，是指从事生产经营的纳税人，经国家工商行政管理部门批准开业后办理的纳税登记。企业，企业在外地设立的分支机构和从事生产、经营的场所，个体工商户和从事生产、经营的事业单位（以下统称从事生产、经营的纳税人），向生产、经营所在地税务机关申报办理税务登记：

①从事生产、经营的纳税人领取工商营业执照（含临时工商营业执照）的，应当自领取工商营业执照之日起30日内申报办理税务登记，税务机关核发税务登记证及副本（纳税人领取临时工商营业执照的，税务机关核发临时税务登记证及副本）；

②从事生产、经营的纳税人未办理工商营业执照但经有关部门批准设立的，应当自有关部门批准设立之日起30日内申报办理税务登记，税务机关核发税务登记证及副本；

③从事生产、经营的纳税人未办理工商营业执照也未经有关部门批准设立的，应当自纳税义务发生之日起30日内申报办理税务登记，税务机关核发临时税务登记证及副本；

④有独立的生产经营权、在财务上独立核算并定期向发包人或者出租人上交承包费或租金的承包承租人，应当自承包承租合同签订之日起30日内，向其承包承租业务发生地税务机关申报办理税务登记，税务机关核发临时税务登记证及副本；

⑤从事生产、经营的纳税人外出经营，自其在同一县（市）实际经营或提供劳务之日起，在连续的12个月内累计超过180天的，应当自期满之日起30日内，向生产、经营所在地税务机关申报办理税务登记，税务机关核发临时税务登记证及副本；

⑥境外企业在中国境内承包建筑、安装、装配、勘探工程和提供劳务的，应当自项目合同或协议签订之日起30日内，向项目所在地税务机关申报办理税务登记，税务机关核发临时税务登记证及副本。

（2）变更登记

变更登记是指纳税人在办理税务登记后，原登记的内容发生变化时向原税务登记机关申报办理变更的税务登记。

纳税人税务登记内容发生以下变化的，应当向原税务机关申报办理变更税务登记。具体包括：①发生改变名称、改变法定代表人；②改变经济性质或经济类型；③改变住所或经营地点（不涉及主管税务机关变动的）；④改变生产经营范围或经营方式、经营期限；⑤增减注册资金（资本）；⑥改变隶属关系、生产经营权属或增减分支机构；⑦改变开户银行和账号；⑧改变其他税务登记内容的。

纳税人已在工商行政管理机关变更登记的，应当自工商行政管理机关变更登记之日30日内，向原税务机关如实提供下列证件、资料，申报办理变更税务登记：①工商登记变更表及工商营业执照；②纳税人变更登记内容的有关证明文件；③税务机关发放的原税务登记证件（登记证正、副本和登记表等）；④其他有关资料。

纳税人按照规定不需要在工商行政管理机关办理变更登记，或者其他变更登记的内容与工商登记内容无关的，应当自税务机关内容实际发生变化之日起30日内，或者自有关机关批准或者宣布变更之日起30日内，持下列证件到原税务机关申报办理变更税务登记：①纳税人变更登记内容的有关证明文件；②税务机关发放的原税务登记证件（登记证正、副本和税务登记表等）；③其他有关资料。

税务机关应当自受理之日起30日内，审核办理变更税务登记。纳税人税务登记表和税务登记证中的内容都发生变更的，税务机关按变更后的内容重新核发税务登记证件；纳税人税务登记表的内容发生变更而税务登记证中的内容未发生变更的，税务机关不重新核发税务登记证件。

（3）停业、复业登记

停业、复业登记是纳税人暂停和恢复生产经营活动而办理的纳税登记。

纳税人的停业期限不得超过1年。

纳税人应当于恢复生产经营之前，向税务机关申报办理复业登记，如填写《停、复业报告书》，领回并启用税务登记证件、发票领购簿及其停业前领购的发票，纳入正常管理。纳税人停业期满不能及时恢复生产经营的，应当在停业期满前向税务机关提出延长停业登记申请，并如实填写《停、复业报告书》。纳税人停业期满未按期复业又不申请延长停业的，税务机关应当视为已恢复营业，实施正常的税收征收管理。

（4）注销登记

注销登记是指纳税人在发生下列情形时，向原税务登记机关申请办理的取消税务登记的手续：①纳税人因经营期限届满而自动解散；②企业由于改组、分级、合并等原因而被撤销；③企业资不抵债而破产；④纳税人住所、经营地点迁移而涉及改变原主管税务机关的；⑤纳税人被工商行政管理部门吊销营业执照；纳税人依法终止履行纳税义务的其他情形。

纳税人发生解散、破产、撤销以及其他情形，依法终止纳税义务的，应当在向工商行政管理机关或者其他机关办理注销登记前，持有关证件和资料向原税务登记机关申报办理注销税务登记；按规定不需要在工商行政管理机关或者其他机关办理注册登记的，应当自有关机关批准或者宣告终止之日起15日内，持有关证件和资料向原税务登记机关申报办理注销税务登记。

纳税人因住所、经营地点变动，涉及改变税务登记机关的，应当在向工商行政管理机关或者其他机关申请办理变更、注销登记前，或者住所、经营地点变动前，持有关证件和资料，向原税务登记机关申报办理注销税务登记，并自注销税务登记之日起30日内向迁达地税务机关申报办理税务登记。

纳税人被工商行政管理机关吊销营业执照或者被其他机关予以撤销登记的，应当自营业执照被吊销或者被撤销登记之日起15日内，向原税务登记机关申报注销税务登记。

纳税人办理注销税务登记前，应当向税务机关提交相关证明文件和资料，结清应纳税款、多退（免）税款、滞纳金和罚款，缴销发票、税务登记证件和其他税务证件，经税务机关核准后，办理税务登记手续。

（5）外出经营报验登记

外出经营报验登记是指纳税人到外县（市）临时从事生产经营活动的，在外出生产经营以前，持税务登记证向主管税务机关申请开具《外出经营活动税收管理证明》（以下简称《外管证》）的一种登记管理制度。

税务机关按照一地一证，核发《外管证》，《外管证》的有效期限一般为30日，最长不得超过180天。对从事生产、经营的纳税人外出经营，在同一地累计超过180天的，应当在营业地办理税务登记手续。

纳税人外出经营活动结束，应当向经营地税务机关填报《外出经营活动情况申报表》，并结清税款、缴销发票。纳税人应当在《外管证》有效期届满10日内，持《外管证》回原税务登记机关办理《外管证》缴销手续。

（6）纳税人税种登记

在对纳税人进行设立登记后，税务机关根据纳税人的生产经营范围及税法的有关规定，对纳税人的纳税事项和应税项目进行核定，即税种核定。办理税务登记的纳税人，除填写《纳税人税务登记表》以外，还必须填写《纳税人税种登记表》，以便确定纳税人所适用的税种、税目、税率、扣缴税款的期限、征收方式和缴库方式等。税务机关依据《纳税人税种登记表》所填写的项目，自受理之日起3日内进行税种登记。

（7）扣缴义务人扣缴税款登记

已经办理税务登记的扣缴义务人应当从扣缴税率义务发生之日起30日以内，向税务登记地税务机关申报办理扣缴税款登记。税务机关在其税务登记证件上登记扣缴税款事项，税务机关不再发给扣缴税款登记证件。

依法可以办理税务登记的扣缴义务人，应当从扣缴税款义务发生之日起30日以内，向机构所在地税务机关申报扣缴税款登记。税务机关核发扣缴税款登记证件。

二、发票开具与管理

为了加强发票管理和财务监督，保障国家税收收入，维护经济秩序，根据《中华人民共和国税收征收管理法》，1993年12月12日经国务院批准并实施了《中华人民共和国发票管理法》。国家税务总局统一负责全国发票管理工作。

（一）发票的种类

发票是指在购销商品、提供劳务或接受劳务、服务以及从事其他经营活动，所提供给对方的收付款的凭证。它是确定经营收入的行为发生的法定凭证，是会计核算的原始依据，也是税务稽查的重要证据。税务机关是发票的主管机关，负责发票的印制、领购、开具、取得、保管、缴销的管理和监督。

较为常见的发票有：增值税专用发票；普通发票；专业发票。

1. 增值税专用发票

增值税专用发票是专门用于结算销售货物和提供加工、修理修配劳务、服务使用的一种发票。

增值税专用发票是只限于增值税一般纳税人领购使用，增值税小规模纳税人不得领购使用。一般纳税人有下列情形之一者，不得领购使用专用发票：

①会计核算不健全，即不能按会计制度和税务机关的要求准确核算增值税的销项税额、进项税额和应纳税额者；

②不能向税务机关准确提供增值税销项税额、进项税额、应纳税额数据及其他有关增值税税务资料者；

③有《税收征管法》规定的税收违法行为，拒不接受税务机关处理的；

④有以下行为，经税务机关责令限期改正而仍未改正者：虚开增值税专用发票；私自印制专用发票；向个人或税务机关以外的单位买取专用发票；借用他人专用发票；未按规定的要求开具专用发票；未按规定保管专用发票和专用设备；未按规定申请办理防伪税控系统变更发行；未按规定接受税务机关检查。

⑤销售的货物全部属于免税项目者。

增值税专用发票基本联次为三联：发票联、抵扣联和记账联。发票联，作为购买方核算采购成本和增值税进项税额的记账凭证；抵扣联，作为购买方报送主管税务机关认证和留存备查的凭证；记账联，作为销售方核算销售收入和增值税销项税额的记账凭证。

2. 普通发票

普通发票主要由增值税小规模纳税人使用，增值税一般纳税人在不能开具专用发票情况下也可以使用普通发票。

普通发票由行业发票和专用发票组成。

行业发票适用于某个行业的经营业务，如商业零售统一发票、商业批发统一发票、工业企业商品销售统一发票等。

专用发票适用于某一经营项目，如广告费用结算发票、商品房销售发票等。

【知识点】普通发票分类

多选题：下列各项中，属于行业发票的有（　）。

A. 商品房销售发票　　　　　　　B. 商业批发统一发票
C. 工业企业产品销售统一发票　　D. 广告费用结算发票

答案：BC

【解析】行业发票适用于某个行业的经营业务，如商业零售统一发票、商业批发统一发票、工业企业商品销售统一发票等。广告费用结算发票、商品房销售发票属于专用发票。

3. 专业发票

专业发票适用于国有金融、保险、邮电通信和交通运输的经营业务的结算。

专业发票可划分为三大类：①手写发票，又称手工票，是指用手工书写形式填开的发票。②电脑发票，又称机打发票，是指利用计算机填开并使用其附设的打印机打印出票面内容的发票。这类发票包括普通计算机用及防伪专用计算机用（如防伪税控机）的发票。③定额发票，是指发票票面印有固定的金额（定额）的发票。这类发票主要是防止开具发票时大头小尾以及方便一些特殊行业或有特殊需要的企业使用。

（二）发票的开具要求

①单位和个人应在发生经营业务、确认营业收入时，才能开具发票。

销售商品、提供服务以及从事其他经营活动的单位和个人，对外发生经营业务收取款项，收款方应向付款方开具发票；特殊情况下由付款方向收款方开具发票。特殊情况是指收购单位和扣缴义务人支付个人款项时开具的发票。取得发票时，不得要求变更品名和金额。

②开具发票时应按号码顺序填开，填写项目齐全、内容真实、字迹清楚、全部联次一次性复写或打印，内容完全一致，并在发票联和抵扣联加盖单位财务印章或者发票专用章。

③填写发票应当使用中文。

民族自治地区可以同时使用当地通用的一种民族文字；外商投资企业和外资企业可以同时使用一种外国文字。

④使用电子计算机开具发票必须报主管税务机关批准，并使用税务机关统一监制的机打发票。

⑤开具发票时限、地点应符合规定。

⑥任何单位和个人不得转借、转让、代开发票。未经税务机关批准，不得拆本使用发票，不得自行扩大专业发票使用范围。

已开具的发票存根联和发票登记簿应当保存5年。

三、纳税申报

纳税申报是纳税人、扣缴义务人按照税法规定的期限和内容，向税务机关提交有关纳税事项书面报告的法律行为，是纳税人履行纳税义务、承担法律责任的主要依据，是税务机关税收管理信息的主要来源和税务管理的重要制度。

目前，纳税人办理纳税申报主要采取的形式有以下几种：

1. 直接申报

即上门申报，是指纳税人和扣缴义务人自行到税务机关办理纳税申报或者报送代扣代缴、代收代缴报告表，是一种传统申报方式。直接申报可以分为直接到办税服务厅申报、到巡回征收点申报和到代征点申报三种。

2. 邮寄申报

邮寄申报，是指经税务机关批准的纳税人使用统一规定的纳税申报特快专递专用信封，通过邮政部门办理交寄手续，并向邮政部门索取收据作为申报凭据的方式。

纳税人采取邮寄方式办理纳税申报的，应当使用统一的纳税申报专用信封，并以邮政部门收据作为申报凭据。邮寄申报以寄出地的邮局邮戳日期为实际申报日期。

3. 数据电文申报

数据电文申报，是指纳税人经税务机关确定的电话语音、电子数据交换和网络传输等电子方式进行申报，如网上申报。纳税人采取电子方式办理纳税申报的，应当按照税务机关规定的期限和要求保存有关资料，并定期书面报送主管税务机关。纳税人、扣缴义务人采取数据电文方式办理纳税申报的，收件人指定特定系统接收数据电文的，该数据电文进入特定系统的时间，视为申报、报送到达的时间；未指定特定系统的，该数据电文进入收件人的任何系统的首次时间，视为到达时间。

4. 简易申报

简易申报是指实行定期定额征收方式的纳税人，经税务机关批准，以缴纳税款凭证代替纳税申报并可简并征期的一种申报方式。

5. 其他方式

如纳税人、扣缴义务人委托他人代理向税务机关办理纳税申报或者报关代扣代缴、代收代缴报告表等。

【知识点】纳税申报方式

判断题：纳税人采取电子方式办理纳税申报的，应当按照税务机关规定的期限和要求保存有关资料，并定期书面报送主管税务机关。（　）

答案：√

【解析】略。

四、税款征收

税款征收是税务机关依照税收法律、法规的规定，将纳税人应当缴纳的税款组织入库的一系列活动的总称。

（一）税款征收方式

我国税款征收主要有以下几种方式：

1. 查账征收

查账征收，是指税务机关按照纳税人报送的纳税申报表、财务会计报表和其他有关的纳税资料所反映的经营情况，依照适用税率计算缴纳税款的方式。这种方式一般适用于经营规模较大、财务会计制度健全、核算严格规范、能够认真履行纳税义务的纳税人。

2. 查定征收

查定征收，是指税务机关根据纳税人的从业人员、生产设备、耗用原材料等因素，在正常生产经营条件下，对纳税人生产的应税产品查实核定产量和销售额，然后依照税法规定的税率征收的一种税款征收方式。这种方式适用于生产经营规模较小、产品零星、税源分散、会计核算不健全，但能控制原材料或进销货的小型厂矿和作坊。

3. 查验征收

查验征收，是税务机关对纳税人的应税产品，通过查验数量，按市场一般销售单价计算其销售收入并据以征税的方式。这种方式一般适用于经营品种比较单一，经营地点、时间和商品来源不固定的纳税单位，如城乡集贸市场中的临时经营者和火车站、机场、码头、公路交通要道等地方的经营者。

4. 定期定额征收

定期定额征收，是指税务机关依法核定纳税人在一定经营时间内应纳税收入（或所得额）和应纳税额，分期征收税款的一种征收方式。这种征收方式适用于生产、经验规模小，确实没有建账能力，经过主管税务机关审核，报经县级以上税务机关批准，可以不设置账簿或者暂缓建账的个体工商户（包括个人独资企业）。这种征收方式在一定程度上能够约束部分不规范纳税人的纳税行为，防止税收的大量流失。但不能很好地贯彻依法纳税的原则，保障税款及时足额入库。

5. 核定征收

核定征收是税务机关对不能完整、准确提供纳税资料的纳税人采用特定方式确定其应纳税收入或应纳税额,纳税人据以缴纳税款的一种方式。

纳税人有下列情形之一的,税务机关有权核定其应纳税额:

①依照法律、行政法规的规定可以不设置账簿的;

②依照法律、行政法规的规定应当设置但未设置账簿的;

③擅自销毁账簿或者拒不提供纳税资料的;

④虽设置账簿,但账目混乱或者成本资料、收入凭证、费用凭证残缺不全,难以查账的;

⑤发生纳税义务,未按照规定的期限办理纳税申报,经税务机关责令限期申报,逾期仍不申报的;

⑥纳税人申报的计税依据明显偏低,又无正当理由的。

税务机关核定应纳税额的具体程序和方法由国务院税务主管部门规定。税务机关有权采用下列任何一种方法核定其应纳税额:

①参照当地同类行业或者类似行业中经营规模和收入水平相近的纳税人的税负水平核定;

②按照营业收入或者成本加合理的费用和利润的方法核定;

③按照耗用的原材料、燃料、动力等推算或者测算核定;

④按照其他合理方法核定。

采用以上一种方法不足以正确核定应纳税额时,可以同时采用两种以上的方法核定。

纳税人对税务机关采取本条规定的方法核定的应纳税额有异议的,应当提供相关证据,经税务机关认定后,调整应纳税额。

【知识点】核定应纳税额的方法

多选题:关于核定应纳税额,下列说法不正确的有( )。

A. 税务机关核定应纳税额时只能依法选定一种核定方法,并明确告知纳税人

B. 税务机关采用一种方法不足以正确核定应纳税额时,可以同时采用两种方法核定

C. 纳税人对税务机关核定的应纳税额有异议的,税务机关应当提供相关证据证明核定额的合理

D. 纳税人认为应纳税额不合理且能提供相关证据的,无需经税务机关批准可以调整应纳税额

答案:BC

【解析】采用一种方法不足以正确核定应纳税额时,可以同时采用两种以上的方法核定,故选项A错误,选项B正确;纳税人对税务机关采取本条

规定的方法核定的应纳税额有异议的，应当提供相关证据，经税务机关认定后，调整应纳税额，故选项 C 正确，选项 D 错误。

6. 代扣代缴

代扣代缴，是指按照税法规定，负有扣缴税款义务的单位和个人，在向纳税人支付款项时，从所支付的款项中直接扣收税款并代为缴纳的方式。这种征收方式主要是对零星分散、不易控制的税源实行源头控制。

7. 代收代缴

代收代缴，是指负有收缴税款义务的单位和个人在向纳税人收取款项时依法收取税款和一种征收方式，即由与纳税人有经济业务往来的单位和个人向纳税人收取款项时，依照税收的规定收取税款。主要适用于税收网络覆盖不到或税源很难控制的领域，如受托加工应缴消费税的消费品，由受托方代收代缴的消费税。

8. 委托代征税款

委托代征，是指税务机关委托代征人以税务机关的名义征收税款，并将税款缴入国库的方式。这种方式一般适用于小额、零散税源的征收。

9. 其他方式

如利用网络申报、用 IC 卡纳税、邮寄纳税等其他方式。

【知识点】税款征收方式

判断题：代扣代缴，是由与纳税人有经济业务往来的单位和个人向纳税人收取款项时，依照税收的规定收取税款。（　）

答案：×

【解析】代扣代缴，是指按照税法规定，负有扣缴税款的法定义务人，在向纳税人支付款项时，从所支付的款项中直接扣收税款的方式。由与纳税人有经济业务往来的单位和个人向纳税人收取款项时，依照税收的规定收取税款，为代收代缴。

（二）税收保全措施

税收保全措施，是指税务机关对可能由于纳税人的行为或者某种客观原因，致使以后税款的征收不能保证或难以保证的案件，采取限制纳税人处理或转移商品、货物或其他财产的措施。

税务机关有根据认为从事生产、经营的纳税人有逃避纳税义务行为的，可以在规定的纳税期之前，责令限期缴纳应纳税款；在限期内发现纳税人有明显的转移、隐匿其应纳税的商品、货物以及其他财产或者应纳税的收入的迹象的，税务机关可以责成纳税人提供纳税担保。如果纳税人不能提供纳税担保，经县以上税务局（分局）局长批准，税务机关可以采取下列税收保全措施：

①书面通知纳税人开户银行或者其他金融机构冻结纳税人的金额相当于应纳税款的存款；

②扣押、查封纳税人的价值相当于应纳税款的商品、货物或者其他财产。

纳税人在前款规定的限期内缴纳税款的，税务机关必须立即解除税收保全措施；限期期满仍未缴纳税款的，经县以上税务局（分局）局长批准，税务机关可以书面通知纳税人开户银行或者其他金融机构从其冻结的存款中扣缴税款，或者依法拍卖或者变卖所扣押、查封的商品、货物或者其他财产，以拍卖或者变卖所得抵缴税款。

纳税人在税务机关采取税收保全措施后，按照税务机关规定的期限缴纳税款的，税务机关应当自收到税款或者银行转回的完税凭证之日起1日内解除税收保全。

税务机关采取税收保全措施的期限一般不得超过6个月；重大案件需要延长的，应当报国家税务总局批准。

个人及其所抚养家属维持生活必需品的住房和用品，不在税收保全措施的范围之内。

【知识点】税收保全措施
单选题：税务部门对纳税人采取税收保全措施，其批准主体是（　）。
A.县级以上税务局（分局）局长　　B.市级以上税务局局长
C.省级以上国税局局长　　　　　　D.经管地税务机关领导
答案：A
【解析】经县以上税务局（分局）局长批准，税务机关可以采取税收保全措施。

（三）税收强制执行

税收强制执行措施，是当事人不履行法律、行政法规规定的义务，有关国家机关采用法定的强制手段，强迫当事人履行义务的行为。

从事生产、经营的纳税人、扣缴义务人未按照规定的期限缴纳或者解缴税款，纳税担保人未按照规定的期限缴纳所担保的税款，由税务机关责令限期缴纳，逾期仍未缴纳的，经县以上税务局（分局）局长批准，税务机关可以采取强制执行措施。它是税收保全措施的延续，更充分地反映了税收强制性的特征。

强制执行措施包括：

①书面通知其开户银行或者其他金融机构从其存款中扣缴税款；

②依法拍卖或者变卖其价值相当于应纳税款的商品、货物或者其他财产，以拍卖或者变卖所得抵缴税款。

税务机关采取强制执行措施时，对纳税人、扣缴义务人、纳税担保人未缴纳的滞纳金同时强制执行。

个人及其所扶养家属维持生活必需的住房和用品，不在强制执行措施的范围之内。机动车辆、金银饰品、古玩字画、豪华住宅或者一处以外的住房不属于个人及其所扶养家属维持生活必需的住房和用品。税务机关对单价5000元以下的其他生活用品，不采取税收保全措施和强制执行措施。

（四）税款的退还与追征

1. 税款退还

①纳税人超过应纳税额多缴纳的税款，税务机关发现后应当立即退还；

②纳税人自结算缴纳税款之日起3年内发现的，可以向税务机关要求退还多缴的税款并加算银行同期存款利息，税务机关查实后应当立即退还。

③如果纳税人在结清缴纳税款之日起3年后才向税务机关提出退还多缴税款要求的，税务机关将不予受理。

2. 税款的追征

①因税务机关的责任，致使纳税人、扣缴义务人未缴或者少缴税款的，税务机关在3年内可以要求纳税人、扣缴义务人补缴税款，但是不得加收滞纳金；

②因纳税人、扣缴义务人计算错误等失误，未缴或者少缴的税款，税务机关在3年内可以追征税款、并加收滞纳金；有特殊情况的（即数额在10万元以上的），追征期可以延长到5年。

③对因纳税人、扣缴义务人和其他当事人偷税、抗税、骗税等原因而造成未缴或者少缴的税款，或骗取的退税款，税务机关追征其未缴或者少缴的税款、滞纳金或者所骗取的税款，不受期限的限制（即税务机关可以无限期追征）。

五、税务代理

（一）税务代理的概念

税务代理指代理人接受纳税主体的委托，在法定的代理范围内依法代其办理相关税务事宜的行为。

（二）税务代理事项

税务代理人在其权限内，以纳税人（含扣缴义务人）的名义可代为办理的事项包括：

①纳税申报；
②申办、变更、注销税务登记证；
③申请减免税；
④设置、保管账簿凭证；
⑤进行税务行政复议和诉讼等。

（三）税务代理的特征

税务代理的特征包括：公正性、自愿性、有偿性、独立性和确定性。

（四）税务代理的法定业务范围

①办理税务登记、变更税务登记和注销税务登记手续；
②办理除增值税专用发票外的发票领购手续；
③办理纳税申报或扣缴税款报告；
④办理缴纳税款和申请退税手续；
⑤制作涉税文书；
⑥审查纳税情况；
⑦建账建制，办理账务；
⑧税务咨询、受聘税务顾问；
⑨税务行政复议手续；
⑩国家税务总局规定的其他业务。

六、税务检查

税务检查是税务机关根据税收法律、行政法规的规定，对纳税人、扣缴义务人履行纳税义务、扣缴义务及其他有关税务事项进行审查、核实、监督活动的总称。

税务机关在行使税务检查权时，应当依照法定权限和程序进行。

七、税收法律责任

(一)税收法律责任的概念

税收法律责任,是指税收法律关系的主体因违反税收法律规范所应承担的法律后果。

(二)税收法律责任的分类

税收法律责任依其性质和形式的不同,可分为行政责任和刑事责任;根据承担法律责任主体的不同,可分为纳税人的责任、扣缴义务人的责任、税务机关及其工作人员的责任。

1. 税收违法的行政处罚

纳税人如果违反了税收征收管理制度,但还没有构成犯罪的,将会受到严厉的行政处罚。纳税人所受到的行政处罚根据其实施违法行为的不同而有所不同。

(1)责令限期改正

纳税人有下列违反税务管理的行为之一的,由税务机关责令限期改正,逾期不改正的,可以处以2000元以下的罚款,情节严重的,处以2000元以上10000元以下的罚款:

①未按照规定的期限办理开业税务登记、变更税务登记和注销税务登记的;

②未按照规定向税务机关申请办理税务登记换证手续的;

③未按照规定使用税务登记证件,或者转借、涂改、损毁、买卖、伪造税务登记证件的;

④未按照规定将财务、会计制度或者财务、会计处理办法报送机关备案的。

(2)罚款

罚款是最主要的处罚措施,适用于所有的税收违法行为。根据违法行为对税收征管的损害程度,法律上设定不同的罚款力度。违反税收管理违法行为,情节严重的,必须处以罚款;非属情节严重的,则可以处以也可以不处以罚款。

(3)没收财产

适用于有违法所得的税收违法行为。没收财产,是将犯罪分子个人所有的财产的一部分或全部强制无偿地收归国有的一种处罚方法。

（4）收缴未用发票和暂停供应发票

收缴和停供发票是税务行政处罚之一。既然是一种行政处罚，就应按法律法规的权限和程序处理，而不能凭税务人员随意收缴和停供。《税收征收管理法》第七十二条规定："从事生产、经营的纳税人、扣缴义务人有本法规定的税收违法行为，拒不接受税务机关处理的，税务机关可以收缴其发票或者停止向其发售发票。"

（5）停止出口退税权

其适用于骗税行为。享有出口退税权的企业，以假报出口或者其他欺骗手段，骗取国家出口退税款的，税务机关可以在规定期间内停止为其办理出口退税。

2. **税收违法的刑事处罚**

对危害税收征管的刑罚，包括：

①拘役；②判处徒刑，徒刑分为有期徒刑和无期徒刑；③罚金；④没收财产。

其中，虚开增值税专用发票，虚开用于骗取出口退税、抵扣税款发票罪以及伪造、出售伪造的增值税专用发票罪的最高刑是死刑；骗取出口退税罪、非法出售增值税专用发票罪的最高刑是无期徒刑；其他最高刑为有期徒刑。

八、税务行政复议

税务行政复议是指当事人（纳税人、扣缴义务人、纳税担保人及其他税务当事人）对税务机关及其工作人员作出的税务具体行政行为不服，依法向上一级税务机关或者法定复议机关提出申请，复议机关经审理对原税务机关具体行政行为依法作出维持、变更、撤销等决定的活动。

（一）复议范围

复议机关受理申请人对下列具体行政行为不服提出的行政复议申请：

①税务机关做出的征税行为，包括确认纳税主体、征税对象、征税范围、减税、免税、退税、适用税率、计算依据、纳税环节、纳税期限、纳税地点和税款征收方式等具体行政行为；征收税款、加收滞纳金；扣缴义务人、受税务机关委托征收的单位做出的代扣代缴、代收代缴税款行为；

②行政许可、行政审批行为；

③发票管理行为，包括发售、收缴、代开发票等；

④税务机关采取的税收保全措施，包括书面通知银行和其他金融机构冻

结纳税人的存款，扣押、查封纳税人的商品、货物和其他财产；

⑤税务机关没有及时解除税收保全措施，使纳税人和其他当事人的合法权益遭受的损失的行为；

⑥税务机关采取的强制执行措施，包括书面通知银行和其他金融机构从纳税人、扣缴义务人和纳税担保人的存款中扣缴税款，拍卖、变卖、扣押、查封纳税人、扣缴义务人和纳税担保人的商品，货物和其他财产；

⑦税务机关做出的行政处罚行为，包括罚款，没收财物和违法所得，停止出口退税权；

⑧不依法履行下列职责的行为：颁发税务登记；开具、出具完税凭证、外出经营活动税收管理证明；行政赔偿；行政奖励；其他不依法履行职责的行为；

⑨资格认定行为；

⑩不依法确认纳税担保行为；

⑪政府信息公开工作中的具体行政行为；

⑫纳税信用等级评定行为；

⑬通知出入境管理机关阻止出境行为；

⑭其他具体行政行为。

申请人对第1项规定的行为不服的，应当先向复议机关申请行政复议，对复议决定不服的，可以再向人民法院提起行政诉讼。

申请人对第1项规定以外的其他具体行政行为不服的，可以申请行政复议，也可以直接向人民法院提起行政诉讼。

（二）复议管辖

对各级国家税务局做出的具体行政行为不服的，向其上一级国家税务局申请行政复议。

对国家税务总局的具体行政行为不服的，向国家税务总局申请行政复议。对行政复议决定不服，申请人可以向人民法院提起行政诉讼，也可以向国务院申请裁决。国务院的裁决为最终裁决。

对各级地方税务局的具体行政行为不服的，可以选择向其上一级地方税务局或者该税务局的本级人民政府申请行政复议。

（三）复议期限

申请人可在知道税务机关做出具体行政行为之日起60日内提出行政复议申请。因不可抗力或者被申请人设置障碍等其他正当理由耽误法定申请期限的，申请期限自障碍消除之日起继续计算。

申请人按前款规定申请行政复议的，必须先依照税务机关根据法律、行政法规确定的税额、期限，缴纳或者解缴税款及滞纳金或者提供相应的担保，方可在实际缴清税款和滞纳金后或者所提供的担保得到做出具体行政行为的税务机关确认之日起 60 日内提出行政复议申请。

（四）行政复议决定

1. 复议机关应当从受理行政复议申请之日起 60 日以内做出行政复议决定

情况复杂，不能在规定的期限以内做出行政复议决定的，经复议机关负责人批准，可以适当延长，并告知申请人和被申请人，但是延长期限最多不超过 30 日。

2. 行政复议决定的种类

①具体行政行为认定事实清楚，证据确凿，适用依据正确，程序合法，内容适当的，决定维持；

②被申请人不履行法定职责的，决定其在一定期限内履行；

③具体行政行为有下列情形之一的，复议机关应决定撤销、变更或者确认该具体行政行为违法：主要事实不清、证据不足的；适用依据错误的；违反法定程序的；超越职权或者滥用职权的；具体行政行为明显不当的。

④申请人在申请行政复议时可以一并提出行政赔偿请求，复议机关对符合国家赔偿法的规定应当赔偿的，在决定撤销、变更具体行政行为或者确认具体行政行为违法时，应当同时决定被申请人依法给予赔偿。

3. 行政复议决定的效力

复议机关做出行政复议决定，应当制作行政复议决定书，并加盖印章。行政复议决定书一经送达，即发生法律效力。

【课后大通关】

一、单选题

1. 凡有法律、法规规定的（　　）、应税财产或应税行为的各类纳税人，都应依照有关规定办理税务登记。

A. 收入　　　　　　　　　　B. 现金收入

C. 劳务收入　　　　　　　　D. 应税收入

2. 纳税人已在工商行政管理机关办理变更登记的，应当自工商行政管理机关变更登记之日起（　　）日内，向原税务登记机关申报办理变更税务登记。

A. 60 B. 20
C. 30 D. 50

3. 实行（　）征收方式的个体工商户需要停业的，应当在停业前向税务机关申请办理停业登记。

A. 定期定额 B. 查验征收
C. 委托代征 D. 查定征收

4. 纳税人被工商行政管机关吊销营业执照或者被其他机关予以撤销登记的，应当自被吊销营业执照或者被撤销登记之日起（　）日内，向原税务登记机关申报办理注销税务登记。

A. 60 B. 20
C. 30 D. 15

5. 纳税人停业期满未按期复业又不申请延长停业的，税务机关应当视为（　）。

A. 自动注销税务登记

B. 已恢复营业，实施正常的税收征收管理

C. 自动延长停业登记

D. 纳税人已自动接受罚款处理

6. 在购销商品、提供或接受劳务以及从事其他经营活动中，开具收取的收付凭证是（　）。

A. 银行汇票 B. 银行本票
C. 支票 D. 发票

7. 负责发票的印刷、领购、开具、取得、保管、缴销的管理和监督管理机关是（　）机关。

A. 财政 B. 税务
C. 审计 D. 金融

8. 下列有关增值税专用发票的表述中，不正确的是（　）。

A. 增值税专用发票是指专门用于结算销售货物和提供加工、修理修配劳务使用的一种发票

B. 只有经国家税务机关认定为增值税一般纳税人的才能领购增值税专用发票，小规模纳税人和法定情形的一般纳税人不得领购使用

C. 增值税专用发票由省、自治区、直辖市税务机关指定的企业统一印刷

D. 增值税专用发票应当使用防伪税控系统开具

9. 下列发票中，属专用发票的是（　）。

A. 商业零售统一发票发票 B. 商业批发统一发票
C. 工业企业产品销售统一发票 D. 商品房销售发票

10. 已开具的发票存根联和发票登记簿应当保存（　）年。
A. 3
B. 5
C. 10
D. 15

11. 不属于纳税申报方式的是（　）。
A. 直接申报
B. 邮寄申报
C. 数据电文申报
D. 口头申报

12. 由纳税人依据账簿记载，先自行计算缴纳税款，事后由税务机关查账核实，如有不合税法规定的，则多退少补。这种税款征收方式属（　）。
A. 查账征收
B. 查定征收
C. 查验征收
D. 定期定额征收

13. 税务机关依照有关法律、法规的规定，按照一定的程序，核定纳税人在一定经营时期内的应纳税经营额及收益额，并以此为计税依据，确定其应纳税额的一种税款征收方式是（　）。
A. 查账征收
B. 查定征收
C. 查验征收
D. 定期定额征收

14. 下列不属于税务代理范围的是（　）。
A. 办理发票领购手续
B. 办理缴纳税款和申请退税
C. 开展税务咨询、受聘税务顾问
D. 办理工商登记

15. 税务机关在规定的纳税期之前，对有逃避纳税义务行为的纳税人采取的税款征收措施是（　）措施。
A. 税收强制执行
B. 税收优先权
C. 税收保全
D. 阻止出境

二、多选题

1. 税务登记的种类包括（　）。
A. 开业登记
B. 变更登记
C. 停业登记
D. 复业登记

2. 下列应当办理开业税务登记的有（　）。
A. 工商局
B. 个体工商户
C. 某公司在上海的分公司
D. 企业在外地设立的分支机构

3. 下列关于设立税务登记的说法中，正确的有（　）。
A. 从事生产、经营的纳税人未办理工商营业执照但经有关部门批准设立的，应当自有关部门批准设立之日起30日内申报办理税务登记，税务机关核发税务登记证及副本
B. 从事生产、经营的纳税人未办理工商营业执照也未经有关部门批准设

立的，应当自纳税义务发生之日起 30 日内申报办理税务登记，税务机关核发临时税务登记证及副本

C. 境外企业在中国境内承包建筑、安装、装配、勘探工程和提供劳务的，应当自项目合同或协议签订之日起 30 日内，向项目所在地税务机关申报办理税务登记，税务机关核发临时税 务登记证及副本

D. 已办理税务登记的扣缴义务人应当自扣缴义务发生之日起 30 日内，向税务登记地税务机关申报办理扣缴税款登记，税务机关核发扣缴税款登记证件

4. 纳税人办理税务登记后，如发生下列情形之一，应当持有关证件向原税务登记机关申报办理变更税务登记（　　）。

A. 改变名称　　　　　　　　　B. 改变法定代表人
C. 改变住所　　　　　　　　　D. 增减注册资金（资本）

5. 下列各项中属于需办理注销税务登记的情形有（　　）。

A. 企业破产终止纳税义务的　　B. 被吊销营业执照的
C. 企业名称发生改变的　　　　D. 经营地点变动改变税务机关的

6. 关于发票的下列表述，正确的有（　　）。

A. 发票是确定经营收支行为发生的法定凭证
B. 发票是会计核算的原始凭证
C. 发票是税务机关进行税源控管的重要依据
D. 发票是开展税务稽查的重要依据

7. 按照发票用途的不同，可分为（　　）。

A. 增值税专用发票　　　　　　B. 普通发票
C. 专业发票　　　　　　　　　D. 专用发票

8. 普通发票主要由（　　）使用。

A. 增值税一般纳税人
B. 增值税小规模纳税人
C. 一般纳税人不能开具增值税专用发票的
D. 只交纳营业税的纳税人

9. 下列属于专业发票的有（　　）。

A. 邮票　　　　　　　　　　　B. 保险企业的保险凭证
C. 轮船客票　　　　　　　　　D. 电报收据

10. 下列关于发票的开具要求的表述错误的有（　　）。

A. 未发生经营业务不得开具发票
B. 开具发票时应按号顺序填开

C. 所有发票使用者填写发票都必须使用中文

D. 发票开具时限可以根据需要进行调整

11. 纳税申报的方式有（　）。

A. 直接申报　　　　　　　　B. 邮寄申报

C. 数据电文申报　　　　　　D. 代扣代缴

12. 纳税人采取邮寄方式申报纳税的，应当（　）。

A. 使用统一的纳税申报专用信封

B. 以邮政部门收据作为申报凭据

C. 以寄出的邮戳日期为实际申报日期

D. 以税务机关收到邮件的日期为实际申报日期

13. 税款征收方式包括（　）。

A. 查账征收　　　　　　　　B. 查定征收

C. 查验征收　　　　　　　　D. 代收代缴

14. 下列各项中，属于税务代理的特点的有（　）。

A. 公正性　　　　　　　　　B. 中介性

C. 法定性　　　　　　　　　D. 强制性

15. 下列属于税收保全措施的有（　）。

A. 书面通知纳税人开户银行或者其他金融机构冻结纳税人的金额相当于应纳税款的存款

B. 扣押、查封纳税人的价值相当于应纳税款的商品、货物或者其他财产，通知出境机关阻止其出境

C. 书面通知纳税人开户银行或者其他金融机构从其存款中扣缴税款

D. 扣押、查封、依法拍卖或者变卖纳税人价值相当于应纳税款的商品、货物或者其他财产，以拍卖或变卖所得抵缴税款

三、判断题

1. 凡有法律、法规规定的应税收入、应税财产或者应税行为的各类纳税人，均应当按照法律规定办理税务登记。　　　　　　　　　　　　　（　）

2. 纳税人按照规定不需要在工商行政管理机关办理变更登记的，或者其税务登记的内容与工商登记内容无关的，应当自有关机关批准或者宣布变更之日起15日内，持有关证件到原税务登记机关申报办理变更税务登记。（　）

3. 享有减免税优惠的纳税人，在减免期内可以不办理纳税申报。（　）

4. 税务机关负责发票的印制、领购、开具、取得、保管、缴销的管理和监督。　　　　　　　　　　　　　　　　　　　　　　　　　　　　（　）

5. 普通发票反映的价格是含税价，税款与价格不分离；增值税专用发票

反映的是不含税价，税款与价格分开填列。   （ ）

6. 邮寄申报以税务局收到邮寄日期为实际申报日期。   （ ）

7. 对于设置了账簿的企业，税务机关就应当采用查账征收的方式征收税款。   （ ）

8. 税务代理人可以代理税务机关行使其行政职权，法律规定的特殊情况除外。   （ ）

9. 纳税人、扣缴义务人、纳税担保人同税务机关在纳税上发生争议时，可以暂停缴纳或者解缴税款及滞纳金，并可以依法申请行政复议。   （ ）

10. 当事人对税务机关的处罚决定逾期不申请行政复议，也不向人民法院起诉，又不履行的，作出处罚决定的税务机关可以采取强制执行措施，或者申请人民法院强制执行。   （ ）

3-3 课后大通关答案：

一、单选题 1.D 2.C 3.A 4.D 5.B 6.D 7.A 8.C 9.D 10.B 11.D 12.A 13.D 14.D 15.C

二、多选题 1.ABCD 2.BCD 3.ABC 4.ABCD 5.ABD 6.ABCD 7.ABC 8.BCD 9.ABCD 10.CD 11.ABC 12.ABC 13.ABCD 14.ABC 15.AB

三、判断题 1.√ 2.× 3.× 4.√ 5.√ 6.× 7.× 8.× 9.× 10.√

【考试训练营】

一、单选题

1. 下列选项中体现财政分配本质的是税收的（ ）。
   A. 强制性   B. 无偿性
   C. 固定性   D. 稳定性

2. 下列各项中，不属于按征税对象分类的是（ ）。
   A. 流转税   B. 财产税
   C. 关税   D. 所得税

3. 将我国税收分为中央税、地方税、中央地方共享税的分类标准是（ ）。
   A. 按课税对象的性质划分   B. 按管理和使用权限划分
   C. 按计税依据划分   D. 按税负能否转嫁划分

4. 下列各项中，属于地方税的是（ ）。
   A. 增值税   B. 土地增值税
   C. 企业所得税   D. 资源税

5. 在税法的构成要素中，区别不同税种的主要标志是（ ）。

A. 征纳人 B. 征税对象
C. 计税依据 D. 税目

6. 下列关于增值税的表述不正确的是（ ）。

A. 增值税是价外税 B. 小规模纳税人的征收率为 3%
C. 我国增值税基本税率是 16% D. 我国增值税低税率为 8%

7. A 公司为增值税一般纳税人，2012 年 5 月销售产品一批。开出的增值税专用发票中注明销售额 240 万元，增值税 40.8 万元，当月购进原材料一批，全部投入生产，收到对方开具的增值税专用发票注明货款 160 万元，增值税 27.2 万元，该公司 5 月应纳增值税为（ ）

A. 40.8 万元 B. 27.2 万元
C. 68 万元 D. 13.6 万元

8. 某从事商品零售的小规模纳税人，2012 年 3 月份销售商品取得含税收入 10300 元，当月该企业应纳的增值税是（ ）元。

A. 1496.58 B. 1751
C. 309 D. 300

9. 某日化厂将某品牌的化妆品与护肤品组成成套化妆品，其中，化妆品的生产成本 90 元/套，护肤品的生产成本 50 元/套。2012 年 3 月将 100 套成套化妆品分给职工作为奖励。该日化厂上述业务应纳消费税（ ）元（化妆品成本利润率为 5%，消费税税率为 30%）。

A. 2700 B. 4200
C. 4050 D. 6300

10. 某烟草生产企业是增值税一般纳税人。2012 年 6 月销售甲类卷烟 1000 标准条。取得销售收入（含增值税）93600 元，则该企业应交纳的消费税是（ ）元（已知卷烟消费税定额税率为 0.003 元/支，1 标准条有 200 支；比例税率为 56%）。

A.52416 B.44800
C.45400 D.600

11. 下列纳税人自产自用应税消费品，不需缴纳消费税的有（ ）。

A. 汽车厂将自产的汽车用于赠送客户
B. 日化厂自产化妆品用于赞助
C. 卷烟厂自产的烟丝用于生产卷烟
D. 鞭炮厂将自产的鞭炮用于本厂厂庆

12. 适用于在中国境内未设立机构、场所的，或者虽设立机构、场所但取得的所得与其所设机构、场所没有实际联系的非居民企业的企业所得税税率是（ ）。

　　A. 15%　　　　　　　　　　B. 25%

　　C. 20%　　　　　　　　　　D. 33%

13. 根据《企业所得税法》的规定，企业发生的公益性捐赠支出，在计算企业所得税应纳税所得税额的扣除标准是（ ）。

　　A. 全额扣除

　　B. 在年度应纳税所得额 12% 以内的部分扣除

　　C. 在年度利润总额 12% 以内的部分扣除

　　D. 在年度应纳税所得额 3% 以内的部分扣除

14. 某企业所得税纳税人发生的下列支出中，在计算应纳税所得额时准予扣除的是（ ）。

　　A. 缴纳罚金 10 万元　　　　B. 直接赞助某学校 8 万元

　　C. 缴纳税收滞纳金 4 万元　　D. 支付法院诉讼费 1 万元

15. 某工业企业 2011 年度收入总额为 6000 万元，其中收到财政拨款补贴收入 400 万元，国债利息收入 30 万元，符合税法规定的各项扣除合计 4100 万元，该企业以前年度未发生过亏损。2010 年该企业应纳税所得额为（ ）万元。

　　A. 1500　　　　　　　　　　B. 1900

　　C. 1470　　　　　　　　　　D. 1870

16. 根据个人所得税法律制度的规定，下列各项中，属于工资、薪金所得项目的是（ ）。

　　A. 托儿补助费　　　　　　　B. 年终加薪

　　C. 独生子女补贴　　　　　　D. 差旅费津贴、误餐补助

17. 根据个人所得税法律制度的规定，下列个人所得中，应缴纳个人所得税的是（ ）。

　　A. 财产租赁所得　　　　　　B. 退休工资

　　C. 保险赔款　　　　　　　　D. 国债利息

18. 某作家 2012 年 7 月取得个人所得税前稿酬收入 30000 元，其应纳的个人所得税为（ ）元。

　　A. 3360　　　　　　　　　　B. 3200

　　C. 3000　　　　　　　　　　D. 4000

19. 从事生产、经营的纳税人领取工商营业执照（含临时工商营业执照）的，应当自领取工商营业执照之日起（ ）日内申报办理税务登记。

A. 20 B. 30
C. 50 D. 60

20. 纳税人办理税务登记后，发生改变法定代表人、增加注册资金（资本）的情形，应当办理（ ）。

A. 开业登记 B. 停业登记
C. 注册登记 D. 变更登记

21. 纳税人税务登记内容发生变化的，应当向（ ）申报办理变更税务登记。

A. 地（市）级税务机关 B. 县（市）级税务机关
C. 原税务登记机关 D. 原工商登记机关

22. 扣缴义务人应当自扣缴义务发生之日起（ ）日内，向所在地的主管税务机关申报办理扣缴税款登记，领取扣缴税款登记证件。

A. 15 B. 30
C. 60 D. 90

23. 可以领购使用增值税专用发票的是（ ）。

A. 增值税一般纳税人 B. 增值税小规模纳税人
C. 只纳营业税的纳税人 D. 非企业性单位

24. 下列发票中，属于专业发票的是（ ）。

A. 广告费用结算发票 B. 邮政业务统一发票
C. 工业企业产品销售统一发票 D. 商品房销售发票

25. 不符合发票开具要求的有（ ）。

A. 开具发票时按号顺序填开，填写项目齐全、内容真实
B. 填写发票应当使用中文
C. 开具发票的时限、地点应当符合规定
D. 可以拆本使用发票

26. 由税务机关根据纳税人的生产设备等在正常情况下的生产、销售情况，对其生产的应税产品查定产量和销售额，然后依照税法规定的税率征收的一种税款征收方式是（ ）。

A. 查账征收 B. 查定征收
C. 查验征收 D. 定期定额征收

27. 下列措施中，不属于税收保全措施的是（ ）。

A. 扣押 B. 查封
C. 罚款 D. 冻结相应银行存款

二、多选题

1. 按税收管理权限的不同，可将税种划分为（ ）。

A. 中央税 B. 地方税
C. 中央和地方共享税 D. 所得税

2. 下列税法中属于税收实体法的是（ ）。

A. 中华人民共和国个人所得税法

B. 中华人民共和国企业所得税法

C. 中华人民共和国外商投资企业和外国企业所得税法

D. 中华人民共和国税收征管法

3. 按照税法法律级次划分，可将税法分为（ ）。

A. 税收法律 B. 税收行政法规
C. 税收规章 D. 税收规范性文件

4. 甲委托乙加工化妆品，则下列说法正确的是（ ）。

A. 甲是增值税的纳税义务人 B. 甲是消费税的纳税义务人
C. 乙是增值税的纳税义务人 D. 乙是消费税的纳税义务人

5. 下列属于企业所得税纳税人的有（ ）。

A. 国有企业 B. 集体企业
C. 个体工商户 D. 股份有限公司

6. 依据企业所得税有关规定，纳税人在计算应纳税所得额时，不允许扣除的项目包括（ ）。

A. 坏账损失 B. 赞助支出
C. 罚金 D. 增值税

7. 根据个人所得税法律制度的规定，可以将个人所得税的纳税义务人区分为居民纳税义务人和非居民纳税义务人，依据的标准有（ ）。

A. 境内有无住所 B. 境内工作时间
C. 取得收入的工作地 D. 境内居住时间

8. 税务登记范围是指有法律规定的（ ）的各类纳税人。

A. 应税收入 B. 应税财产
C. 收入 D. 应税行为

9. 根据《税收征管法》的规定，需要办理开业税务登记的纳税人有（ ）。

A. 领取营业执照从事生产经营活动的纳税人

B. 不从事生产经营活动，法律、法规规定负有纳税义务的单位和个人

C. 只交纳个人所得税的自然人

D. 税法规定应纳税但暂时享受免税待遇的单位和个人

10. 普通发票由（ ）组成。

A. 行业发票　　　　　　　　B. 专业发票
C. 专用发票　　　　　　　　D. 增值税专用发票

11. 下列企业中，属于专业发票使用范围的有（　）。
A. 商品零售发票　　　　　　B. 国有邮政、电信企业
C. 国有铁路企业　　　　　　D. 国有金融企业

12. 下列属于普通发票的有（　）。
A. 增值税专用发票　　　　　B. 商业零售统一发票
C. 商品房销售发票　　　　　D. 邮票

13. 下列做法不正确的有（　）。
A. 甲公司代其子公司开具了一张价值20000万元的增值税发票
B. 乙公司将其未用完的增值税发票转让给丙公司
C. 丙公司将闲置的发票本出借给丁公司并收取一定的费用
D. 丁公司将已开具的发票存根联和发票登记簿保存6年后报结税务机关查验后予以销毁

14. 下列情形中属于未按规定开具发票的是（　）。
A. 未发生经营业务开具发票
B. 跳号开具发票
C. 外资企业只使用外国文字开具发票
D. 未批准拆本使用发票

三、判断题

1. 现行《个人所得税法》规定，对工资、薪金所得以每月收入额减除费用3500元后的余额为应纳税所得额，此处的3500元就是工资薪金所得的起征点。（　）

2. 超率累进税率是指以征税对象数额的相对率划分若干级距，分别规定相应的差别税率。我国的土地增值税就是采用这种税率。（　）

3. 增值税一般纳税人从事应税行为，一律适用16%的基本税率。（　）

4. 年应税销售额未超过标准的小规模企业及个体经营者小规模纳税人会计核算健全，能够提供准确税务资料的，经主管税务机关批准，可以不视为小规模纳税人。（　）

5. 委托个体经营者加工应税消费品，由受托方向其机构所在地或居住地主管税务机关申报缴纳消费税。（　）

6. 个人所得税、个人独资企业、合伙企业也是企业所得税的纳税义务人。（　）

7. 外出经营活动结束，纳税人应当向经营地税务机关填报《外出经营活

动情况申报表》,并按规定结清税款、缴销未使用完的发票。（　）

8. 增值税专用发票只限于增值税小规模纳税人领购使用。（　）

9. 查账征收是指由纳税人依据账簿记载,先自行计算缴纳税款,事后由税务机关查账核实,如有不符合税法规定的,则多退少补。（　）

10. 当事人对税务机关的处罚决定、强制执行措施或者税收保全措施不服的,应当首先依法申请行政复议,对行政复议决定不服的,才可以依法向人民法院起诉。（　）

四、案例分析题

某县税务局在2010年6月进行了以下的税务活动:

（1）6月1日实施检查中,发现某商店（个体）2010年5月20日领取营业执照后,未申请办理税务登记。据此,该税务所于2010年6月3日作出责令该商店必须在2010年6月20日前办理税务登记,逾期不办理的,将按《税收征管法》有关规定处以罚款的决定。

（2）6月12日接到群众举报,辖区内为民服装厂（系个体）开业近两个月尚未办理税务登记。经查,该服装厂2010年4月24日办理工商营业执照,4月26日正式投产,没有办理税务登记。根据检查情况,税务局于6月16日作出责令为民服装厂于6月23日前办理税务登记并处以500元罚款的决定。

（3）某企业财务人员2006年7月采取虚假的纳税申报手段少缴营业税5万元。2010年6月,税务人员在检查中发现了这一问题,要求追征这笔税款。该企业财务人员认为时间已过3年,超过了税务机关的追征期,不应再缴纳这笔税款。

（4）某服装厂逾期未缴纳税款,该局征管科送达了《催缴税款通知书》进行催缴,服装厂依然未按期缴纳税款,于是经该征管科科长批准,扣押了服装厂价值相当于应纳税款的服装。

根据材料,选择下列符合题意的选项:

1. 根据事项（1）,从事生产、经营的纳税人,应当自领取营业执照之日起（　）日内,向生产、经营地或者纳税义务发生地的主管税务机关申报办理税务登记。

A. 15 　　　　　　　　　　B. 30
C. 60 　　　　　　　　　　D. 90

2. 根据事项（2）,针对税务局的处理决定,下列表述正确的有（　）。

A. 处理决定有效
B. 处理决定无效

C. 未按照规定期限申报办理税务登记，由税务机关责令限期改正，可以处 2000 元以下的罚款

D. 未按照规定期限申报办理税务登记，由税务机关责令限期改正，可以处 1000 元以下的罚款

3. 根据事项（3），下列表述正确的有（　）。

A. 税务机关可以追征这笔税款

B. 税务机关不可以追征这笔税款

C. 对偷税、抗税、骗税的，税务机关可以无限期追征其未缴或者少缴的税款、滞纳金或者所骗取的税款

D. 对偷税、抗税、骗税的，税务机关应在 3 年内追征其未缴或者少缴的税款、滞纳金或者所骗取的税款

4. 如果是因税务机关的责任，致使纳税人、扣缴义务人未缴或者少缴税款的，税务机关在（　）年内可以要求纳税人、扣缴义务人补缴税款，但是不得加收滞纳金。

A. 1　　　　　　　　　　　　B. 3

C. 5　　　　　　　　　　　　D. 无限期

5. 根据事项（4），税务机关采取强制执行措施时必须经（　）批准。

A. 县以上税务局（分局）局长　　B. 市以上税务局局长

C. 省以上税务局局长　　　　　　D. 县级人民政府

第三章考试训练营答案：

一、单选题 1.B 2.C 3.B 4.B 5.B 6.D 7.D 8.D 9.D 10.C 11.C 12.C 13.C 14.D 15.C 16.B 17.A 18.A 19.B 20.D 21.C 22.B 23.A 24.B 25.D 26.B 27.C

二、多选题 1.ABC 2.ABC 3.ABCD 4.BC 5.ABD 6.BCD 7.AD 8.ABD 9.ABD 10.AC 11.BCD 12.BC 13.ABC 14.ABCD

三、判断题 1.× 2.√ 3.× 4.√ 5.× 6.× 7.√ 8.√ 9.√ 10.×

四、案例分析题 1.B 2.AC 3.AC 4.B 5.A

第四章　财政法律制度

本章导航

预算法律制度
- （一）预算法律制度的构成
- （二）国家预算概述
- （三）预算管理的职权
- （四）预算收入与预算支出
- （五）预算组织程序
- （六）决算
- （七）预决算的监督

政府采购法律制度
- （一）政府采购法律制度的构成
- （二）政府采购的概念与原则
- （三）政府采购的功能与执行模式
- （四）政府采购的当事人
- （五）政府采购方式
- （六）政府采购的监督检查

国库集中收付制度 {
- （一）国库集中收付制度
- （二）国库单一账户体系
- （三）财政收支的方式
}

第一节　预算法律制度

一、预算法律制度的构成

预算法律制度是指国家经过法定程序制定的，用以调整国家预算关系的法律、行政法规和相关规章制度。我国预算法律制度由《预算法》《预算法实施条例》以及有关国家预算管理的其他法规制度构成。

（一）《预算法》

1994年3月22日第八届全国人民代表大会第二次会议通过了《中华人民共和国预算法》（以下简称《预算法》），自1995年1月1日起施行。新修订的《预算法》于2014年8月31日通过，自2015年1月1日起施行。《预算法》是我国第一部财政基本法律，是我国国家预算管理工作的根本性法律以及制定其他预算法规的基本依据。

（二）《预算法实施条例》

为了保证《预算法》能够有效实施，充分规范我国财政预算，1995年11月，国务院又颁布了《中华人民共和国预算法实施条例》，对《预算法》中一些条例进行了更为详细的解释。这是将我国的政府财政预算纳入法制轨道的又一重要举措。

二、国家预算概述

（一）国家预算的概念

国家预算也称政府预算，是政府的基本财政收支计划，即经法定程序批准的国家年度财政收支计划。

国家预算是实现财政职能的基本手段，反映国家的施政方针和社会经济政策，规定政府活动的范围和方向。

（二）国家预算的作用

国家预算作为财政分配和宏观调控的主要手段，具有分配、调控和监督职能。国家预算的职能在具体工作中的运用，就表现为国家预算的作用。我国国家预算的作用主要表现在财力保证作用、调节制约作用和反映监督作用等三个方面。

1. 财力保证作用

财力保证作用，体现了国家预算的分配职能，在实际工作中就是有计划地筹集资金和安排支出的活动和过程。筹集资金是安排支出的前提，安排支出是筹集资金的目的，是从财力上保证国家基本职能的实现。我国国家财政用于社会各项事业的资金，主要是通过国家预算集中分配的。

2. 调节制约作用

国家预算作为国家的基本财政计划，是国家财政实行宏观控制的主要依据和主要手段，是国家财政实行宏观控制的主要依据和手段。国家预算可以根据社会供求状况，采取相应的政策措施，通过预算支出规模的紧缩与扩张，有效地调节社会总供求的平衡，促进经济发展。另一方面，通过预算支出结构的安排来调节投资分配结构，从而达到调整国民经济结构的作用。

3. 反映监督作用

国家预算是国民经济的综合反映。预算收入反映了国民经济的发展规模和经济效益水平，预算支出反映了各项事业发展的基本情况。因此，通过国家预算的编制和执行，就可以及时掌握国民经济的运行状况、发展趋势，以及出现的问题，从而采取相应的措施，促进国民经济健康地发展。

（三）国家预算的级次划分

根据国家政权结构、行政区域划分和财政管理体制的要求，按照一级政府设立一级预算的原则，我国国家预算共分为五级预算，即：

①中央预算；
②省级（省、自治区、直辖市）预算；
③地市级（设区的市、自治州）预算；
④县市级（县、自治县、不设区的市、市辖区）预算；
⑤乡镇级（乡、民族乡、镇）预算。

（四）国家预算的构成

1. 国家预算按照政府级次可分为中央预算和地方预算

（1）中央预算

它是中央政府的年度财政收支计划，是国家预算的重要组成部分。它规定中央财政各项收入来源和数量、中央财政支出的各项用途和数量，反映中央的方针政策。

中央预算由中央各部门（含直属单位，下同）的预算组成，包括地方向中央上解的收入数额和中央对地方返还或者给予补助的数额。

（2）地方预算

地方各级政府的年度财政收支计划，也是国家预算的重要组成部分。地方预算由各省、自治区、直辖市总预算组成。地方预算包括下级政府向上级政府上解的收入数额和上级政府对下级政府返还或者给予补助的数额。

2. 国家预算按照收支管理范围可分为总预算和部门单位预算

（1）总预算

总预算的基本组成：①地方各级总预算由本级预算和汇总的下一级总预算组成；②下一级只有本级预算的，下一级总预算即指下一级的本级预算；③没有下一级预算的，总预算即指本级预算。

（2）部门单位预算

部门单位预算是指部门、单位的收支预算。各部门预算由本部门所属各单位预算组成；单位预算是指列入部门预算的国家机关、社会团体和其他单位的收支预算。

3. 按照预算收支的内容可分为一般公共预算、政府性基金预算、国有资本经营预算、社会保险基金预算

一般公共预算是对以税收为主体的财政收入，安排用于保障和改善民生、推动经济社会发展、维护国家安全、维持国家机构正常运转等方面的收支预算。

政府性基金预算是对依照法律、行政法规的规定在一定期限内向特定对象征收、收取或者以其他方式筹集的资金，专项用于特定公共事业发展的收支预算。

国有资本经营预算是对国有资本收益作出支出安排的收支预算。

社会保险基金预算是对社会保险缴款、一般公共预算安排和其他方式筹集的资金，专项用于社会保险的收支预算。

三、预算管理的职权

（一）各级人民代表大会及其常务委员会的职权

1. 全国人民代表大会及其常务委员会的职权

根据《预算法》第十二条的规定，全国人民代表大会的职权包括：

①审查中央和地方预算草案及中央和地方预算执行情况的报告；

②批准中央预算和中央预算执行情况的报告；

③改变或者撤销全国人民代表大会常务委员会关于预算、决算的不适当的决议。

全国人民代表大会常务委员会的职权包括：

①监督中央和地方预算的执行；

②审查和批准中央预算的调整方案；

③审查和批准中央决算；

④撤销国务院制定的同宪法、法律相抵触的关于预算、决算的行政法规、决定和命令；

⑤撤销省、自治区、直辖市人民代表大会及其常务委员会制定的同宪法、法律和行政法规相抵触的关于预算、决算的地方性法规和决议。

2. 县级以上地方各级人民代表大会及其常务委员会的职权

根据《预算法》第十三条的规定，县级以上地方各级人民代表大会的职权包括：

①审查本级总预算草案及本级总预算执行情况的报告；

②批准本级预算和本级预算执行情况的报告；

③改变或者撤销本级人民代表大会常务委员会关于预算、决算的不适当的决议；

④撤销本级政府关于预算、决算的不适当的决定和命令。

县级以上地方各级人民代表大会常务委员会的职权包括：

①监督本级总预算的执行；

②审查和批准本级预算的调整方案；

③审查和批准本级决算（以下简称本级决算）；

④撤销本级政府和下一级人民代表大会及其常务委员会关于预算、决算的不适当的决定、命令和决议。

3. 乡、民族乡、镇的人民代表大会的职权

设立预算的乡、民族乡、镇的人民代表大会的职权包括：

①审查和批准本级预算和本级预算执行情况的报告；

②监督本级预算的执行；

③审查和批准本级预算的调查方案；

④审查和批准本级预算；

⑤撤销本级政府关于预算、决算的不适当的决定和命令。

(二)各级人民政府的职权

1. 国务院的职权

国务院的职权包括：

①编制中央预算、决算草案；

②向全国人民代表大会作关于中央和地方预算草案的报告；

③将省、自治区、直辖市政府报送备案的预算汇总后报全国人民代表大会常务委员会备案；

④组织中央和地方预算的执行；

⑤决定中央预算预备费的动用；

⑥编制中央预算调整方案；

⑦监督中央各部门和地方政府的预算执行；

⑧改变或者撤销中央各部门和地方政府关于预算、决算的不适当的决定、命令；

⑨向全国人民代表大会、全国人民代表大会常务委员会报告中央和地方预算的执行情况。

2. 县级以上地方各级政府的职权

县级以上地方各级政府的职权包括：

①编制本级预算、决算草案；

②向本级人民代表大会作关于本级总预算草案的报告；

③将下一级政府报送备案的预算汇总后报本级人民代表大会常务委员会备案；

④组织本级总预算的执行；

⑤决定本级预算预备费的动用；

⑥编制本级预算调整方案；

⑦监督本级各部门和下级政府的预算执行；

⑧改变或者撤销本级各部门和下级政府关于预算、决算的不适当的决定、命令；

⑨向本级人民代表大会、本级人民代表大会常务委员会报告本级总预算的执行情况。

3. 乡、民族乡、镇政府的职权

乡、民族乡、镇政府的职权包括：

①编制本级预算、决算草案；

②向本级人民代表大会作关于本级预算草案的报告；
③组织本级预算的执行；
④决定本级预算预备费的动用；
⑤编制本级预算调整方案；
⑥向本级人民代表大会报告本级预算的执行情况。

（三）各级财政部门的职权

1. 国务院财政部门的职权

①具体编制中央预算、决算草案；
②具体组织中央和地方预算的执行；
③提出中央预算预备费动用方案；
④具体编制中央预算的调整方案；
⑤定期向国务院报告中央和地方预算的执行情况。

2. 地方各级政府财政部门的职权

①具体编制本级预算、决算草案；
②具体组织本级总预算的执行；
③提出本级预算预备费动用方案；
④具体编制本级预算的调整方案；
⑤定期向本级政府和上一级政府财政部门报告本级总预算的执行情况。

（四）各部门、各单位的职权

1. 各部门的职权

①编制本部门预算、决算草案；
②组织和监督本部门预算的执行；
③定期向本级政府财政部门报告预算的执行情况。

2. 各单位的职权

①编制本单位预算、决算草案；
②按照国家规定上缴预算收入，安排预算支出，并接受国家有关部门的监督。

【知识点】预算管理的职权

1. 多选题：下列各项中，属于《预算法》规定的各部门预算职权的有（　）。

A. 编制本部门预算、决算草案

B. 组织和监督本部门预算的执行

C. 具体编制本级预算的调整方案

D. 定期向本级政府部门报告预算的执行情况

答案：ABD

【解析】各部门的职权包括：①编制本部门预算、决算草案；②组织和监督本部门预算的执行；③定期向本级政府部门报告预算的执行情况。选项C具体编制本级预算的调整方案为地方各级政府财政部门的职权。

2. 多选题：根据《预算法》的规定，下列各项中，属于国务院财政部门职权的为（ ）。

A 具体编制中央预算、决算草案

B 具体组织中央和地方预算的执行

C 具体编制地方预算的调整方案

D 提出中央预备费动用方案

答案：ABD

【解析】国务院财政部门的职权包括：①具体编制中央预算、决算草案；②具体组织中央和地方预算的执行；③提出中央预算预备费动用方案；④具体编制中央预算的调整方案；⑤定期向国务院报告中央和地方预算的执行情况。选项C为地方各级政府财政部门的职权。

3. 多选题：根据《预算法》的规定，下列各项中，属于各部门的预算职权的为（ ）。

A. 编制本部门预算草案

B. 编制本部门决算草案

C. 组织和监督本部门预算的执行

D. 定期向本级政府部门报告预算的执行情况

答案：ABCD

【解析】各部门的职权包括：①编制本部门预算、决算草案；②组织和监督本部门预算的执行；③定期向本级政府部门报告预算的执行情况。

四、预算收入与预算支出

预算由预算收入和预算支出组成。

（一）预算收入

1. 按来源分

①税收收入；

②行政事业性收费收入；

③国有资源（资产）有偿使用收入；
④转移性收入；
⑤其他收入。

2. 按归属分
①中央预算收入；
②地方预算收入；
③中央和地方预算共享收入。

（二）预算支出

1. 按功能分
①一般公共服务支出；
②外交、公共安全、国防支出；
③农业、环境保护支出；
④教育、科技、文化、卫生、体育支出；
⑤社会保障及就业支出；
⑥其他支出。

2. 按经济性质分
①工资福利支出；
②商品和服务支出；
③资本性支出；
④其他支出。

五、预算组织程序

预算组织程序，即国家在预算管理方面依序进行的各个工作环节所构成的有秩序活动的总体，主要包括预算的编制、审查、执行和调整。

（一）预算的编制

预算年度又称财政年度或会计年度，是编制政府预算时规定的收支起止期限，通常为一年。我国采用历年制预算年度，把日历年度的起止日期作为预算收支的起止日期，即从每年1月1日起至同年12月31日止。

各级预算应当根据年度经济社会发展目标、国家宏观调控总体要求和跨年度预算平衡的需要，参考上一年预算执行情况、有关支出绩效评价结果和本年度收支预测，按照规定程序征求各方面意见后，进行编制。

各级预算收入的编制,应当与经济社会发展水平相适应,与财政政策相衔接。各级政府、各部门、各单位应当依照本法规定,将所有政府收入全部列入预算,不得隐瞒、少列。

各级预算支出应当依照预算法规定,按其功能和经济性质分类编制。各级预算支出的编制,应当贯彻勤俭节约的原则,严格控制各部门、各单位的机关运行经费和楼堂管所等基本建设支出。

(二)预算的审查

全国人民代表大会和地方各级人民代表大会对预算草案及其报告、预算执行情况的报告重点审查下列内容:上一年预算执行情况是否符合本级人民代表大会预算决议的要求;预算安排是否符合本法的规定;预算安排是否贯彻国民经济和社会发展的方针政策,收支政策是否切实可行;重点支出和重大投资项目的预算安排是否适当;预算的编制是否完整,是否细化;对下级政府的转移性支出预算是否规范、适当;预算安排举借的债务是否合法、合理,是否有偿还计划和稳定的偿还资金来源;与预算有关重要事项的说明是否清晰。

(三)预算的执行

各级预算由本级政府组织执行,具体工作由本级政府财政部门负责。各部门、各单位是本部门、本单位的预算执行主体,负责本部门、本单位的预算执行,并对执行结果负责。

预算收入征收部门和单位,必须依照法律、行政法规的规定,及时、足额征收应征的预算收入。不得违反法律、行政法规规定,多征、提前征收或者减征、免征、缓征应征的预算收入,不得截留、占用或者挪用预算收入。各级政府不得向预算收入征收部门和单位下达收入指标。

各级政府财政部门必须依照法律、行政法规和国务院财政部门的规定,及时、足额地拨付预算支出资金,加强对预算支出的管理和监督。各级政府、各部门、各单位应当对预算支出情况开展绩效评价。

政府的全部收入应当上缴国家金库,任何部门、单位和个人不得截留、占用、挪用或者拖欠。

(四)预算的调整

经全国人民代表大会批准的中央预算和经地方各级人民代表大会批准的地方各级预算,在执行中出现下列情况之一的,应当进行预算调整:需要增加或者减少预算总支出的；需要调入预算稳定调节基金的；需要调减预算安排的重点支出数额的；需要增加举借债务数额的。

在预算执行中，各级政府对于必须进行的预算调整，应当编制预算调整方案。预算调整方案应当说明预算调整的理由、项目和数额。

在预算执行中，由于发生自然灾害等突发事件，必须及时增加预算支出的，应当先支出预备费；预备费不足支出的，各级政府可以先安排支出，属于预算调整的，列入预算调整方案。

六、决算

决算的实质是对年度预算执行结果的总结。政府通过编制财政决算，对预算执行的最终结果在规定周期内进行总结、分析和反映，这些总结、分析和反映的内容是政府预算执行结果的必然要求。

（一）政府决算的概念

政府决算是指各部门按照法定程序编制的、用以反映经法定程序批准的年度预算执行结果的政府预算会计总结报告。它通过对各地区、各部门、各单位预算管理过程的各种会计信息资料进行及时、正确、完整的反映，并通过这些信息资料，满足政府管理和各类社会机构及人员对政府活动了解和监督的需要。

（二）政府决算的意义

政府决算是政府执行的最终结果，政府预算的执行反映了政府在国民经济和社会发展等方面的经济和社会政策成就，也从中反映了政府在一定时期的绩效，其意义具体包括以下几方面：

①政府决算是国家政治、经济、社会各项活动在财政资金收支上的集中反映。

②政府决算是政府预算管理中的一个必不可少的环节，反映了政府预算执行的结果。

③政府决算是系统整理和积累财政统计资料的主要来源。

④政府决算是实现预算监督管理的重要手段。

（三）决算的程序

决算包括决算草案的编制、决算草案的审批和决算草案的批复。

1. 决算草案的编制

决算草案的编制，必须符合法律、行政法规，做到收支真实、数额准确、内容完整、报送及时。决算草案应当与预算相对应，按预算数、调整预算数、决算数分别列出。

2. 决算草案的审批

国务院财政部门编制的中央决算草案，经国务院审计部门审计后，报国务院审定，由国务院提请全国人民代表大会常务委员会审查和批准。

县级以上地方各级政府财政部门编制本级决算草案，报本级政府审计部门审计后，报本级政府审定，由本级政府提请本级人民代表大会常务委员会审查和批准。

乡、民族乡、镇政府编制本级决算草案，提请本级人民代表大会审查和批准。

3. 决算草案的批复

各级决算经批准后，财政部门应当在 20 日内向本级各部门批复决算。各部门应当在接到本级政府财政部门批复的本部门决算后 15 日内向所属单位批复决算。

地方各级政府应当将经批准的决算及下一级政府上报备案的决算汇总，报上一级政府备案。县级以上各级政府应当将下一级政府报送备案的决算汇总后，报本级人民代表大会常务委员会备案。

七、预决算的监督

我国预决算的监督可分为以下几个方面：

（一）国家权力机关的监督

①全国人民代表大会及其常务委员会对中央和地方预算、决算进行监督；
②县级以上地方各级人民代表大会及其常务委员会对本级和下级政府预算、决算进行监督；
③乡、民族乡、镇人民代表大会对本级预算、决算进行监督。

（二）各级政府的监督

各级政府负责监督下级政府预算的执行；下级政府应当定期向上一级政府报告预算执行情况。

（三）各级政府财政部门的监督

各级政府财政部门负责监督检查本级各部门及其所属各单位预算的编制、执行，并向本级政府和上一级政府财政部门报告预算执行情况。

（四）各级政府审计部门的监督

县级以上政府审计部门依法对预算执行、决算实行审计监督。对预算执行和其他财政收支的审计工作报告应当向社会公开。

（五）社会监督

公民、法人或者其他组织发现有违反《预算法》的行为，可以依法向有关国家机关进行检举、控告。

【课后大通关】

一、单选题

1.《预算法实施条例》是由（　　）制定的。
A. 全国人民代表大会　　　　B. 全国人民代表大会常务委员会
C. 国务院　　　　　　　　　D. 财政部

2. 下列选项中，不属于我国国家预算体系的是（　　）。
A. 中央预算
B. 省级（省、自治区、直辖市）预算
C. 县市级（县、自治县、不设区的市、市辖区）预算
D. 县级以上地方政府的派出机关预算

3. 下列关于县级以上地方各级人民代表大会常务委员会的预算管理职权的表述中不正确的是（　　）。
A. 监督本级总预算的执行
B. 审查和批准本级预算的调整方案
C. 审查和批准本级政府决算
D. 审批本级预算和本级预算执行情况的报告

4. 根据我国《预算法》的规定，不属于国务院财政部门预算职权的是（　　）。
A. 具体编制中央预算、决算草案
B. 具体组织中央和地方预算的执行
C. 审查和批准中央预算的调整方案
D. 具体编制中央预算的调整方案

5. 我国国家预算收入的最主要的组成部分是（　　）。

A. 税收收入　　　　　　　　B. 国有资源（资产）有偿使用收入

C. 行政事业性收费收入　　　D. 转移性收入

6. 中央政府预算的编制内容不包括（　）。

A. 本级预算收入和支出

B. 上级返还或者补助的收入

C. 上一年度结余用于本年度安排的支出

D. 返还或者补助地方的支出

7. 乡级政府编制的决策草案，由（　）审批。

A. 国务院　　　　　　　　　B. 县级以上人民政府

C. 本级人民代表大会　　　　D. 县级人民代表大会

8. 各级预算执行的具体工作由（　）负责。

A. 本级人民政府　　　　　　B. 本级人民代表大会常务委员会

C. 预算编制部门　　　　　　D. 本级人民代表大会

9. 县级以上各级政府财政部门编制本级决算草案，报经本级政府审定后，由本级政府提请（　）审查和批准。

A. 本级人民政府　　　　　　B. 本级人民代表大会常务委员会

C. 上级人民代表大会　　　　D. 本级人民代表大会

10. 对本级各部门、各单位和下级政府的预算执行、决算实施审计监督的部门是（　）。

A. 本级人民政府　　　　　　B. 本级人民政府财政部门

C. 本级人民政府审计部门　　D. 本级人民代表大会

二、多选题

1. 下列关于国家预算作用的表述中正确的是（　）。

A. 财力保证作用　　　　　　B. 调节制约作用

C. 反映监督作用　　　　　　D. 信息公开作用

2. 我国国家预算体系中包括（　）。

A. 中央预算

B. 省级（省、自治区、直辖市）预算

C. 乡镇级（乡、民族乡、镇）预算

D. 县级以上地方政府的派出机关

3. 下列关于中央预算的表述中，正确的有（　）。

A. 由中央各部门（含直属单位）的预算组成

B. 中央预算包括地方向中央上解的收入数额

C. 中央预算不包括中央对地方返还或者给予补助的数额

D. 中央预算不包括企业和事业单位的预算

4. 下列有关总预算的表述中正确的是（   ）。

　　A. 各级政府总预算由本级政府预算和汇总的下一级政府总预算组成，由财政部门负责编制

　　B. 下一级政府只有本级预算的，则下一级政府总预算即指下一级政府的本级预算

　　C. 没有下一级预算的，总预算即指本级预算

　　D. 我国地方政府总预算一般编制到乡镇一级

5. 根据我国《预算法》的规定，不属于全国人民代表大会预算职权的是（   ）。

　　A. 批准中央预算和中央预算执行情况的报告

　　B. 审查和批准中央预算的调整方案

　　C. 监督中央和地方预算的执行

　　D. 改变或者撤销全国人民代表大会常务委员会关于预算、决算的不适当的决议

6. 下列有关各部门预算管理职权的表述中，不正确的是（   ）。

　　A. 编制本部门预算、决算草案

　　B. 组织和监督本部门预算的执行

　　C. 定期向上级政府财政部门报告预算的执行情况

　　D. 不定期向本级政府财政部门报告预算的执行情况

7. 我国《预算法》规定的预算收入形式包括（   ）。

　　A. 税收收入　　　　　　　　　B. 国有资源（资产）有偿使用收入

　　C. 行政事业性收费收入　　　　D. 转移性收入

8. 我国《预算法》规定的预算支出形式包括（   ）。

　　A. 经济建设支出

　　B. 教育、科学、文化、卫生、体育支出

　　C. 社会保障及就业支出

　　D. 国防支出

9. 下列选项中，属于各级政府编制年度预算草案的依据的有（   ）。

　　A. 法律、法规

　　B. 国民经济和社会发展计划、财政中长期计划以及有关的财政经济政策

　　C. 本级政府的预算管理职权和财政管理体制确定的预算收支范围

　　D. 上一年度预算执行情况和本年度预算收支变化因素

10. 下列有关预算的审批和执行的表述中正确的是（   ）。

　　A. 中央预算由全国人民代表大会审查和批准

B. 地方各级人民政府预算由本级人民代表大会审查和批准

C. 各级人民政府预算经本级人民代表大会批准后，本级政府财政部门应当及时向本级政府各部门批复预算

D. 各级预算由本级政府组织执行，具体工作由本级政府财政部门负责

11. 下列有关预算的调整方案的表述中正确的是（　　）。

A. 中央预算的调整方案必须提请全国人民代表大会常务委员会审查和批准

B. 县级以上地方各级政府预算的调整方案必须提请本级人民代表大会常务委员会审查和批准

C. 乡、民族乡、镇政府预算的调整方案必须提请本级人民代表大会常务委员会审查和批准

D. 乡、民族乡、镇政府预算的调整方案必须提请本级人民代表大会审查和批准

12. 下列有关我国国家决算草案的审查和批准的表述中正确的是（　　）。

A. 决算草案由各级政府、各部门、各单位，在每一预算年度终了后按照国务院规定的时间编制，具体事项由国务院财政部门部署

B. 各部门对所属各单位的决算草案，应当审核并汇总编制本部门的决算草案，在规定的期限内报本级政府财政部门审核

C. 国务院财政部门编制中央决算草案，提请全国人民代表大会常务委员会审查和批准

D. 乡、民族乡、镇政府编制本级决算草案，提请本级人民代表大会审查和批准

13. 下列有关预决算管理的监督表述中正确的是（　　）。

A. 全国人民代表大会及其常务委员会对中央和地方预算、决算进行监督

B. 县级以上地方各级人民代表大会及其常务委员会对本级和下级政府预算、决算进行监督

C. 乡、民族乡、镇人民代表大会对本级预算、决算进行监督

D. 各级政府审计部门对本级各部门、各单位和下级政府预算的执行和决算实行审计监督

三、判断题

1.《预算法》是我国第一部财政基本法律，是我国国家预算管理工作的根本性法律以及制定其他预算法律的基本依据。（　　）

2. 每一收支项目的数字指标必须运用科学的方法，依据充分确实的资料，并总结出规律性进行计算，不得假定、估算，更不能任意变造，体现了国家

预算的完整性原则。 （ ）

3. 我国的预算分为中央预算和地方预算，而中央预算是由各地方预算组成的。 （ ）

4. 中央预算包括地方向中央上解的收入数额，但不包括中央对地方返还或者给予补助的数额。 （ ）

5. 地方预算由各省、自治区、直辖市总预算组成，但不包括下一级政府的预算。 （ ）

6. 各级政府总预算由本级政府预算和汇总的下一级总预算组成，由财政部门负责编制。 （ ）

7. 预算收入划分为中央预算收入和地方预算收入。 （ ）

8. 我国的预算支出，主要用于一般公共服务支出和国防、文化、教育、科学、卫生、社会福利等各项事业。 （ ）

9. 国务院财政部门编制中央决算草案报国务院审定后，由国务院提请全国政协常委会审查和批准。 （ ）

10. 乡、民族乡、镇的人民代表大会有权审查和批准本级预算的调整方案。 （ ）

11. 决算是对年度预算收支执行结果的会计报告，是预算执行的总结，是国家管理预算活动的最后一道程序，主要是指决算报表。 （ ）

12. 预决算的监督按监督内容，可分为对预算编制的监督、对预算执行的监督、对预算调整的监督。 （ ）

13. 各级政府审计部门对本级各部门、各单位和下一级政府部门的预算执行和决算实行审计监督。 （ ）

4-1 课后大通关答案：

一、单选题 1.C 2.D 3.D 4.C 5.A 6.B 7.C 8.A 9.B 10.C

二、多选题 1.ABC 2.ABC 3.AB 4.ABC 5.BC 6.CD 7.ABCD 8.BCD 9.ABCD 10.ABCD 11.ABD 12.ABD 13.ABCD

三、判断题 1.√ 2.× 3.× 4.× 5.× 6.√ 7.× 8.√ 9.× 10.√ 11.× 12.× 13.√

第二节 政府采购法律制度

一、政府采购法律制度的构成

目前，我国政府采购法律制度由《中华人民共和国政府采购法》、政府采购行政法规、国务院各部门特别是财政部颁布的一系列部门规章，以及地方性法规和政府规章组成。应该说，这些法规形成了一个从中央到地方、从上到下都衔接得较为严密的制度体系。

（一）政府采购法

政府采购法是指调整各级国家机关、事业单位和团体组织，使用财政性资金依法采购货物、工程和服务活动的法律规范的总称。

《中华人民共和国政府采购法》（以下简称《政府采购法》）于2002年6月29日经第九届全国人民代表大会常务委员会第二十八次会计通过，并于2003年1月1日起施行，是我国政府采购法律制度中效力最高的法律文件，是制定其他规范性文件的依据。

（二）政府采购行政法规

《中华人民共和国政府采购法实施条例》于2014年12月31日通过，2015年3月1日起施行。该条例共九章七十九条，对政府采购法的有关规定进行了细化。

（三）政府采购部门规章

为了贯彻《政府采购法》，国务院财政部门制定了相应的规章。例如：《政府采购货物和服务招标投标管理办法》《政府采购信息公告管理办法》《政府采购供应商投诉处理办法》《政府采购代理机构资格认定办法》《善于禁止串通招标投标行为的暂行规定》等。

（三）政府采购地方性法规和政府规章

政府采购地方性法规是指省、自治区、直辖市的人民代表大会及其常务委员会在不与法律、行政法规相抵触的情况下制定的规范性文件。如《云南省政府采购条例》《广东省实施（政府采购法）办法》。政府采购地方性规章是指省、自治区、直辖市的人民政府制定的地方规范性文件。如《深圳经济特区政府采购条例》《上海市政府采购管理办法》等。

二、政府采购的概念与原则

（一）政府采购的概念

1. 概念

政府采购，是指各级国家机关、事业单位和团体组织，使用财政性资金采购依法制定的集中采购目录以内的或者采购限额标准以上的货物、工程和服务的行为。

2. 政府采购的主体范围

政府采购主体，亦即采购人，是指我国境内依法进行政府采购的各级政府机关、事业单位和社会团体等。

采购人的采购纳入集中采购目录的政府采购项目，必须委托集中采购机构集中采购；采购未纳入集中采购目录的政府采购项目，可以自行采购，也可以委托集中采购机构在委托的范围内代理采购。

采购人可以委托经国务院有关部门或者省级人民政府有关部门认定资格的采购代理机构，在委托的范围内办理政府采购事宜。采购人有权自行选择采购代理机构，任何单位和个人不得以任何方式为采购人指定采购代理机构。

政府采购的主体不包括所有个人、私人企业和公司；国有企业不属于政府采购的主体范围。

3. 政府采购的资金范围

我国政府采购资金范围是财政性资金和需要财政偿还的公共借款。财政性资金由财政预算资金和预算外资金组成，财政预算资金是指国家财政以各种形式划拨的资金；预算外资金是指单位通过各种行政事业性收费、政府采购基金、政府间捐赠资金等获得的收入，不包括单位和各种其他事业收入。

4. 政府集中采购目录和政府采购限额标准

政府采购目录和政府采购限额标准由省级以上人民政府确定并公布。属于中央预算的政府采购项目，其集中采购目录和政府采购限额标准由国务院确定并公布；属于地方预算的政府采购项目，其集中采购目录政府采购限额标准由省、自治区、直辖市人民政府或者其授权的机构确定并公布。

5. 政府采购的对象范围

政府采购应当采购本国货物、工程和服务。我国政府采购对象范围是：以合同方式有偿取得货物、工程和服务的行为，包括购买、租赁、委托、雇佣等。其中，货物是指各种形态和种类的物品，包括原材料、燃料、设备、产品等；工程是指建设工程，包括建筑物和构筑物的新建、改建、扩建、装修、拆除、修缮等；服务是指除货物和工程以外的其他政府采购对象。

（二）政府采购的原则

①公开透明原则；

②公平竞争原则；

③公正原则;
④诚实信用原则。

三、政府采购的功能与执行模式

(一)政府采购的功能

①节约财政支出,提高采购资金的使用效益;
②强化宏观调控;
③活跃市场经济;
④推进反腐倡廉;
⑤保护民族产业。

【知识点】政府采购的功能

多选题:下列各项中,属于政府采购功能的有( )。

A. 讲求诚实信用　　　　　　B. 推进反腐倡廉
C. 节约财政支出　　　　　　D. 公开公正透明

答案:BC

【解析】根据政府采购的功能,本题应选择BC选项。

(二)政府采购的执行模式

我国政府采购的执行模式分为集中采购和分散采购两种模式。

1. 集中采购

集中采购,是指由政府设立的职能机构统一为其他政府机构提供采购服务的一种采购组织实施形式。

集中采购按集中程度不同,可分为政府集中采购和部门集中采购两类。

采购单位必须委托集中采购机构代理采购,不得擅自自行组织采购。列入集中采购的项目都是一些大宗的、通用性的项目。

集中采购的优点是:取得规模效益,降低采购成本,争取价格优势和优质服务,保证采购质量,贯彻落实政府采购有关政策取向,便于实施统一的管理和监督。但集中采购往往存在难以适应紧急情况采购、难以满足用户多样性需求、采购程序复杂、采购周期长等缺点。

2. 分散采购

分散采购,是指由各预算单位自行开展采购活动的一种采购组织实施形式。

采购未纳入集中采购目录的政府采购项目，可以自行采购，也可以委托集中采购机构在委托的范围内代理采购。

分散采购是采购单位使用财政性资金自行组织或委托采购代理机构实施的，在集中采购目录以外、采购限额标准以上的项目采购活动。分散采购的项目往往是一些在限额标准以上的、专业化程度较高或单位有特定需求的项目，一般不具有通用性的特征。

分散采购是集中采购的补充形式，灵活性高、自主性强，手续简便，满足采购及时性和多样性需求。但是，分散采购失去了规模效益，加大了采购成本，会导致资产闲置及资金浪费，不利于国家宏观调控，容易滋生腐败。

四、政府采购当事人

政府采购当事人，是指在政府采购活动中享有权利和承担义务的各类主体，包括采购人、供应商和采购代理机构。

（一）采购人

采购人是指依法利用国家财政性资金和政府借款购买货物、工程或服务的国家机关、事业单位和团体组织。它包括各级国家权力机关、行政机关、审判机关、检察机关、党政组织、政协组织、工青妇组织以及科教文卫体医等事业单位。目前，由于国有企业的采购尚未纳入《政府采购法》的管理范围内，国有企业并不是政府采购的当事人。

1. 采购人的权利

①自行选择采购代理机构的权利；
②要求采购代理机构遵守委托协议约定的权利；
③审查政府采购供应商资格的权利；
④依法确定中标供应商的权利；
⑤签订采购合同并参与对供应商履约验收的权利；
⑥特殊情况下提出特殊要求的权利；
⑦其他合法权利。

2. 采购人的义务

①遵守政府采购的各项法律、法规和规章制度；
②接受政府采购监督管理部门的监管；
③尊重供应商的正当合法权益；
④遵守采购代理机构的工作秩序；

⑤在规定时间内与中标供应商签订政府采购合同；
⑥在指定媒体及时向社会发布政府采购信息、招标结果；
⑦依法答复供应商的询问和质疑；
⑧妥善保存反映每项采购活动的采购文件；
⑨其他法定义务。

（二）供应商

供应商指向采购人提供货物、工程或者服务的法人、其他组织或者自然人。

供应商参加政府采购活动应当具备下列条件：
①具有独立承担民事责任的能力；
②具有良好的商业信誉和健全的财务会计制度；
③具有履行合同所必需的设备和专业技术能力；
④有依法缴纳税收和社会保障资金的良好记录；
⑤参加政府采购活动前三年内，在经营活动中没有重大违法记录；
⑥法律、行政法规规定的其他条件。

采购人可以根据采购项目的特殊要求，规定供应商的特定条件，但不得以不合理的条件对供应商实行差别待遇或者歧视待遇。

1. 供应商的权利

①平等地取得政府采购供应商资格的权利；
②平等地获得政府采购信息的权利；
③自主、平等地参加政府采购竞争的权利；
④就政府采购活动事项提出询问、质疑和投诉的权利；
⑤自主、平等地签订政府采购合同的权利；
⑥要求采购人或采购代理机构保守其商业秘密的权利；
⑦监督政府采购过程依法公开、公正地进行的权利；
⑧其他合法权利。

2. 供应商的义务

①遵守政府采购的各项法律、法规和规章制度；
②按规定接受供应商资格审查，在资格审查中客观地反映企业情况；
③在采购活动中，满足采购人或采购代理机构的正当要求；
④投标中标后，按规定程序签订政府采购合同并严格履行合同义务；
⑤其他法定义务。

【知识点】政府采购供应商的权利

多选题：下列各项中，属于政府采购供应商的权利的有（ ）。

A. 获得政府采购信息的权利

B. 平等地获得供应商资格的权利

C. 平等地签订政府采购合同的权利

D. 平等地参加政府采购竞争的权利

答案：ABCD

【解析】供应商的权利包括：①公正、公平地参与政府采购活动的权利，即要求平等地获得供应商资格的权利。②公正、平等地获得政府采购信息的权利。③自由、平等地参加政府采购竞争的权利。④提出质疑和投诉的权利，形成对政府采购活动的监督。⑤自由、平等地签订政府采购合同的权利。⑥要求采购人或采购代理机构保守其商业秘密的权利。⑦监督整个政府采购过程依法公开、公正地进行的权利。⑧保护自身的正当、合法权利不受侵害的权利。⑨其他合法权益。

（三）采购代理机构

采购代理机构是指具备一定条件，经政府有关部门批准而依法拥有政府采购代理资格的社会中介机构。

采购代理机构分为集中采购机构和一般采购代理机构。

1. 集中采购机构

由设区的市、自治州以上人民政府根据本级政府采购项目组织集中采购的需要设立集中采购机构。集中采购机构是非营利性事业法人，根据采购人的委托办理采购事宜，是进行政府集中采购的法定代理机构。

纳入集中采购目录的政府采购项目，除属于特殊的采购项目外，采购人必须委托集中采购机构采购，并经省级人民政府批准；属于通用的政府采购项目的，应当委托集中采购机构代理采购；属于本部门、本系统有特殊要求的项目，应当实行部门集中采购；属于本单位有特殊要求的项目，经省级以上人民政府批准可自行采购。

未纳入集中采购目录的政府采购项目，可以自行采购，也可以委托集中采购机构在委托的范围内代理采购。

政府采购中心是典型的集中采购机构，它不是政府行政机构，而是非营利性事业法人。其采购代理资格不需要政府特别认定。

2. 一般采购代理机构

一般采购代理机构是依法成立并具有法人资格的社会中介机构，有能力和良好的信誉承担政府采购的业务代理工作。

一般采购代理机构的资格由国务院有关部门或省级人民政府有关部门认定。

一般采购代理机构负责分散采购的代理业务。

一般采购代理机构要向委托人或中标人收取一定的服务费。

3. 采购代理机构的义务

采购代理机构作为政府采购活动中的一个特殊利益主体，应当对包括自身在内的政府采购当事人负责，自觉履行《政府采购法》规定的义务，依法开展代理采购活动，维护国家利益和社会公共利益。就具体操作过程而言，其义务和责任表现为以下几个方面：

①依法开展代理采购活动并提供良好服务的义务；
②依法发布采购信息的义务；
③依法接受监管和监督的义务；
④不得向采购人行贿或者采取其他不正当手段谋取非法利益的义务；
⑤其他法定义务和责任。

采购代理机构及其工作人员如果不履行义务，必须承担相应的责任。可以给予取消代理资格、通报批评、进行相应的经济处罚等处分；对不履行义务的国家工作人员要给予行政处分；对行为触犯法律的采购代理机构及其工作人员，必须依法惩治。

五、政府采购方式

《中华人民共和国政府采购法》规定政府采用以下六种方式采购，即公开招标、邀请招标、竞争性谈判、单一来源采购、询价采购以及国务院政府采购监督管理部门认定的其他采购方式，其中公开招标应作为政府采购的主要采购方式。

1. 公开招标

公开招标，是指采购人按照法定程序，通过发布招标公告，邀请所有潜在的不特定的供应商参加投标，采购人通过某种事先确定的标准，从所有投标供应商中择优评选出中标供应商，并与之签订政府采购合同的一种采购方式。

货物服务采购项目达到公开招标数额标准的，必须采用公开招标的方式。

采购人采购货物或者服务应当采用公开招标方式的，其具体数额标准，属于中央预算的政府采购项目，由国务院规定；属于地方预算的政府采购项目，由省、自治州、直辖市人民政府规定；因特殊情况需要采用公开招标以外的采购方式的，应当在采购活动开始前获得设区的市、自治州以上人民政府采购监督管理部门的批准。采购人不得将应当以公开招标方式采购的货物或者服务化整为零或者以其他任何方式规避公开招标采购。

2. 邀请招标

邀请招标是指采购人根据供应商或承包商的资信和业绩，选择一定数目的法人或其他组织（不能少于3家），向其发出招标邀请书，邀请他们参加投标竞争，从中选定中标供应商的一种采购方式。符合下列情形之一的货物或者服务，采用邀请招标方式采购：

①具有特殊性，只能从有限范围的供应商处采购的；
②采用公开招标方式的费用占政府采购项目总价值的比例过大的。

3. 竞争性谈判

竞争性谈判，是指采购人或代理机构通过与多家供应商（不少于3家）进行谈判，最后从中确定中标供货商的一种采购方式。

符合下列情形之一的货物或者服务，可以采用竞争性谈判方式采购：
①招标后没有供应商投标或没有合格标的或者重新招标未能成立的；
②技术复杂或者性质特殊，不能确定详细规格或者具体要求的；
③采用招标所需时间不能满足用户紧急需要的；
④不能事先计算出价格总额的。

【知识点】政府采购方式的选择

单选题：竞争性谈判方式是指要求采购人应有关采购事项，与不少于（ ）家供应商进行谈判。

A. 2　　　　　　　　　　B. 3
C. 4　　　　　　　　　　D. 5

答案：B

【解析】略。

4. 单一来源采购

单一来源采购也称直接采购，是指采购人向唯一供货商进行采购的方式。适用于达到了限购标准和公开招标数额标准，但所购商品的来源渠道单一，或属专利、首次制造、合同追加、原有采购项目的后续扩充和发生了不可预见的紧急情况不能从其他供应商处采购等情况。

符合下列情形之一的货物或者服务，可以采用单一来源方式采购：
①只能从唯一供应商处采购的；
②发生了不可预见的紧急情况不能从其他供应商处采购的；
③必须保证原有采购项目一致性或者服务配套的要求，需要继续从原供应商处添购，且添购资金总额不超过原合同采购金额10%的。

该种采购方式最主要特点是没有竞争性。

5. 询价采购

询价采购是指采购人向有关供货商（多家）发出询价单让其报价，在报价的基础上进行比较并确定最优供货商的一种采购方式。这种采购方式适用于货物规格单一、标准统一、现货货源充足且价格变化幅度小的政府采购项目。

六、政府采购的监督检查

各级人民政府财政部门是负责政府采购监督管理的部门。

政府采购监督管理部门不得设置集中采购机构，不得参与政府采购项目的采购活动。采购代理机构与行政机关不得存在隶属关系或者其他利益关系。审计机关应当对政府采购进行审计监督。监察机关应当加强对参与政府采购活动的国家机关、国家公务员和国家行政机关任命的其他人员实施监察。

政府采购监督管理部门实施监督检查具体包括几个方面的主要内容：

（一）政府采购监督管理部门的监督

政府采购监督管理部门应当加强对政府采购活动及集中采购机构的监督检查。

（二）集中采购机构的内部监督

集中采购机构应当建立健全内部监督管理制度。采购活动的决策和执行程序应当明确，并相互监督、相互制约。

（三）采购人的内部监督

采购人必须按照《政府采购法》规定的采购方式和采购程序进行采购。政府采购项目的采购标准和采购结果应当公开。

（四）政府其他有关部门的监督

依照法律、行政法规的规定对政府采购负有行政监督职责的政府部门，应当按照其职责分工,加强对政府采购活动的监督。

(五)政府采购活动的社会监督

任何单位和个人对政府采购活动中的违法行为,有权控告和检举,有关部门、机关依照各自职责及时处理。

【课后大通关】

一、单选题

1. 下列选项中,不属于政府采购当事人的是（ ）。

   A. 采购人　　　　　　　　　B. 保证人

   C. 供应商　　　　　　　　　D. 采购代理机构

2. 政府采购资金中不包括（ ）。

   A. 预算内资金

   B. 预算外资金

   C. 与财政资金相配套的单位自筹资金

   D. 社会捐助资金

3. 政府集中采购目录和限额标准由（ ）确定并公布。

   A. 省级人民政府　　　　　　B. 市级人民政府

   C. 县级人民政府　　　　　　D. 乡、民族乡、镇政府

4. 政府采购要按照事先约定的条件和程序进行,对所有供应商一视同仁,任何单位和个人无权干预采购活动的正常开展,这体现了（ ）。

   A. 公开透明原则　　　　　　B. 公平竞争原则

   C. 公正原则　　　　　　　　D. 诚实信用原则

5. 下列选项中,不属于我国政府采购主体的是（ ）。

   A. 国家机关　　　　　　　　B. 事业单位

   C. 从事公共社会活动的团体组织　　D. 国有企业

6. 依据有关法律规定,下列选项中,适用《政府采购法》的是（ ）。

   A. 某中外合资经营企业采购设备

   B. 某高等院校用教育经费拨款购买教学用计算机

   C. 某国有独资公司采购基本建设项目设备

   D. 某上市公司承揽了国家重点建设项目而采购加工设备

7. 以下属于采购代理机构义务的是（ ）。

   A. 依法发布采购信息

   B. 投标中标后,按规定程序签订政府采购合同并严格履行合同义务

C. 遵守采购代理机构的工作秩序

D. 在指定媒体及时向社会发布政府采购信息、招标结果

8. 根据《政府采购法》的规定，对于具有特殊性，只能从有限范围的供应商处采购的货物，其适用的政府采购方式是（ ）。

A. 公开招标方式　　　　　　　B. 邀请招标方式

C. 竞争性谈判方式　　　　　　D. 单一来源方式

二、多选题

1. 我国政府采购法律制度由（ ）构成。

A.《政府采购法》

B.《政府采购信息公告管理办法》

C.《政府采购货物和服务招标投标管理办法》

D.《政府采购地方性法规和政府规章》

2. 政府采购应当遵循的原则包括（ ）。

A. 公开透明　　　　　　　　　B. 公平竞争

C. 公正　　　　　　　　　　　D. 诚实信用

3. 政府采购的当事人包括（ ）。

A. 采购人　　　　　　　　　　B. 供应商

C. 采购代理机构　　　　　　　D. 资产评估机构

4. 下列有关政府集中采购目录和政府采购限额标准的表述中正确的是（ ）。

A. 政府集中采购目录和政府采购限额标准由省级以上人民政府确定并公布

B. 属于中央预算的政府采购项目，其集中采购目录和政府采购限额标准由国务院财政部门确定并公布

C. 属于地方预算的政府采购项目，其集中采购目录和政府采购限额标准由省、自治区、直辖市人民政府确定并公布

D. 集中采购目录和政府采购限额标准由省、自治区、直辖市人民政府授权的机构确定并公布

5. 下列适用《政府采购法》的主体包括（ ）。

A. 某市中级人民法院采购办公设备

B. 某股份有限公司购买生产设备

C. 某省级人民医院购买医疗设备

D. 某国有企业订购一套大型计算机系统

6. 下列属于供应商义务的是（ ）。

A. 遵守政府采购的各项法律、法规和规章制度

B. 按规定接受供应商资格审查，并在资格审查中客观真实地反映自身情况

C. 在指定媒体及时向社会发布政府采购信息、招标结果

D. 依法发布采购信息

7. 根据《政府采购法》的规定，政府采购采用的方式包括（　　）等。

A. 公开招标　　　　　　　　B. 邀请招标

C. 竞争性谈判　　　　　　　D. 单一来源

8. 根据政府采购法律制度的规定，下列情形中，采购人可以采用竞争性谈判方式采购的有（　　）。

A. 采用招标方式所需时间不能满足用户紧急需要的

B. 不能事先计算出价格总额的

C. 采用公开招标方式的费用占政府采购项目总价值的比例过大的

D. 技术复杂或者性质特殊，不能确定详细规格或者具体要求的

三、判断题

1. 政府采购资金为财政性资金。按照财政部的现行规定，财政性资金是指预算内资金、预算外资金的总和。（　　）

2. 诚实信用原则要求采购主体在项目发标、信息发布、评标审标中要真实，不得有所隐瞒。（　　）

3. 《政府采购法》规定，政府采购实行集中采购和分散采购相结合。采购人采购纳入集中采购目录的政府采购项目，应当实行集中采购。（　　）

4. 《政府采购法》规定，采购未纳入集中采购目录的政府采购项目，只能自行采购。（　　）

5. 单一来源方式，是指采购人向唯一供应商进行采购的方式。（　　）

6. 采购代理机构分为一般采购代理机构和集中采购代理机构。（　　）

7. 采购人不得将应当以公开招标方式采购的货物或者服务化整为零或者以其他任何方式规避公开招标采购。（　　）

8. 必须保证原有采购项目一致性或者服务配套的要求，需要继续从原供应商处添购，且添购资金总额不超过原合同采购金额10%的，可以采用询价方式采购。（　　）

9. 发生了不可预见的紧急情况不能从其他供应商处采购的，可以采用单一来源方式采购。（　　）

10. 各级政府审计部门是负责政府采购监督管理部门，依法履行对政府采购活动的监督管理职责。（　　）

4-2 课后大通关答案：
一、单选题 1.B 2.D 3.A 4.C 5.D 6.B 7.A 8.B
二、多选题 1.ABCD 2.ABCD 3.ABC 4.ACD 5.AC 6.AB 7.ABCD 8.ABD
三、判断题 1.× 2.√ 3.√ 4.× 5.√ 6.√ 7.√ 8.× 9.√ 10.×

第三节 国库集中收付制度

一、国库集中收付制度

国库集中收付制度一般也称为国库单一账户制度，包括国库集中支付制度和收入收缴管理制度，是指由财政部门代表政府设置国库单一账户体系，所有的财政性资金均纳入国库单一账户体系收缴、支付和管理的制度。

国库集中收付制度包括国库集中支付制度和收入收缴管理制度，国库集中收付制度是现代国库管理制度的基础。

二、国库单一账户体系

（一）国库单一账户体系的概念

国库单一账户体系是指以财政国库存款账户为核心的各类财政性资金账户的集合。

所有财政性资金的收入、支付、存储及资金清算活动均在该账户体系运行。

（二）国库单一账户体系的构成

国库单一账户体系包括：国库单一账户、财政部门零余额账户、预算单位零余额账户、预算外资金财政专户和特设专户。

1. 国库单一账户

国库单一账户是财政部门在中国人民银行开设的国库存款账户，用于记录、核算和反映财政预算资金和纳入预算管理的政府性基金的收入和支出活动，并用于同财政部门在商业银行开设的零余额账户进行清算，实现支付。

2. 财政部门零余额账户

财政部门在商业银行开设的零余额账户，用于财政直接支付和与国库单一账户支出清算。

3. 预算单位零余额账户

财政部门在商业银行为预算单位开设的零余额账户,用于财政授权支付和清算。

4. 预算外资金财政专户

财政部门在商业银行开设的预算外资金财政专户,用于记录、核算和反映预算外资金的收入支出活动,并用于预算外资金的日常收支清算。

5. 特设专户

经国务院或国务院授权财政部门批准的预算单位在商业银行开设的特殊专户,用于记录、核算和反映预算单位的特殊专项支出活动并用于与国库单一账户清算。

【知识点】国库单一账户体系

单选题:下列各项中,不属于国库单一账户体系的是(　　)。

A．预算单位零余额账户　　B．财政部门零余额账户

C．临时存款账户　　D．预算外资金财政专户

答案:C

【解析】国库单一账户体系包括:国库单一账户、财政部门零余额账户、预算单位零余额账户、预算外资金财政专户和特设专户。

三、财政收支的方式

(一)财政收入收缴方式和程序

财政性收入的收缴方式分为直接缴库和集中汇缴两种。

1. 直接缴库

直接缴库是指缴款单位或缴款人按有关法律法规规定,直接将应缴收入缴入国库单一账户或预算外资金财政专户,一般适用于税收收入和其他收入。

直接缴库的税收收入,由纳税人或税务代理的提出纳税申报,经征收机关审核无误后,由纳税人通过开户银行将税款缴入国库单一账户。直接缴库的其他收入,比照上述程序缴入国库单一账户或预算外资金财政专户。

2. 集中汇缴

集中汇缴是指由征收机关(有关法定单位)按有关法律规定,将所收的应缴收入汇总缴入国库单一账户或预算外资金财政专户,一般适用于小额零散税收和法律另有规定的应缴收入。

小额零散税收和法律另有规定的应缴收入，经征收计算于收缴收入的当日汇总缴入国库单一账户。非税收入中的现金缴款，比照本程序缴入国库单一账户或预算外资金财政专户。

（二）财政支出支付的方式和程序

财政支出支付的方式实行财政直接支付和财政授权支付两种。

1. 财政直接支付

（1）概念

财政直接支付是指由财政部门向中国人民银行和代理银行签发支付指令，代理银行根据支付指令通过国库单一账户体系将资金直接支付到收款人（即商品或劳务的供应商等，下同）或用款单位（即具体申请和使用财政性资金的预算单位，下同）账户。

（2）支付范围

财政直接支付的支出包括财政统一发放的工资支出、工程采购支出、物品服务采购等购买支出的集中采购部分和转移支出。

2. 财政授权支付

（1）概念

财政授权支付是指预算单位按照财政部门的授权，自行向代理银行签发支付指令，代理银行根据支付指令，在财政部门批准的预算单位用款额度内，通过国库单一账户体系将资金支付到收款人账户。

（2）支付范围

财政授权支付程序适用于未纳入工资支出，工程采购支出，物品、服务采购支出管理的购买支出中的零星支出及小额现金的提取。包括：单位物品或单项服务购买额不足 10 万元人民币的购买支出；年度财政投资不足 50 万元人民币的工程采购支出；特别紧急的支出和经财政部门批准的其他支出。

【课后大通关】

一、单选题

1. 国库集中收付制度也称为（　）。

A. 国库集中支付制度　　　　　B. 国库收入收缴制度
C. 国库单一账户制度　　　　　D. 国库集中管理制度

2. 按照有关规定，（　）是对国库单一账户和代理银行进行管理和监督的机构。

A. 财政部门 B. 中国人民银行
C. 商业银行 D. 纪检部门

3. 用于记录、核算和反映纳入预算管理的财政收入和支出的账户是（ ）。

A. 国库单一账户 B. 财政部门零余额账户
C. 预算外资金账户 D. 特设账户

4. 财政收入收缴方式中，由征收机关（有关法定单位）按有关法律法规规定，将所收的应缴收入汇总缴入国库单一账户或预算外资金财政专户的方式是（ ）。

A. 分次汇缴 B. 直接缴库
C. 集中汇缴 D. 汇总缴纳

5. 财政支出支付方式中，由财政部向中国人民银行和代理银行签发支付指令，代理银行根据支付指令通过国库单一账户体系将资金直接支付到收款人或用款单位账户的方式称为（ ）。

A. 财政直接支付 B. 财政授权支付
C. 财政委托支付 D. 财政集中支付

6. 预算单位支用授权额度时，填制财政部门统一制定的"财政授权支付凭证"送代理银行，代理银行据此通过（ ）办理资金支付。

A. 预算单位零余额账户 B. 财政部门零余额账户
C. 预算外资金专户 D. 特设专户

二、多选题

1. 关于国库集中收付制度，下列说法正确的是（ ）。

A. 财政部门代表政府设置国库单一账户体系
B. 所有的财政性资金均纳入国库单一账户体系收缴、支付和管理
C. 大大提高了财政资金收付管理的规范性和安全性
D. 能有效地防止利用财政资金谋取私利等腐败现象的发生

2. 下列账户中，属于国库单一账户体系中的有（ ）。

A. 预算外资金专户 B. 特设专户
C. 国库单一账户 D. 财政部门零余额账户

3. 财政收入收缴方式主要有（ ）。

A. 直接缴库 B. 集中汇缴
C. 分散汇缴 D. 代扣代缴

4. 财政支出支付方式主要有（ ）。

A. 财政授权支付 B. 银行代理支付
C. 财政直接支付 D. 银行集中支付

5. 财政授权支付程序适用于（　　）。

A. 单件物品或单项服务购买额不足 10 万元人民币的购买支出

B. 单件物品或单项服务购买额不足 50 万元人民币的购买支出

C. 年度财政投资不足 50 万元的工程采购支出

D. 特别紧急的支出

三、判断题

1. 国库单一账户在财政总预算会计中使用，行政单位和事业单位会计中不设置该账户。（　　）

2. 财政部门在商业银行为预算单位开设的零余额账户，简称财政部门零余额账户。（　　）

3. 财政部门是持有和管理国库单一账户的职能部门，任何单位不得擅自设立、变更或撤销国库单一账户体系中的各类银行账户。（　　）

4. 小额零散税收和法律另有规定的应缴收入，由征收机关于收缴收入的当日汇总缴入国库单一账户。（　　）

5. 财政直接支付的申请由各预算单位填写"财政直接支付申请书"，报财政部门国库支付执行机构。（　　）

4-3 课后大通关答案：

一、单选题 1.C 2.B 3.A 4.C 5.A 6.A

二、多选题 1.ABCD 2.ABCD 3.AB 4.AC 5.ACD

三、判断题 1.√ 2.× 3.√ 4.√ 5.×

【考试训练营】

一、单选题

1. 下列关于预算体系组成的表述，错误的是（　　）。

A. 地方预算由省、自治区、直辖市预算组成

B. 部门单位预算是指部门、单位的收支预算

C. 总预算包括本级预算和本级政府行政隶属的下一级政府的总预算

D. 预算组成不受限制，可随意编制

2. 下列关于全国人民代表大会的预算管理职权的表述中不正确的是（　　）。

A. 审查中央和地方预算草案及中央和地方预算执行情况的报告

B. 批准中央预算和中央预算执行情况的报告

C. 改变或者撤销全国人民代表大会常务委员会关于预算、决算的不适当的决议

D. 撤销国务院制定的同宪法、法律相抵触的关于预算、决算的行政法规、决定和命令

3. 根据我国《预算法》的规定，不属于全国人民代表大会常务委员会负责的是（　　）。

A. 监督中央和地方预算的执行

B. 审查和批准中央预算的调整方案

C. 审查和批准中央预决算

D. 具体组织中央和地方预算的执行

4. 下列不属于县级以上地方各级政府的预算管理职权的是（　　）。

A. 编制本级预算、决算草案

B. 向本级人民代表大会作关于本级总预算草案的报告

C. 批准本级预算和本级预算执行情况的报告

D. 组织本级总预算的执行

5. 中央预算由（　　）审查和批准。

A. 全国人民代表大会　　　　　B. 全国人民代表大会常务委员会

C. 国务院　　　　　　　　　　D. 财政部

6. 乡、民族乡、镇政府预算的调整方案必须提请（　　）审查和批准。

A. 本级人民政府　　　　　　　B. 本级人民代表大会常务委员会

C. 本级人民政府财政部门　　　D. 地方人民代表大会

7. 政府采购法规政策，省级以上人民政府公布的集中采购目录、政府采购限额标准和公开招标数额标准，政府采购招标业务代理机构名录，招标投标信息应当公开，体现了政府采购的（　　）。

A. 公开透明原则　　　　　　　B. 公平竞争原则

C. 公正原则　　　　　　　　　D. 诚实信用原则

8. 使用财政性资金采购依法制定的集中采购目录以内的或者限额标准以上的货物、工程和服务的单位中，不适用《政府采购法》的主体是（　　）。

A. 国家机关　　　　　　　　　B. 事业单位

C. 社会团体　　　　　　　　　D. 国有企业

9. 根据《政府采购法》的有关规定，招标后没有供应商投标或者没有合格标的或者重新招标未能成立的，其适用的政府采购方式是（　　）。

A. 询价方式　　　　　　　　　B. 邀请招标方式

C. 公开招标方式　　　　　　　D. 竞争性谈判方式

10. 根据政府采购法律制度的规定，采用邀请招标方式的，采购人应当从符合相应资格条件的供应商中随机邀请（　　）以上的供应商，并以投标邀请

书的方式，邀请其参加投标。

A. 3 家 B. 5 家
C. 10 家 D. 15 家

11. 国库集中单一账户体系，是指以（　）为核心的各类财政性资金的集合。

A. 财政国库存款账户 B. 财政一般存款账户
C. 财政专项存款账户 D. 财政预算内资金账户

12. 在财政总预算会计中使用的账户是（　）。

A. 预算单位零余额账户 B. 预算外资金专户
C. 特设专户 D. 国库单一账户

13. 用于财政直接支付和与国库单一账户清算的账户是（　）。

A. 国库单一账户 B. 财政部门零余额账户
C. 特殊专户 D. 预算单位零余额账户

二、多选题

1. 下列有关对地方各级政府预算的表述中正确的是（　）。

A. 本级各部门（含直属单位，下同）的预算

B. 下级政府向上级政府上解的收入数额

C. 上级政府对下级政府返还或者给予补助的数额

D. 地方预算由各省、自治区、直辖市总预算组成

2. 预算收入划分为（　）。

A. 中央预算收入 B. 地方预算收入
C. 中央和地方预算共享收入 D. 税收收入

3. 各部门、各单位编制年度预算草案的依据包括（　）。

A. 法律、法规

B. 本级政府的指示和要求以及本级政府财政部门的部署

C. 本部门、本单位的定员定额标准

D. 本部门、本单位的职责、任务和事业发展计划

4. 以下不属于中央预算草案编制内容的是（　）。

A. 本级预算收入和支出

B. 上一年度结余用于本年度安排的支出

C. 返还或者补助下级的支出

D. 上解上级的支出

5. 下列关于预算的审批，说法正确的有（　）。

A. 中央预算由全国人民代表大会审查和批准

B. 地方各级政府预算由本级人民代表大会审查和批准

C. 中央预算和地方各级政府预算均由全国人民代表大会审查和批准

D. 中央预算和地方各级政府预算均由本级人民代表大会审查和批准

6. 下列有关我国国家预算的编制、审批、执行和调整表述正确的是（ ）。

A. 中央预算和地方各级政府预算，应当参考上一年预算执行情况和本年度收支预测进行编制

B. 中央预算由全国人民代表大会审查和批准

C. 地方各级政府预算由本级人民代表大会审查和批准

D. 乡、民族乡、镇政府预算的调整方案必须提请本级人民代表大会常务委员会审查和批准

7. 政府采购的资金范围包括（ ）。

A. 预算内资金　　　　　　　　B. 预算外资金

C. 与财政资金配套的单位自筹资金　D. 社会慈善基金

8. 下列选项中，可以作为政府采购当事人中采购人的有（ ）。

A. 中华人民共和国商务部　　　　B. 人民教育出版社

C. 中国红十字会　　　　　　　　D. 甲个人独资企业

9. 符合（ ）情形之一的货物或者服务，可以采用单一来源方式采购。

A. 只能从唯一供应商处采购的

B. 发生了不可预见的紧急情况不能从其他供应商处采购的

C. 必须保证原有采购项目一致性或者服务配套的要求，需要继续从原供应商处添购，且添购资金总额不超过原合同采购金额 10% 的

D. 不能事先计算出价格总额的

10. 国库单一账户体系包括（ ）。

A. 预算外资金专户　　　　　　　B. 预算单位零余额账户

C. 财政预算零余额账户　　　　　D. 国库单一账户

11. 财政授权支付程序适用的支出项目有（ ）。

A. 单件物品或单项服务购买额不足 10 万元人民币的购买支出

B. 年度财政投资不足 50 万元人民币的工程采购支出

C. 经财政部门批准的其他支出

D. 特别紧急的支出

三、判断题

1. 国家预算是指经法定程序批准的、国家在一定期间内的财政收支计划，是国家进行财政分配的依据和宏观调控的重要手段。（ ）

2. 无论乡、民族乡、镇是否有设立预算条件，都一定要设立预算。（ ）

3. 中央政府预算包括与财政部直接发生预算缴款、拨款关系的国家机关、

军队、政党组织和社会团体的预算。   （   ）

4. 中央预算和地方各级政府预算，应当参考上一年预算执行情况和下一年度收支预测进行编制。   （   ）

5. 中央预算由全国人大常委会审查和批准。地方各级政府预算由本级人大常委会审查和批准。   （   ）

6. 全国人民代表大会有权审查和批准中央预算的调整方案。 （   ）

7. 各部门、各单位的预算支出，必须按照本级政府财政部门批复的预算科目和数额执行，不得挪用。确需作出调整的，必须经本级政府同意。（   ）

8. 各级政府决算批准后，财政部门应当向本级各部门批复决算。（   ）

9. 政府集中采购目录和采购限额标准由县级以上人民政府确定并公布。
                                                            （   ）

10.《政府采购法》规定，集中采购必须委托集中采购代理机构。省级以上人民政府根据本级政府采购项目组织集中采购的需要设立集中采购机构。
                                                            （   ）

11. 邀请招标应作为政府采购的主要采购方式。   （   ）

12. 招标后没有供应商投标或没有合格标的或重新招标未能成立的，可采用竞争性谈判方式采购。   （   ）

13. 货物或者服务具有特殊性，只能从有限范围的供应商处采购的可以采用竞争性谈判方式采购。   （   ）

四、案例分析题

【案例分析一】国家预算是有计划地管理财政收支的工具，预算组织程序包括预算的编制、预算审批、预算执行和预算调整。根据《预算法》的规定，将预算计划管理方式贯穿于预算资金筹集、分配和使用的始终，并通过预算管理工作内容来实现。请根据以上资料，回答如下关于预算组织程序的问题：

1. 下列关于预算草案的叙述中，不正确的为（   ）。

A. 预算草案专指各级政府财政部门编制的已经法定程序审查和批准的预算收支计划

B. 预算草案专指各级政府财政部门编制的未经法定程序审查和批准的预算收支计划

C. 预算草案是指各级政府、各部门、各单位编制的未经法定程序审查和批准的预算收支计划

D. 预算草案是指各级政府、各部门、各单位编制的已经法定程序审查和批准的预算收支计划

2. 下列各项中，属于各级政府编制年度预算草案的依据的为（   ）。

A. 上级政府对编制本年度预算草案的指示和要求
B. 本级政府的预算管理职权和财政管理体制确定的预算收支范围
C. 上一年度预算执行情况和本年度预算收支变化因素
D. 国民经济和社会发展计划、财政中长期计划以及有关的财政经济政策

3. 下列各项中，属于各部门、各单位编制年度预算草案的依据的为（ ）。
A. 法律、法规和本级政府的指示和要求以及本级政府财政部门的部署
B. 本部门、本单位的定员定额标准
C. 本部门、本单位的职责、任务和事业发展计划
D. 本部门、本单位上一年度预算执行情况和本年度预算收支变化因素

4. 根据《预算法》的规定，负责审查和批准中央预算的为（ ）。
A. 国务院财政部门　　　　　　　B. 国务院
C. 全国人民代表大会　　　　　　D. 全国人民代表大会常务委员会

5. 根据《预算法》的规定，负责具体编制预算调整方案的为（ ）。
A. 人民代表大会常务委员会　　　B. 政府税务部门
C. 人民代表大会　　　　　　　　D. 政府财政部门

【案例分析二】乙单位是实行国库集中支付的事业单位，经批准，乙单位的工资支出和设备购置实行财政直接支付，日常办公及零星支出实行财政授权支付。2012年2月份，审计机构对该单位财政资金使用进行检查，发现：

（1）2010年4月，该单位通过零余额账户向上级单位基本户划转资金15万元，用于为上级单位员工购个人商业保险；

（2）8月，该单位通过零余额账户向下级单位基本户划拨资金50万元，用于为下级单位支付设备采购款；

（3）11月，乙单位购买办公用品，通过零余额账户向本单位在商业银行开设的基本户转账17万元，再通过基本户支付采购款项；

（4）12月，该单位使用财政性资金购买了一台大型专用设备，该单位通过零余额账户向本单位其他户转账80万元，再通过单位基本户向供应商支付设备款。

要求：根据上述资料，回答下列问题。

1. 下列各项中，属于国库单一支付方式的有（ ）。
A. 财政集中汇缴　　　　　　　　B. 财政直接缴库
C. 财政授权支付　　　　　　　　D. 财政直接支付

2. 该单位的下列事项表述情形中，错误的有（ ）。
A. 通过零余额账户向本单位基本户划拨资金，再通过基本户支付本单位大型设备的价款

B. 通过零余额账户向上级单位划转资金，为上级单位员工购个人商业保险

C. 通过零余额账户向本单位基本户划转资金，再通过基本户支付本单位日常零星支出

D. 通过零余额账户向下级单位划转资金，为下级单位购买设备

3. 下列各项关于预算单位使用零余额账户的表述中，正确的有（ ）。

A. 通过零余额账户提取现金，用于支付本单位的日常办公零星支出

B. 通过零余额账户转账支付按规定应采用财政直接支付方式发放的职工工资

C. 通过零余额账户转账支付本单位的日常办公零星支出

D. 通过零余额账户向本单位按账户规定保留的相应账户划拨工会经费

4. 下列银行账户体系中，不属于财政直接支付的账户为（ ）。

A. 该单位在商业银行开设的基本户

B. 财政部门在商业银行为该单位开设的零余额账户

C. 财政部门在商业银行开设的预算外资金财政专户

D. 财政部门按资金使用性质在商业银行开设的零余额账户

5. 下列各项关于该单位实行财政直接支付方式的表述中，正确的为（ ）。

A. 该单位进行财政直接支付时应先按批复的部门预算和资金使用计划向财政国库支付机构执行机构提出支付申请

B. 财政直接支付中代理银行应根据财政部门支付指令通过国库单一账户体系将资金直接支付到该单位账户

C. 财政直接支付应由财政部门向中国人民银行和代理银行签发支付指令

D. 财政直接支付中财政部门应根据支付指令通过国库单一账户体系将资金直接支付到该单位账户

第四章考试训练营答案：

一、单选题 1.D 2.D 3.D 4.C 5.A 6.B 7.A 8.D 9.D 10.A 11.A 12.D 13.B

二、多选题 1.ABCD 2.ABC 3.ABCD 4.CD 5.AB 6.ABC 7.ABC 8.ABC 9.ABC 10.ABCD 11.ABCD

三、判断题 1.√ 2.× 3.√ 4.× 5.× 6.× 7.× 8.√ 9.× 10.× 11.× 12.√ 13.×

四、案例分析题

案例分析一 1.ABD 2.ABCD 3.ABCD 4.C 5.D

案例分析二 1.CD 2.ABD 3.ACD 4.B 5.ABC

第五章　会计职业道德

本章导航

会计职业道德概述
- （一）职业道德的基本内容
- （二）会计职业道德的概念与特征
- （三）会计职业道德的功能与作用
- （四）会计职业道德与会计法律制度的关系

会计职业道德规范的主要内容
- （一）爱岗敬业
- （二）诚实守信
- （三）廉洁自律
- （四）客观公正
- （五）坚持准则
- （六）提高技能
- （七）参与管理
- （八）强化服务

会计职业道德教育 {
- （一）会计职业道德教育的含义
- （二）会计职业道德教育的形式
- （三）会计职业道德教育的内容
- （四）会计职业道德教育的途径

会计职业道德建设组织与实施 {
- （一）财政部门的组织推动
- （二）会计行业的自律
- （三）企事业单位的内部监督
- （四）社会各界的监督与配合

会计职业道德的检查与奖惩 {
- （一）会计职业道德检查与奖惩的意义
- （二）会计职业道德检查与奖惩的机制

第一节　会计职业道德概述

一、职业道德的基本内容

（一）职业道德的概念

职业道德是指在一定职业活动中应遵循的、体现一定职业特征的、调整一定职业关系的职业行为准则和规范。

（二）职业道德的特征

职业道德具有职业性（行业性）、实践性、继承性和多样性等特征。

（三）职业道德的作用

职业道德的作用主要有：促进职业活动的有序进行、对社会道德风尚产生积极的影响。

二、会计职业道德的概念与特征

（一）会计职业道德的概念

会计职业道德是指在会计职业活动中应当遵循的、体现会计职业特征的、调整会计职业关系的职业行为准则和规范。

会计职业道德是调整会计职业活动中各种利益关系的手段，会计职业道德具有相对稳定性和广泛的社会性。

（二）会计职业道德的特征

会计作为社会经济活动中的一种特殊职业，除具有职业道德的一般特征外，还具有一定的强制性和较多关注公众利益的特征。

三、会计职业道德的功能与作用

（一）会计职业道德的功能

会计职业道德的功能主要有：指导功能、评价功能、教化功能。

（二）会计职业道德的作用

会计职业道德的作用主要有：

①是规范会计行为的基础；

②是实现会计目标的重要保证；

③是对会计法律制度的重要补充；

④是提高会计人员职业素养的内在要求。

四、会计职业道德与会计法律制度的关系

会计职业道德是会计职业的最低要求，是对会计法律制度的重要补充，其作用是会计法律制度所不能代替的。

（一）会计职业道德与会计法律制度的联系

会计职业道德与会计法律制度有着共同的目标、相同的调整对象、承担同样的责任，两者联系密切，主要表现有：①在作用上相互补充、相互协调；②在内容上相互借鉴，相互吸收。

（二）会计职业道德与会计法律制度的区别

1. 两者的性质不同

会计法律制度充分体现统治阶级的愿望和意志，在一个阶级社会里只有一种会计法律制度体系。而会计职业道德并不是统治阶级的意志，很多来自职业习惯和约定俗成，会计职业道德依靠会计从业人员的自觉性，自愿地遵循，并依靠社会舆论和良心来实现。因此，会计法律制度是通过国家机器强制执行，具有很强的他律性。会计职业道德主要依靠会计从业人员的自觉性，具有很强的自觉性。

2. 两者作用范围不同

会计法律制度侧重于调整会计人员的外在行为和结果的合法化，具有较强的客观性；会计职业道德则不仅要调整会计人员的外在行为，还要调整会计人员内在的精神世界。会计法律制度的各种规定是会计职业关系得以维系的最基本条件，是对会计从业人员行为的最低限度的要求，用于维系现有的会计职业关系和正常的会计工作秩序。在会计职业活动的实践中，虽然有很多不良的会计行为在违反了会计法律制度的同时，也违反了会计职业道德，但有的不良的会计行为只是违反了会计职业道德而没有违反会计法律制度。

3. 两者表现形式不同

会计法律制度是通过一定的程序由国家立法机关或行政管理机关制定的,其表现形式是具体的、明确的、正式形成文字的成文规定;会计职业道德则在会计人员的职业生活和职业实践中,日积月累,约定俗成,其表现形式既有明确的成文规定,也有不成文规定,存在于人们的意识和信念之中。

4. 实施保障机制不同

会计法律制度由国家强制力保障实施,会计职业道德既有国家法律的相应要求,又需要会计人员自觉遵守。

5. 两者的评价标准不同

会计法律制度以会计人员享有的权利和义务判定,会计职业道德以善恶为标准判定。

【课后大通关】

一、单选题

1. 会计职业道德是指在会计职业活动中应当遵循的、体现( )特征的、调整会计职业关系的职业行为准则和规范。

A. 会计职业　　　　　　　B. 社会职业
C. 性格　　　　　　　　　D. 上层建筑意志

2. 会计职业道德是规范会计行为的基础,会计职业道德对会计行为起( )功能。

A. 指导　　　　　　　　　B. 鉴证
C. 评价　　　　　　　　　D. 教化

3. 会计职业道德规范约束着会计人员的职业行为,是( )会计目标的重要指标。

A. 指导　　　　　　　　　B. 鉴证
C. 评价　　　　　　　　　D. 教化

4. 会计法律制度的各种规定是会计职业关系得以维系的最基本条件,是对会计从业人员行为的( )的要求。

A. 最低限度　　　　　　　B. 最高限度
C. 最大程度　　　　　　　D. 一般程度

二、多选题

1. 会计职业道德与会计法律制度( )。

A. 在作用上相互补充　　　B. 在内容上相互渗透、相互重叠
C. 在地位上相互转化、相互吸收　　D. 在实施过程中相互作用

2. 会计职业道德与会计法律制度的区别主要是（　）。

A. 性质不同 B. 作用范围不同

C. 表现形式不同 D. 实施保障机制不同

三、判断题

1. 道德是指一定社会为了调整人们之间的关系所提倡的行为原则、行为规范的总和。（　）

2. 职业道德是道德在职业方面的具体体现。（　）

3. 会计法律制度是通过国家机器强制执行，具有很强的自觉性；会计职业道德主要依靠会计从业人员的自觉性，具有很强的他律性。（　）

4. 会计法律制度充分体现统治阶级的愿望和意志，在一个阶级社会里只有一种会计法律制度体系。（　）

5. 会计法律制度侧重于调整会计人员的外在行为和结果的合法化；会计职业道德不仅调整会计人员的外在行为，还要调整会计人员内在的精神世界。（　）

6. 会计法律制度和会计职业道德的表现形式都是具体的、明确的、正式形成文字的成文规定。（　）

7. 会计法律制度由国家强制力保障实施，会计职业道德既有国家法律的相应要求，又需要会计人员自觉遵守。（　）

8. 违反了会计职业道德，也就违反了会计法律制度。（　）

5-1 课后大通关答案：

一、单选题 1.A 2.A 3.C 4.A

二、多选题 1.ABCD 2.ABCD

三、判断题 1.√ 2.√ 3.× 4.√ 5.√ 6.× 7.√ 8.×

第二节　会计职业道德规范的主要内容

一、爱岗敬业

（一）爱岗敬业的含义

爱岗敬业指的是忠于职守的事业精神，这是会计职业道德的基础。

（二）爱岗敬业的基本要求

①正确认识会计职业，树立职业荣誉感。

②热爱会计工作，敬重会计职业。热爱本职工作，这是做好一切工作的出发点。敬重会计职业来自会计人员对会计工作的深刻理解和热爱。

③安心工作，任劳任怨。要求会计人员做到"干一行爱一行"。

④严肃认真，一丝不苟。会计工作是一项严肃细致的工作，没有严肃认真的工作态度和一丝不苟的工作作风，就容易出现偏差。对一些损失浪费、违法乱纪的行为和一切不合法不合理的业务开支，要严肃认真地对待，把好费用支出关。不仅要求数字计算准确，手续清楚完备，而且绝不能有"都是熟人不会错"的麻痹思想和"马马虎虎"的工作作风。

⑤忠于职守，尽职尽责。忠于职守，不仅要求会计人员认真地执行岗位规范，而且要求会计人员在各种复杂的情况下，能够抵制各种诱惑，忠实地履行岗位职责。尽职尽责具体表现为会计人员对自己应承担责任和义务所表现出的一种责任感和义务感，这种责任感和义务感包含两方面的内容：一是社会或他人对会计人员规定的责任；二是会计人员对社会或他人所负的道义责任。

二、诚实守信

（一）诚实守信的含义

诚实是指言行跟内心思想一致，不弄虚作假、不欺上瞒下，做老实人，说老实话，办老实事。守信就是遵守自己所作出的承诺，讲信用，重信用，信守诺言，保守秘密。诚实守信是做人的基本准则，是人们在古往今来的交往中产生的最根本的道德规范，也是会计职业道德的精髓。

中国现代会计学之父潘序伦先生认为，"诚信"是会计职业道德的重要内容。他终身倡导："信以立志，信以守身，信以处事，信以待人，毋忘'立信'，当必有成。"朱镕基同志在2001年为北京国家会计学院题词："诚信为本，操守为重，坚持准则，不做假账。"这是对广大会计人员和注册会计师最基本的要求。

（二）诚实守信的基本要求

1. 做老实人，说老实话，办老实事，不搞虚假

要求会计人员言行一致，说话诚实，如实反映和披露单位经济业务事项，工作踏踏实实，不弄虚作假，不欺上瞒下。

2. 保密守信，不为利益所诱惑

所谓保守秘密就是指会计人员在履行自己的职责时，应树立保密观念，

做到保守商业秘密，对机密资料不外传、不外泄，守口如瓶。依法保守单位秘密，这是会计人员应尽的义务，也是诚实守信的具体体现。

会计人员要做到保密守信，就要注意不在工作岗位以外的场所谈论、评价企业的经营状况和财务数据，此外，在日常生活中会计人员也应保持必要的警惕，防止无意泄密，而且要抵制住各种各样的利益诱惑，绝对不能用商业秘密作为谋利的手段。

3. 执业谨慎，信誉至上

会计人员能够诚心诚意地怀着执业谨慎的态度对待自己的会计工作，会计工作就会更有效率，也会产生更多先进的会计思想。会计工作有效率、有成果，自然会有社会信誉。

三、廉洁自律

（一）廉洁自律的含义

廉洁自律是中华民族的一种传统美德，也是社会主义职业道德规范的重要内容之一。廉洁就是不贪污钱财，不收受贿赂，保持清白。自律是指自律主体按照一定的标准，自己约束自己、自己控制自己的言行和思想的过程。廉洁自律是会计职业道德的前提，也是会计职业道德的内在要求。

廉洁是会计职业道德自律的基础，而自律是廉洁的保证。自律性不强就很难做到廉洁，不廉洁就谈不上自律。"吃了人家的嘴软，拿了人家的手短"。会计人员必须既廉洁又自律，二者不可偏废。

（二）廉洁自律的基本要求

1. 树立正确的人生观和价值观

廉洁自律，首先要求会计人员必须加强世界观的改造，树立正确的人生观和价值观。会计人员应以马克思主义、毛泽东思想、邓小平理论、"三个代表"重要思想、科学发展观、习近平新时代中国特色社会主义思想为指导，树立科学的人生观和价值观，自觉抵制享乐主义、个人主义、拜金主义等错误的思想，这是在会计工作中做到廉洁自律的思想基础。

2. 公私分明，不贪不占

公私分明是一名会计人员做到廉洁自律的基础。公私分明就是指严格划分公与私的界线，公是公，私是私。如果公私分明，就能够廉洁奉公，一尘不染，做到"常在河边走，就是不湿鞋""理万金分文不沾"。如果公私不分，就会出现以权谋私的腐败现象,甚至出现违法违纪行为。

3. 遵纪守法,一身正气

遵纪守法,正确处理会计职业权利与职业义务的关系,增强抵制行业不正之风的能力,是会计人员廉洁自律的又一个基本要求。会计人员的权利和义务在《会计法》中作出了明确规定。会计人员不仅要遵纪守法,不违法乱纪、以权谋私,做到廉洁自律;而且要敢于、善于运用法律所赋予的权利,尽职尽责,勇于承担职业责任,履行职业义务,保证廉洁自律。

四、客观公正

(一)客观公正的含义

客观公正是会计人员必须具备的行为品德,是会计职业道德规范的灵魂。所谓客观,是指按事物的本来面目去反映,不掺杂个人的主观意愿,也不为他人意见所左右;所谓公正,就是平等、公平、正直,没有偏失。客观公正是会计职业道德所追求的理想目标。

(二)客观公正的基本要求

①依法办事。依法办事,认真遵守法律法规,是会计工作保持客观公正的前提。当会计人员有了端正的态度和专业知识技能之后,必须依据《会计法》《企业会计准则》《企业会计制度》等法律、法规和制度的规定进行会计业务处理,并对复杂疑难的经济业务,作出客观的会计职业判断。总之,只有熟练掌握并严格遵守会计法律法规,才能客观公正地处理会计业务。

②实事求是。会计法律制度不可能对所有的经济事项作出规范,那么会计人员对经济事项的职业判断,就可能会出现偏差。因此,客观公正是会计工作和会计人员追求的目标,通过不断提高专业技能,正确理解、把握并严格执行会计准则、制度,不断消除非客观、非公正因素的影响,做到最大限度的客观公正。

③如实反映。

五、坚持准则

(一)坚持准则的含义

坚持准则是指会计人员在处理业务过程中,要严格按照会计法律制度办事,不为主观或他人意志左右。

坚持准则是会计人员做到依法办事的核心内容。这里所说的"准则"不仅指会计准则，而且包括会计法律、法规、国家统一的会计制度以及与会计工作相关的法律制度。坚持准则是会计人员胜任本职工作的基础。

（二）坚持准则的基本要求

1. 熟悉准则

熟悉准则是指会计人员应了解和掌握《会计法》和国家统一的会计制度及与会计相关的法律制度，这是遵循准则、坚持准则的前提。

2. 遵循准则

遵循准则即执行准则。会计人员在会计核算和监督时要自觉、严格地遵守各项准则，自律的同时，也要求他人遵守准则，将单位具体的经济业务事项和经济行为与法律制度相对照，先做出是否合法合规的判断，对不合法的经济业务不予受理。

3. 敢于同违法行为作斗争

如果会计人员坚持准则，往往会受到单位负责人和其他方面的阻挠、刁难甚至打击报复。为了切实维护会计人员的合法权益，《会计法》强化了单位负责人对单位会计工作的法律责任，赋予了会计人员相应的权利，改善了会计执法环境。会计人员应认真执行国家统一的会计制度，依法履行会计监督职责，发生道德冲突时，应坚持准则，对法律负责，对国家和社会公众负责，敢于同违反会计法律法规和财务制度的现象作斗争，确保会计信息的真实性和完整性。

六、提高技能

（一）提高技能的含义

提高技能是指会计人员通过学习、培训和实践等途径，持续提高会计职业技能，以达到和维持足够的专业胜任能力的活动。

作为一名会计工作者必须不断地提高其职业技能，这既是会计人员的义务，也是在职业活动中做到客观公正、坚持准则的基础，是参与管理的前提。

（二）提高技能的基本要求

①具有不断提高会计专业技能的意识和愿望。
②具有勤学苦练的精神和科学的学习方法。

七、参与管理

（一）参与管理的含义

参与管理，是指间接参加管理活动，为管理者当参谋，为管理活动服务。会计管理是企业管理的重要组成部分，在企业管理中具有十分重要的作用。但会计工作的性质决定了会计在企业管理活动中，更多的是从事间接管理活动。参与管理就是要求会计人员积极主动地向单位领导反映本单位的财务、经营状况及存在的问题，主动提出合理化建议，积极地参与市场调研和预测，参与决策方案的制订和选择，参与决策的执行、检查和监督，为领导的经营管理和决策活动，当好助手和参谋。会计人员特别是会计部门的负责人，必须强化自己参与管理、当好参谋的角色意识和责任意识。

（二）参与管理的基本要求

努力钻研业务，熟悉财经法规和相关制度，提高业务技能，为参与管理打下坚实的基础；

熟悉服务对象的经营活动和业务流程，使管理活动更具针对性和有效性。

【知识点】会计人员如何参与管理

单选题：关于会计人员参与企业管理的表述中，正确的有（　）。

A. 会计人员在企业经营管理中主要发挥参谋作用

B. 会计人员在企业经营管理中主要发挥决策作用

C. 会计人员在企业经营管理中主要发挥鉴证作用

D. 会计人员在企业经营管理中主要发挥服务作用

答案：A

【解析】会计人员参与管理，主要是指会计人员参加管理活动，利用会计工作为管理者当参谋。

八、强化服务

（一）强化服务的含义

强化服务就是要求会计人员具有文明的服务态度、强烈的服务意识和优良的服务质量。

（二）强化服务的基本要求

1. 强化服务意识

会计人员要树立强烈的服务意识，不论服务对象的地位高低，都要摆正自己的工作位置，管钱管账是自己的工作职责，参与管理是自己的义务。只有树立了强烈的服务意识，才能做好会计工作，履行会计职能，为单位和社会经济的发展作出应有的贡献。

2. 提高服务质量

强化服务的关键是提高服务质量。单位会计人员的服务质量表现在：是否真实地记录单位的经济活动，向有关方面提供可靠的会计信息；是否积极主动地向单位领导反映经营活动情况和存在的问题，提出合理化建议，协助领导决策，参与经营管理活动。

需要注意的是，在会计工作中提供上乘的服务质量，并非是无原则地满足服务主体的需要，而是在坚持原则、坚持准则的基础上尽量满足用户或服务主体的需要。

【知识点】会计职业道德规范的主要内容

1. 单选题：下列各项会计职业道德规范中，要求会计人员强化服务意识，提高服务质量的（　）。

　　A. 爱岗敬业　　　　　　　B. 客观公正
　　C. 提高技能　　　　　　　D. 强化服务

答案：D

2. 单选题：会计人员小华认为自己管钱管账，就高人一等。小华的思想违背了会计职业道德（　）。

　　A. 坚持准则　　　　　　　B. 爱岗敬业
　　C. 诚实守信　　　　　　　D. 强化服务

答案：D

3. 单选题：下列各项中，既是会计职业道德的内在要求，又是会计职业声誉的"试金石"的是（　）。

　　A. 提高技能　　　　　　　B. 坚持准则
　　C. 客观公正　　　　　　　D. 廉洁自律

答案：D

【解析】略。

【课后大通关】

一、单选题

1.（ ）是会计职业道德基础。

  A. 爱岗敬业   B. 提高技能

  C. 客观公正   D. 诚实守信

2. 不仅要求数字计算准确，手续清楚完备，而且绝不能有"都是熟人不会错"的麻痹思想和"马马虎虎"的工作作风，这是（ ）的基本要求。

  A. 爱岗敬业   B. 廉洁自律

  C. 坚持准则   D. 参与管理

3.（ ）是做人的基本准则，也是会计职业道德的精髓。

  A. 爱岗敬业   B. 诚实守信

  C. 坚持准则   D. 强化服务

4.（ ）要求会计人员在履行自己的职责时，做到保守商业机密，对机密资料不外传、不外泄，守口如瓶。

  A. 提高技能   B. 坚持准则

  C. 参与管理   D. 诚实守信

5.（ ）要求会计人员公私分明、不贪不占、遵纪守法、清正廉洁。

  A. 爱岗敬业   B. 廉洁自律

  C. 坚持准则   D. 参与管理

6.（ ）是会计人员必须具备的行为品德，是会计职业道德规范的灵魂。

  A. 坚持准则   B. 客观公正

  C. 廉洁自律   D. 提高技能

7. 某人因公出差丢失了报销用的单据，业务处理时，不能因为无报销凭证就不报销，也不能随意报销，而要求出差人员办理各种合法合理的证明手续后，才能报销，其最终结果是（ ）地进行会计处理。

  A. 廉洁自律   B. 客观公正

  C. 提高技能   D. 强化服务

8.（ ）是会计人员做到依法办事的核心内容。

  A. 客观公正   B. 坚持准则

  C. 爱岗敬业   D. 强化服务

9.（ ）就是要求会计人员增强专业技能的自觉性和紧迫感，勤学苦练，刻苦钻研，不断进取，提高业务水平。

A. 强化服务　　　　　　　　　　B. 参与管理

C. 提高技能　　　　　　　　　　D. 坚持准则

10.（　）是会计职业道德的出发点。

A. 爱岗敬业　　　　　　　　　　B. 坚持准则

C. 参与管理　　　　　　　　　　D. 强化服务

11. 某公司财务部门年末时发现业务招待费超过规定的开支标准，会计人员按照领导意图，弄来一些发票，将超支的业务招待费列入管理费用，该会计人员的行为违反了会计职业道德中的（　）要求。

A. 廉洁自律　　　　　　　　　　B. 爱岗敬业

C. 参与管理　　　　　　　　　　D. 坚持准则

12. 会计人员能够如实地反映企业经济业务活动情况，真实、准确地记录经济业务事项是（　）职业道德规范要求。

A. 廉洁自律　　　　　　　　　　B. 诚实守信

C. 坚持准则　　　　　　　　　　D. 提高技能

13. 要求会计人员实事求是、不偏不倚是会计职业道德规范中（　）的基本要求。

A. 廉洁自律　　　　　　　　　　B. 坚持准则

C. 诚实守信　　　　　　　　　　D. 客观公正

二、多选题

1. 爱岗敬业的基本要求是（　）。

A. 热爱会计工作，敬重会计职业　　B. 严肃认真，一丝不苟

C. 忠于职守，尽职尽责　　　　　　D. 保守秘密，不为利益所诱惑

2. 诚实守信的基本要求有（　）。

A. 做老实人，说老实话，办老实事，不搞虚假

B. 实事求是，如实反映

C. 保守秘密，不为利益所诱惑

D. 执业谨慎，信誉至上

3. 廉洁自律的基本要求有（　）。

A. 树立正确的人生观和价值观　　　B. 忠于职守，尽职尽责

C. 公私分明，不贪不占　　　　　　D. 实事求是，不偏不倚

4. 客观公正的基本要求是（　）。

A. 依法办事

B. 实事求是，不偏不倚

C. 保持独立性

D. 要有不断提高会计专业技能的意识和愿望

5. 坚持准则的基本要求是（ ）。

A. 熟悉准则　　　　　　　　B. 遵循准则

C. 坚持准则　　　　　　　　D. 调整准则

6. 会计工作的特征决定了会计职业技能具有（ ）特点。

A. 政策性强　　　　　　　　B. 涉及面广

C. 技术性强　　　　　　　　D. 时效性强

7. 提高技能的基本要求有（ ）。

A. 要有不断提高会计专业技能的意识和愿望

B. 要有勤学苦练的精神和科学的学习方法

C. 努力钻研业务，熟悉财经法规和相关制度，提高业务技能，为参与管理打下坚实的基础

D. 熟悉服务对象的经营活动和业务流程，使参与管理的决策更具针对性和有效性

8. 参与管理的基本要求有（ ）。

A. 强化服务意识，提高服务质量

B. 要求勤学苦练的精神和科学的学习方法

C. 努力钻研业务，熟悉财经法规和相关制度，提高业务技能，为参与管理打下坚实的基础

D. 熟悉服务对象的经营活动和业务流程，使参与管理的决策更具针对性和有效性

9. 会计人员如果泄露本单位的商业机密，可能导致的后果将会是（ ）。

A. 会计人员将承担法律责任

B. 损害会计人员自身的形象和利益

C. 单位经济利益将遭受损失

D. 会计职业在社会上的声誉将产生负面影响

三、判断题

1. 会计人员要做到保密守信，就要注意不在工作岗位以外的场所谈论、评价企业的经营状况和财务数据，在日常生活中会计人员也应有必要的警惕性，防止无意泄密。（ ）

2. 会计工作的性质决定了会计在企业管理活动中，更多的是从事间接管理活动。（ ）

3. 坚持准则是会计职业道德的出发点，强化服务、奉献社会是会计职业道德的归宿点。（ ）

4. 会计职业道德中"强化服务"是非强制性要求，会计人员可以根据实施情况选择是否遵守。（　）

5. 会计人员以"书记成本""厂长利润"进行会计处理，违背了坚持准则的会计职业道德规范。（　）

6. 会计职业道德规范中的"坚持准则"不仅指会计准则，而且包括会计法律、法规、国家统一的会计制度以及与会计工作相关的法律制度。（　）

7. "吃了人家的嘴软，拿了人家的手短"从反面说明了会计职业道德中客观公正的重要性。（　）

5-2 课后大通关答案：

一、单选题 1.A 2.A 3.B 4.D 5.B 6.B 7.B 8.B 9.C 10.A 11.D 12.B 13.D

二、多选题 1.ABC 2.ABCD 3.ABC 4.ABC 5.ABC 6.ABC 7.AB 8.CD 9.ABCD

三、判断题 1.√ 2.√ 3.× 4.× 5.√ 6.√ 7.×

第三节　会计职业道德教育

道德教育属于意识形态范畴，是思想教育的一种，是会计职业道德活动的重要形式，是使外在的会计职业道德规范得以转化为会计人员内在品质和行为的有效途径。为了提高会计人员职业道德水平，必须多管齐下，开展全方位、多形式、多渠道的会计职业道德教育，促使会计职业道德健康发展。

一、会计职业道德教育的含义

会计职业道德教育是指根据会计工作的特点，有目的、有组织、有计划地对会计人员施加系统的会计职业道德影响，促使会计人员形成会计职业道德品质，履行会计职业道德义务的活动。

二、会计职业道德教育的形式

会计职业道德教育的主要形式有接受教育和自我修养两种。

（一）接受教育（即外在教育）

接受教育即外在教育，是指通过学校或培训单位对会计从业人员进行以职业责任、职业义务为核心内容的正面教导，以规范其职业行为，维护国家和社会公众利益的教育。接受教育具有导向作用，行业部门或行业协会通常是职业道德教育的组织者,由其对从业人员开展正面职业道德教育和灌输;接受教育是一种被动学习、被动授受教育。

(二)自我修养(即内在教育)

自我修养是内在教育,是从业人员通过自我学习、自我改造、自我锻炼、自我提高,从而达到一定的道德修养的行为活动。自我教育是把外在的职业道德的要求,逐步转变为会计从业人员内在的会计职业道德认识、会计职业道德情感、会计职业道德意志和会计职业道德信念。

【知识点】会计职业道德教育的方式

判断题:会计职业道德情感、会计职业道德意志和会计职业道德信念,要通过内在的自我教育才能实现,因此有效开展会计职业道德教育的唯一途径就是依靠自我教育。( )

答案:×

【解析】会计职业道德教育的主要方式有接受教育和自我教育两种。

三、会计职业道德教育的内容

(一)会计职业道德观念教育

在社会上广泛宣传会计职业道德基本常识,使广大会计人员懂得什么是会计职业道德,了解会计职业道德对社会经济秩序、会计信息质量的影响,以及违反会计职业道德将受到的惩戒和处罚。并利用广播电视、报刊杂志等媒介,表彰坚持原则、德才兼备会计人员,鞭笞违法违纪的会计行为,形成"遵守职业道德光荣,违反职业道德可耻"的社会氛围。

(二)会计职业道德规范教育

是指对会计人员开展以会计职业道德规范为内容的教育,会计职业道德教育的核心内容是职业道德规范教育。

(三)会计职业道德警示教育

是通过开展对违反会计职业道德行为和对违法会计行为典型案例的讨论和剖析,给会计人员以启发和警示,从而可以提高会计人员的法律意识和会计职业道德观念,提高会计人员辨别是非的能力。

(四)其他教育

主要包括形势教育、品德教育、法制教育等。

四、会计职业道德教育的途径

（一）接受教育的途径

1. 岗前职业道德教育

岗前职业道德教育是指对将要从事会计职业的人员进行的道德教育。包括会计专业学历教育及获取会计从业资格中的职业道德教育。教育的侧重点应放在职业观念、职业情感及职业规范等方面。

会计专业学历教育中的职业道德教育。在我国大中专院校会计类专业就读的学生，是会计队伍的预备人员，他们当中大部分将走入会计队伍，从事会计工作。在会计学历教育的阶段是他们的会计职业情感、道德观念和是非善恶判断标准初步形成的时期，所以会计专业类院校是会计职业道德教育的重要阵地，是会计人员岗前道德教育的主要场所，在会计职业道德教育中具有基础性地位。为保证进入到会计队伍的新鲜血液具有良好的职业道德观念，会计职业道德教育必须从会计学历教育抓起。

获取会计从业资格中的职业道德教育。从事会计专业的人员应学习《财经法规与会计职业道德》，因为在注册会计师资格《审计》科目的考试中，也加入了注册会计师职业规范体系和注册会计师法律责任的内容。也就是说从事会计工作，就要接受必要的会计职业道德教育。

2. 岗位职业道德继续教育

继续教育是对已进入会计职业的会计人员在完成某一阶段的工作和学习后，重新接受一定形式的、有组织的、知识更新的教育和培训活动。会计人员继续教育是强化会计职业道德教育的有效形式。

会计职业道德教育应贯穿于整个会计人员继续教育的始终。

（二）自我修养的途径

1. 慎独慎欲

"慎独"要求每个会计人员严格要求自己，在履行职责时自律谨慎，不管财经法规、制度是否有漏洞，也不管是否有人监督，领导管理是否严格，都按照职业道德的要求去办。"慎欲"是指用正当的手段获得物质利益。会计人员做到慎欲，一是要把国家、社会公众和集体利益放在首位，在追求自身利益的时候，不损害国家和他人利益。二是做到节欲，对利益的追求要适度适当，要合理合法，反对用不正当手段达到利己的目的。

会计职业道德自我修养的最高境界是做到"慎独",即在一个人单独处事、无人监督的情况下,也自觉地按照道德准则去办事。慎独的前提是坚定的职业信念和职业良心。

2. 慎省慎微

"慎省"是认真自省,就是通过自我反思、自我解剖、自我总结而发场长处、克服短处,不断地自我升华、自我超越。"慎微"是指在微处、小处自律,从微处、小处着眼,积小善成大德。首先要求从微处自律,俗话说"千里之堤,溃于蚁穴";其次要求从小事着手,从一点一滴的小事做起,日积月累,就能获得良好的信誉。

3. 自警自励

"自警"是指要随时警醒、告诫自己,警钟长鸣,防止各种不良思想对自己的侵袭;"自励"是指要以崇高的会计职业道德理想、信念激励自己、教育自己。

【课后大通关】

一、单选题

1.( )是在独立工作、无人监督时,仍能坚持自己的道德信念,依据一定的道德原则去行事,坚持准则,不做任何对国家、对社会、对他人不道德的事情。

A. 自重自省法　　　　　　　B. 自我解剖法

C. 自警自励法　　　　　　　D. 自律慎独法

2. 会计职业道德修养的最高境界在于做到( ),即在一个人单独处事、无人监督的情况下,也应该自觉地按照道德准则去办事。

A. 慎独　　　　　　　　　　B. 慎欲

C. 慎微　　　　　　　　　　D. 慎省

3. 会计职业道德修养的( )要求会计人员要认真自省,通过自我反思、自我解剖、自我总结而发场长处、克服短处,不断地自我升华、自我超越。

A. 慎独　　　　　　　　　　B. 慎欲

C. 慎微　　　　　　　　　　D. 慎省

二、多选题

1. 会计职业道德教育的主要方式有( )。

A. 接受教育　　　　　　　　B. 自我教育

C. 接受培训　　　　　　　　D. 在职自学

2. 会计职业道德教育的内容有（　）。
A. 道德观念教育　　　　　　　B. 道德规范教育
C. 道德警示教育　　　　　　　D. 道德体系教育

3. 会计职业道德教育的途径主要有（　）。
A. 岗前职业道德教育　　　　　B. 岗位职业道德继续教育
C. 接受培训　　　　　　　　　D. 在职自学

4. 会计岗前职业道德教育的侧重点应放在（　）等方面。
A. 职业观念　　　　　　　　　B. 职业情感
C. 职业规范　　　　　　　　　D. 职业资格

三、判断题

1. 会计人员职业道德教育中，接受教育是外在教育，自我教育是教育的内在教育。（　）

2. 岗前职业道德教育是指对将要从事会计职业的人员进行的道德教育，包括会计专业学历教育及获取会计从业资格中的职业道德教育。（　）

3. 会计人员继续教育是强化会计职业道德教育的有效形式。（　）

4. 会计职业道德教育是外因，会计职业道德修养是内因，职业道德原则和规范转化为会计人员的职业道德品质和行为，是一个内外结合、外因通过内因起作用的过程。（　）

5-3 课后大通关答案：

一、单选题　1.D　2.A　3.D

二、多选题　1.AB　2.ABC　3.AB　4.ABC

三、判断题　1.√　2.√　3.√　4.√

第四节　会计职业道德建设组织与实施

一、财政部门的组织推动

各级财政部门应当负起组织和推动本地区会计职业道德建设的责任，把会计职业道德建设与会计法制建设紧密结合起来。

二、会计行业的自律

充分发挥协会等会计职业组织的作用，改革和完善会计职业组织自律机制，有效发挥自律机制在会计职业道德建设中的促进作用。

三、企事业单位的内部监督

形成内部约束机制,防范舞弊和经营风险,支持并督促会计人员遵循会计职业道德,依法开展会计工作。

四、社会各界的监督与配合

加强会计职业道德建设,既是提高广大会计人员素质的一项基础性工作,又是一项复杂的社会系统工程;不仅是某一个单位、某一个部门的任务,也是各地区、各部门、各单位的共同责任。

【课后大通关】

一、单选题

1. 下列关于会计职业道德建设组织与实施表述中,不正确的是( )。

A. 财政部门的组织推动　　　B. 会计行业的自律
C. 企业事业单位的奖励　　　D. 社会各界的监督与配合

二、多选题

1. 下列关于会计职业道德建设的组织与实施中,应当发挥作用的部门或单位有( )。

A. 财政部门　　　　　　　　B. 企事业单位
C. 会计职业团体　　　　　　D. 会计学术团体

5-4 课后大通关答案:
一、单选题 1. C
二、多选题 1.ABCD

第五节　会计职业道德的检查与奖惩

一、会计职业道德检查与奖惩的意义

会计职业道德检查与奖惩的意义主要有:
①具有促使会计人员遵守职业道德规范的作用;
②裁决与教育作用;
③有利于形成抑恶扬善的社会环境。

二、会计职业道德检查与奖惩机制

（一）财政部门的监督检查

1. 会计职业道德检查与执法检查相结合

财政部门作为《会计法》的执法主体，可以依法对社会各单位执行会计法律制度情况及会计信息质量进行不同形式的检查或抽查。通过检查，一方面督促各单位严格执行会计法律法规；另一方面，也是对各单位会计人员执行会计职业道德情况的检查和检验。

2. 会计职业道德检查与会计专业技术资格考评、聘用相结合

根据规定，报考初级资格、中级资格的会计人员，应"坚持原则、具备良好的职业道德品质"等。会计专业技术资格考试管理机构在组织报名时，应对参加报名的会计人员职业道德情况进行检查。对有不遵循会计职业道德记录的，应取消其报名资格。

3. 会计职业道德检查与会计人员表彰奖励制度相结合

对会计人员遵守职业道德情况进行考核和奖惩，对自觉遵守会计职业道德的优秀会计工作者进行表彰、宣传，可以使受奖者感到对遵守道德规范的回报和社会肯定，从而促使其强化道德行为。同时，还可以树立本行业的楷模、榜样，使会计职业道德原则和规范具体化、人格化，使广大会计工作者从这些富于感染性、可行性的道德榜样中获得启示、获得动力，在潜移默化中逐渐提高自身的职业道德素质。

（二）会计行业组织的自律管理与约束

会计行业组织起着联系会计人员和政府的桥梁作用，应充分发挥协会等会计行业组织的作用，改革和完善会计职业组织自律机制，有效发挥自律机制在会计职业道德建设中的促进作用。

（三）激励机制的建立

激励机制对于构建会计职业道德检查与奖励机制具有导向、动力等积极性作用。企事业单位应建立和完善激励机制，对会计人员遵守职业道德情况进行考核和奖惩，对违反会计职业道德的行为进行惩戒，对自觉遵守会计职业道德的优秀会计工作者进行表彰。

【课后大通关】

一、多选题

1. 下列各项中，属于会计职业道德检查与奖惩的意义主要有（　　）。

A．裁决与教育作用

B．提高会计人员专业技能

C．形成抑恶扬善的社会环境

D．促使会计人员遵守职业道德规范

2. 下列各项中，属于对认真执行会计法，忠于职守，坚持原则，做出显著成绩的会计人员进行奖励的方式有（　　）。

A．晋升工资　　　　　　　　B．发放奖金

C．授予荣誉称号　　　　　　D．颁发荣誉证书

3. 会计职业道德检查与奖惩机制建设中，财政部门的监督与检查包括（　　）。

A．会计职业道德检查与执法检查相结合

B．会计职业道德检查与会计专业技术资格考评、聘用相结合

C．会计职业道德检查与会计人员表彰奖励制度相结合

D．会计职业道德检查与刑事法律相结合

二、判断题

1. 对于那些自觉遵守会计职业道德规范的优秀会计工作者应进行表彰。（　　）

2. 会计职业道德检查与奖惩有利于形成抑恶扬善的社会环境。（　　）

5-5 课后大通关答案：

一、多选题 1.ACD 2.ABCD 3.ABC

二、判断题 1.√ 2.√

【考试训练营】

一、单选题

1. 会计人员熟悉国家法律、法规和国家统一的会计制度，始终坚持按法律、法规和国家统一的会计制度的要求进行会计核算，实施会计监督。该要求是会计职业道德八个规范中（　　）的主要内容。

A. 廉洁自律　　　　　　　　B. 客观公正

C. 坚持准则　　　　　　　　D 提高技能

2. "常在河边走，就是不湿鞋"，这句话体现的会计职业道德规范内容是（　　）。

A. 参与管理　　　　　　　　B. 廉洁自律

C. 提高技能　　　　　　　　D. 强化服务

3. 某电子公司会计李丽的丈夫是一家私有电子企业的老板，李丽将在工作中接触到的公司新产品研究计划及相关的会计资料复印件提供给其丈夫，给公司带来一定的损失。李丽的行为违反了（　　）的会计职业道德。

A. 爱岗敬业、参与管理、坚持准则

B. 诚实守信、廉洁自律

C. 客观公正、提高技能

D. 强化服务、坚持准则

4. 会计张平对本单位一项违反了国家统一的财政制度规定的财务收支，因其手续齐备并经单位领导审批签字而予以执行，张平的以上行为违背了（　　）的会计职业道德要求。

A. 诚实守信　　　　　　　　B. 坚持准则

C. 参与管理　　　　　　　　D. 强化服务

5. 下列各项中，不属于会计职业道德中诚实守信的基本要求的是（　　）。

A. 做老实人、说老实话、办老实事、不弄虚作假

B. 执业谨慎、信誉至上

C. 依法办事、忠于职守

D. 保守秘密，不为利益所诱惑

6. 某企业每周二下午都对会计人员进行两个小时固定的业务理论学习时间，这是为了加强（　　）的会计职业道德。

A. 廉洁自律　　　　　　　　B. 提高技能

C. 客观公正　　　　　　　　D. 坚持准则

二、多选题

某公司2010年严重亏损，公司董事长授意总会计师张某对会计报表做技术处理，从账面上扭亏为盈。张某接受该授意，对财务报表作了处理。根据会计职业道德规范内容，张某的做法违反了会计职业道德规范的（　　）要求。

A. 爱岗敬业　　　　　　　　B. 诚实守信

C. 客观公正　　　　　　　　D. 坚持准则

三、判断题

1. 会计职业道德与会计法律制度一样，都是以国家强制力作为其实施的保障。（　　）

2. 会计职业道德规范中的"坚持准则"要求会计人员在处理业务过程中，严格按照会计准则办事。 （　）

四、案例分析题

【案例分析一】远洋公司因经济效益下降造成连年亏损，董事长赵某授意财务科长刘某在年度财务报告中作一些技术处理，刘某认为"对外报送的财务报告的真实性完整性由单位负责人承担责任，我服从就行了"，便虚拟了几笔销售业务，使公司报表由亏变盈。请根据上述资料回答下列问题：

1. 对董事长赵某可以给予的罚款是（　）。
A. 2000～20000元　　　　　　B. 5000～50000元
C. 3000～50000元　　　　　　D. 5000～100000元

2. 对直接责任者刘某可能给予的法律制裁形式有（　）。
A. 处以刑罚处罚　　　　　　B. 罚款3000－50000元
C. 给予直接开除的行政处分　D. 吊销会计从业资格证

3. 对于公司伪造财务报告行为，财政部门给予通报时可并处罚款（　）。
A. 2000～20000元　　　　　　B. 5000～50000元
C. 3000～50000元　　　　　　D. 5000～100000元

4. 刘某违反的会计职业道德规范最主要是（　）。
A. 爱岗敬业　　　　　　　　B. 强化服务
C. 参与管理　　　　　　　　D. 客观公正

【案例分析二】朝阳公司2011年11月以来的现金日记账和银行存款日记账是用圆珠笔书写的，日清月结，经济业务有未按时间顺序连续登记情况，有跳行、隔页现象。请回答下列问题：

1. 以上做法中存在的违规行为有（　）。
A. 用圆珠笔书写　　　　　　B. 未按顺序连续登记
C. 有跳行、隔页现象　　　　D. 日清月结

2. 以上行为违反了（　）会计职业道德。
A. 客观公正　　　　　　　　B. 提高技能
C. 坚持准则　　　　　　　　D. 廉洁自律

【案例分析三】2011年1月7日，A公司王经理背着公司财务，凭一张手写便条责成上海分公司将210万元划入一个与A公司没有业务往来的账户。直到2012年1月初，上海分公司为索取收款凭据，将王经理的便条传真过来，财务部张部长才知此事。公司资金往来必须经财务部长签字，这是公司内部规定。张部长1月14日找王经理核实款项去向。王经理提出分给张部

长 50 万元款项被张部长拒绝。第二天王经理发布文件称张部长贪污公款，免除张的财务部长职务，要他交出划款便条，离开公司。1 月 16 日张部长向相关部门举报王经理的经济问题。随后，王在没有办理正式交接手续的情况下，强行接管公司财务。相关部门随后介入调查。根据上述资料，请回答：

1. 上述资料中存在的违法行为有（ ）。

   A. 王经理强行接管公司财务

   B. 张部长向有关部门举报王经理的经济问题

   C. 王经理将张部长免职并责令离开公司

   D. 王经理未经财务部长签字划拨资金

2. 张部长的做法，属于（ ）会计职业道德。

   A. 爱岗敬业   B. 廉洁自律

   C. 坚持准则   D. 提高技能

3. 王经理对张部长打击报复，可采取的补救措施是（ ）。

   A. 恢复名誉   B. 恢复原有职务

   C. 恢复原有级别   D. 升职加薪

【案例分析四】社会上存在这样几种情况：（1）会计人员看人办事"官大办得快，官小办得慢，无官拖着办"。（2）会计人员"站得住的顶不住，顶得住的站不住"，因此领导怎么说就怎么做，只要领导高兴，"原则"可以变成"圆则"。（3）会计人员整天与钱物打交道，"常在河边走，哪能不湿鞋"，只要坚持"不犯罪"这条底线就行了。请回答：

1. （1）的说法违背了（ ）会计职业道德。

   A. 客观公正   B. 坚持准则

   C. 爱岗敬业   D. 强化服务

2. （2）的说法违背了（ ）会计职业道德。

   A. 坚持准则   B. 廉洁自律

   C. 参与管理   D. 提高技能

3. （3）的说法违背了（ ）会计职业道德。

   A. 坚持准则   B. 客观公正

   C. 廉洁自律   D. 诚实守信

第五章考试训练营答案：

一、单选题 1.C 2.B 3.B 4.B 5.C 6.B

二、多选题 BCD

三、判断题 1.× 2.×

四、案例分析

案例分析一 1.B 2.BCD 3.D 4.D

案例分析二 1.ABC 2.B

案例分析三 1.ACD 2.ABC 3.ABC

案例分析四 1.D 2.A 3.C

附录一

《财经法规与会计职业道德》模拟测试题（一）

一、单选题（共20题，每题1分，共20分）

1. 根据《支付结算办法》的规定，负责制定统一的支付结算制度的机构是（ ）。

   A. 政策性银行　　　　　　　B. 商业银行
   C. 中国人民银行总行　　　　D. 财政部

2. 下列表述中，正确的是（ ）。

   A. 现金结算起点的调整，由中国人民银行确定，报财政部备案
   B. 现金结算起点的调整，由中国人民银行确定，报银监会备案
   C. 现金结算起点的调整，由中国人民银行确定，报国务院备案
   D. 现金结算起点的调整，由中国人民银行确定，报发改委备案

3. 下列各项中，不属于财政部门实施会计监督检查的内容的是（ ）。

   A. 各单位是否依法设置会计账簿
   B. 各单位是否按照税法的规定按时足额纳税
   C. 各单位会计核算是否符合法定要求
   D. 各单位是否按照实际发生的经济业务进行会计核算

4. 根据《总会计师条例》的规定，总会计师是（ ）。

   A. 一种专业技术职务　　　　B. 会计机构的负责人
   C. 会计主管人员　　　　　　D. 一种行政职务

5. 支票限于（ ），不得另行记载付款日期。

   A. 定日付款　　　　　　　　B. 见票即付
   C. 见票后定日付款　　　　　D. 见票后定期付款

6. 非经营性存款人伪造、变造证明文件欺骗银行开立银行结算账户的,

给予警告并处以（ ）元罚款。

A. 1000 元
B. 1000～10000 元
C. 5000～10000 元
D. 10000～30000 元

7.（ ）的开户可以不需要中国人民银行核准。

A. 基本存款账户
B. 一般存款账户
C. 专用存款账户
D. 临时存款账户

8.《注册会计师法》自（ ）起施行。

A. 1993 年 10 月 31 日
B. 1993 年 12 月 1 日
C. 1994 年 1 月 1 日
D. 1994 年 10 月 31 日

9. 原始凭证不得外借，其他单位如因特殊原因需要使用原始凭证时，经本单位负责人批准，下列行为正确的为（ ）。

A. 只可以借阅
B. 只可以查阅不能复制
C. 不可查阅或复制
D. 可以查阅或复制

10. 对不真实、不合法的原始凭证，会计机构、会计人员（ ）。

A. 应当接受，可以更改
B. 有权不予接受，并向单位负责人报告
C. 予以退回，并要求按照国家统一会计制度的规定更正、补充
D. 予以退回，协商解决

11. 主管代理记账业务的负责人必须具有（ ）以上专业技术资格。

A. 会计员
B. 助理会计师
C. 会计师
D. 高级会计师

12.（ ）是课税达到征税数额开始征税的界限。

A. 免征额
B. 起征点
C. 减免税
D. 计税依据

13. 纳税人以 1 日、3 日、5 日、10 日或者 15 日为一个纳税期的，自期满之日起（ ）日内预缴税款。

A. 3
B. 5
C. 10
D. 15

14. 根据《个人所得税法》规定，对（ ）一次收入畸高的，可以实行加成征收，具体办法由国务院规定。

A. 工资、薪金所得
B. 稿酬所得
C. 劳务报酬所得
D. 特许权使用费所得

15. 根据《个人所得税法》规定，出租居民住用房适用（ ）的税率。

A. 10%　　　　　　　　　　B. 14%
C. 15%　　　　　　　　　　D. 20%

16. （　）是由税务机关对纳税申报人的应税产品进行查验后征税，并贴上完税证、查税证或盖查验戳，并据以征税的一种税款征收方式。

A. 查账征收　　　　　　　B. 查定征收
C. 查验征收　　　　　　　D. 定期定额征收

17. 根据《预算法》规定，审查中央和地方预算草案及中央和地方预算执行情况的报告；批准中央预算和中央预算执行情况的报告等是（　）的职权。

A. 全国人民代表大会　　　B. 全国人民代表大会常务委员会
C. 国务院财政部门　　　　D. 地方各级政府财政部门

18. 根据《政府采购法》的规定，纳入集中采购目录的政府采购项目，应当实行（　）。

A. 集中采购　　　　　　　B. 分散采购
C. 集中采购与分散采购相结合　　D. 自主采购

19. 总预算是指政府的（　）。

A. 中央预算　　　　　　　B. 地方预算
C. 财政预算　　　　　　　D. 财政汇总预算

20. 下列各项中，不属于会计职业道德中诚实守信的基本要求的是（　）。
A. 做老实人、说老实话、办老实事、不弄虚作假
B. 执业谨慎、信誉至上
C. 依法办事、忠于职守
D. 保守秘密，不为利益所诱惑

二、多选题（共20题，每题2分，共40分）

1. 填写票据和结算凭证时，中文大写金额数字可以使用的中文字体包括（　）。

A. 草书　　　　　　　　　B. 正楷
C. 行书　　　　　　　　　D. 自造简化字

2. 办理货币资金支付业务过程中，支付复核的内容包括（　）。
A. 货币资金支付申请的批准范围、权限、程序是否正确
B. 货币资金支付的手续及相关单证是否齐备
C. 支付金额的计算是否准确
D. 支付方式、支付单位是否妥当

3. 根据《人民币银行结算账户管理办法》的规定，人民币银行结算账户，是指银行为存款人开立的办理资金收付结算的人民币活期存款账户。这里所

称"银行"是指（ ）。

A. 政策性银行　　　　　　　　B. 外资独资银行

C. 农村信用合作社　　　　　　D. 外国银行分行

4. 根据《人民币银行结算账户管理办法》的规定，银行结算账户按存款人不同分为（ ）。

A. 单位银行结算账户　　　　　B. 本地银行结算账户

C. 异地银行结算账户　　　　　D. 个人银行结算账户

5. 根据《人民币银行结算账户管理办法》的规定，下列（ ）款项可以转入个人银行结算账户的有（ ）。

A. 工资、奖金收入

B. 稿费、演出费等劳务收入

C. 债券、期货、信托等投资的本金和收益

D. 个人债权或产权转让收益

6. 根据票据法的规定，票据的权利包括（ ）。

A. 收款请求权　　　　　　　　B. 追索权

C. 付款请求权　　　　　　　　D. 偿还权

7. 下列税种中属于财产税的有（ ）。

A. 增值税　　　　　　　　　　B. 车船税

C. 契税　　　　　　　　　　　D. 印花税

8. 我国现行税制采用的累进税率有（ ）。

A. 全额累进税率　　　　　　　B. 超额累进税率

C. 超率累进税率　　　　　　　D. 超倍累进税率

9. 根据《消费税暂行条例》规定，消费税的纳税期限有（ ）。

A. 3日　　B. 10日　　C. 20日　　D. 1个月

10. 现行增值税税率中，适用6%的增值税税率的有（ ）。

A. 销售货物　　　　　　　　　B. 销售无形资产

C. 金融服务　　　　　　　　　D. 销售不动产

11. 下列各项中，不属于地方本级政府预算组成的有（ ）。

A. 本级各部门预算　　　　　　B. 所属下级政府预算

C. 本级各直属单位预算　　　　D. 所属下级政府总预算

12. 根据《企业所得税法》规定，下列收入中，属于不征税收入的有（ ）。

A. 依法收取并纳入财政管理的行政事业性收费

B. 财政拨款收入

C. 租金收入

D. 接受捐赠收入

13. 在市场经济条件下，会计工作和会计人员在企业经营管理中发挥着越来越重要的作用，下列关于会计人员参与企业管理的表述中，正确的有（ ）。
   A. 企业人员在企业经营管理中主要发挥参谋作用
   B. 企业人员在企业经营管理中主要发挥决策作用
   C. 企业人员在企业经营管理中主要发挥鉴证作用
   D. 企业人员在企业经营管理中主要发挥服务作用

14. 根据《中华人民共和国会计法》的规定，下列机构中应当依照有关法律、行政法规规定的职责，对有关资料实施监督检查的有（ ）。
   A. 商业银行   B. 财政部门
   C. 审计部门   D. 税务部门

15. 下列各项中，属于支付结算方式的有（ ）。
   A. 信用卡   B. 汇兑
   C. 委托收款   D. 电子支付

16. 原始凭证的填制必须符合（ ）基本要求。
   A. 记录真实   B. 内容完整
   C. 填制及时   D. 书写清楚

17. 根据《人民币银行结算账户管理办法》的规定，下列各项中，可以申请开立专用存款账户的有（ ）。
   A. 基本建设资金   B. 证券交易结算资金
   C. 单位银行卡备用金   D. 社会保障基金

18. 单位从其银行结算账户支付给个人银行结算账户的款项，每笔超过5万元的，应向其开户银行提供下列付款依据（ ）。
   A. 借款合同
   B. 新闻出版、演出主办等单位与收款人签订的劳务合同或支付给个人款项的证明
   C. 债权或产权转让协议
   D. 代发工资协议和收款人清单

19. 中国人民银行应对（ ）的开户，予以核准。
   A. 基本存款账户   B. 一般存款账户
   C. 专用存款账户   D. 临时存款账户

20. 会计职业道德与会计法律制度两者有共同的目标、相同的调整对象，承担着同样的职责，它们（ ）。

A. 在作用上相互补充　　　　　B. 在内容上相互渗透、相互重叠
C. 在地位上相互转化、相互吸收　D. 在实施过程中相互作用

三、判断题（共20题，每题1分，共20分）

1. 根据《人民币银行结算账户管理办法》的规定，存款人尚未清偿开户银行债务的，不得申请撤销银行结算账户。（　）

2. 根据《人民币银行结算账户管理办法》的规定，没有开立基本存款账户的存款人也可以开立一般存款账户。（　）

3. 根据《支付结算办法》的规定，转账支票只能用于转账，不能支取现金。（　）

4. 汇票的持票人未在法定期限内提示付款的，则承兑人的票据责任解除。（　）

5. 根据《支付结算办法》的规定，信用卡销户时，单位卡账户余额可以提取现金。（　）

6. 税收是国家为实现国家职能，凭借政治权利，按照法律规定的标准，有偿取得财政收入的一种特定分配方式。（　）

7. 政府采购当事人包括采购人、供应商和采购代理机构。（　）

8. 会计职业道德情感、会计职业道德意志和会计职业道德信念，要通过内在的自我教育才能实现，因此有效开展会计职业道德教育的唯一途径就是依靠自我教育。（　）

9. 商业汇票持票人可以不按照汇票债务人先后顺序，对其中任何一人、数人或者全体行使追索权。（　）

10. 单位负责人对本单位的会计工作和会计资料的真实性、完整性负责。单位负责人中的"单位"如果是法人，则单位负责人为该单位的法定代表人。（　）

11. 按照税法法律级次划分，将税法分为税收实体法和税收程序法。（　）

12. 目前，个人所得税采用超率累进税率。（　）

13. 小规模纳税人适用征收率是4%。（　）

14. 增值税小规模纳税人标准为年应征增值税销售额500万元及以下。（　）

15. 根据《政府采购法》的规定，我国政府采购采用集中采购的采购模式。（　）

16. 国有企业并不是政府采购的当事人。（　）

17. 审查政府采购供应商资格是采购代理机构的一项权利。（　）

18.《企业所得税法》规定，非居民企业是指依照外国（地区）法律成立且实际管理机构在中国境内，在中国境内设立机构、场所的，或者在中国境内未设立机构、场所，但有来源于中国境内所得的企业。（　）

19. 根据《个人所得税法》规定，自2000年1月1日起，个人独资企业和合伙企业投资者也为个人所得税的纳税义务人。（　）

20. 根据《中华人民共和国发票管理办法》规定，填写发票应当使用中文，民族自治地区可以同时使用当地通用的一种民族文字。（　）

四、案例分析题（共2题，每题10分，共20分）

【案例分析一】2012年6月，某省级财政部门在对某企业进行检查时，发现下列情况：①由于会计机构人手较少，会计王某同时负责会计账簿的记账和审批。②由于财务主管张某业务能力强，单位负责人授权其全权负责对外投资事宜，包括对外投资的决策和执行。③为了达到预定经营业绩目标，单位负责人孙某要求会计机构负责人李某虚构交易事项、伪造会计资料，粉饰财务报告，李某予以拒绝，随后被撤职。④财政监督检查部门实施会计监督，检查工作时，该企业为掩盖其虚构交易行为，将伪造的会计资料故意转移。

根据以上情况，请回答下列问题：

(1) 针对事项①，下列说法中正确的有（　）。

A. 王某可以同时负责记账和部分事项的审批

B. 王某不可以同时负责记账和部分事项的审批

C. 王某同时负责记账和部分事项的审批，不符合单位内部会计监督制度的基本要求

D. 记账人员与审批人员属于不相容职务，但特殊情况下可以由同一人担任

(2) 针对事项②，下列说法中正确的有（　）。

A. 该企业的做法符合规定

B. 该企业的做法不符合规定

C. 重大经济业务要建立有效的监督和控制制度

D. 重大经济业务的决策人员和执行人员之间应当相互监督、相互制约、防止权限过于集中

(3) 根据《中华人民共和国会计法》的规定，会计机构、会计人员发现会计账簿记录与实物、款项及有关资料不相符的，应当采取的处理方式是（　）。

A. 立即向单位负责人报告，经批准后由会计机构进行处理

B. 直接由会计机构进行处理

C. 按照国家统一的会计制度的规定有权自行处理的，应当及时处理；无权处理的，应当立即向单位负责人报告，请求查明原因，作出处理

D. 立即向会计机构负责人报告，经批准后由会计人员处理

（4）针对事项④，下列说法中正确的有（　　）。

A. 根据《中华人民共和国会计法》的规定，李某有权拒绝办理

B. 根据劳动合同的约定，李某无权拒绝办理

C. 孙某指使会计机构伪造会计凭证，违反了《中华人民共和国会计法》的规定，可对其处5000元以上50000元以下的罚款

D. 应当恢复会计机构负责人李某的名誉和原有职务、级别

（5）针对事项④，下列说法中正确的有（　　）。

A. 根据《中华人民共和国会计法》的规定，县级以上各级人民政府财政部门是本行政区域内的会计监督主体，对本行政区域内各单位的会计工作行使监督权

B. 根据《中华人民共和国会计法》的规定，各单位对于监督检查部门依法开展的会计监督检查工作应予以配合，如实提供会计凭证、会计账簿、财务会计报告和其他会计资料以及有关情况，不得拒绝。

C. 该企业的做法属于隐匿依法应保存的会计资料和不如实提供会计资料以及有关情况的行为

D. 可对该企业处以5000元以上50000元以下的罚款

【案例分析二】明确划分国家各级权力机关、各级政府、各级财政部门以及各部门、各单位在预算活动中的职权，是保证依法管理预算的前提条件，也是将各级预算编制、预算审批、预算执行、预算调整和预算决算的各环节纳入法制化、规范化轨道的必要措施。

（1）根据《预算法》规定，属于划分预算职权的原则的为（　　）。

A. 统一领导　　　　　　　　B. 各级独立

C. 分级管理　　　　　　　　D. 权责结合

（2）根据《预算法》的规定，下列各项中，属于县级以上地方各级人民代表大会的职权的为（　　）。

A. 审查本级总预算草案及上级总预算执行情况的报告

B. 批准本级预算和本级预算执行情况的报告

C. 改变或者撤销本级人民代表大会常务委员会关于预算、决算的不适当的决议

D. 撤销本级政府关于预算、决算的不适当的决定和命令

（3）根据《预算法》的规定，下列各项中，属于国务院财政部门职权的为（ ）。

A. 具体编制中央预算、决算草案

B. 具体组织中央和地方预算的执行

C. 具体编制地方预算的调整方案

D. 提出中央预算预备费动用方案

（4）根据《预算法》的规定，下列各项中，不属于全国人民代表大会职权的是（ ）。

A. 审查和批准中央预算的调整方案

B. 审查和批准中央决算

C. 批准中央预算和中央预算执行情况的报告

D. 审查中央和地方预算草案及中央和地方预算执行情况的报告

（5）根据《预算法》的规定，下列各项中，属于各部门的预算职权的为（ ）。

A. 编制本部门预算草案

B. 编制本部门决算草案

C. 组织和监督本部门预算的执行

D. 定期向本级政府财政部门报告预算的执行情况

《财经法规与会计职业道德》模拟测试题（二）

一、单选题（共20题，每题1分，共20分）

1. 税务部门对纳税人采取税收保全措施，其批准主体是（ ）。

A. 县级以上税务局（分局）局长　　B. 市级以上税务局局长

C. 省级以上国税局局长　　　　　　D. 经营地税务机关领导

2. 下列各项中，属于国务院财政部门可以制定并自行发布的有（ ）。

A. 会计法律　　　　　　　　　　　B. 会计行政法规

C. 会计部门规章　　　　　　　　　D. 会计规范性文件

3. 下列关于票据和结算凭证的填写的表述中，正确的是（ ）。

A. 中文大写金额数字必须用正楷书写

B. 中文大写金额数字到"角"为止的，在角之后可以不写"整"字

C. 中文大写金额数字到"分"为止的，在分之后不需写"整"字

D. 票据的大写出票日期未按要求规范填写的，银行不予受理

4. 根据《现金管理暂行条例》的规定，负责现金管理的具体实施，并对

开户单位收支、使用现金进行监督管理的机构是（ ）。

A. 开户银行　　　　　　　　　B. 中国人民银行总行

C. 中国人民银行各级分行　　　D. 银监会

5. 经营性存款人出租、出借银行结算账户的,给予警告并处以（ ）的罚款。

A. 1000 元　　　　　　　　　　B. 1000～10000 元

C. 5000～10000 元　　　　　　D. 5000～30000 元

6. 中国人民银行应于（ ）个工作日内对银行报送的基本存款账户、临时存款账户和预算单位专用存款账户的开户资料的合规性予以审核,符合开户条件的,予以核准。

A. 1　　　　　　　　　　　　B. 2

C. 3　　　　　　　　　　　　D. 5

7. 银行审核支票付款的依据是支票出票人是（ ）。

A. 电话号码　　　　　　　　　B. 身份证

C. 预留银行签章　　　　　　　D. 支票存根

8. 甲厂向乙厂购货价款 150000 万元,签发给乙厂一张支票,但由于签章不符被银行退票,对此甲应受的罚款为（ ）元。

A. 7500　　　　　　　　　　　B. 1000

C. 1050　　　　　　　　　　　D. 3000

9. 对记载不准确、不完整的原始凭证,会计机构、会计人员（ ）。

A. 应当接受,可以更改

B. 有权不予接受,并向单位负责人报告

C. 予以退回,并要求按照国家统一会计制度的规定更正、补充

D. 予以退回,协商解决

10.（ ）是在课税对象总额中免于征税的数额。

A. 起征点　　　　　　　　　　B. 免征额

C. 减免税　　　　　　　　　　D. 计税依据

11. 2018 年 4 月发布的《关于调整增值税税率的通知》中规定,现代服务业、教育医疗服务、销售无形资产适用的增值税税率为（ ）。

A. 3%　　　　　　　　　　　　B. 6%

C. 10%　　　　　　　　　　　 D. 16%

12. 根据《个人所得税法》规定,对劳务报酬所得一次收入畸高的,可以实行（ ）加成征收,具体办法由国务院规定。

A. 比例征收　　　　　　　　　B. 比率征收

C. 加成征收　　　　　　　　　D. 减除征收

13. ( )是指由纳税人依据账簿记载,先自行计算缴纳,事后经税务机关查账核实,如有不符合税法规定的,则多退少补的一种税款征收方式。

A. 查账征收 B. 查定征收

C. 查验征收 D. 定期定额征收

14. 存款人按照法律、行政法规和规章,对其特定用途资金进行专项管理和使用而开立的银行结算账户为( )。

A. 基本存款账户 B. 一般存款账户

C. 专用存款账户 D. 临时存款账户

15. 负责银行结算账户监督管理的部门是( )。

A. 县级以上人民政府财政部门 B. 中国人民银行总行

C. 中国人民银行 D. 开户银行

16. 由出票人签发的,委托付款人在见票时或者在指定日期无条件支付确定的金额给收款人或者持票人的票据是( )。

A. 支票 B. 商业汇票

C. 银行汇票 D. 银行本票

17. 根据《预算法》的规定,监督中央和地方预算的执行;审查和批准中央预算的调整方案;审查和批准中央决算;撤销国务院制定的同宪法、法律相抵触的关于预算、决算的行政法规、决定和命令等是( )的职权。

A. 全国人民代表大会 B. 全国人民代表大会常务委员会

C. 国务院财政部门 D. 地方各级政府财政部门

18. ( )指采购人通过与多家供应商就交易的条件进行谈判,最后从中确定最佳供应商的一种采购方式。

A. 公开招标 B. 邀请招标

C. 竞争性谈判 D. 询价

19. 会计人员熟悉国家法律、法规和国家统一的会计制度,始终坚持按法律、法规和国家统一的会计制度的要求进行会计核算,实施会计监督。该要求是会计职业道德规范中( )的主要内容。

A. 廉洁自律 B. 客观公正

C. 坚持准则 D. 提高技能

20. 会计人员经常会对自己的工作进行评价,对工作中的不足进行评判、剖析,这种自我教育的方式属于( )。

A. 自重自省法 B. 自警自励法

C. 自我剖析法 D. 自律慎独法

二、多选题（共20题，每题2分，共40分）

1. 根据《人民币银行结算账户管理办法》的规定，存款人申请开立临时存款账户的情况有（ ）。

   A. 设立临时机构

   B. 异地临时经营活动

   C. 党、团、工会设在单位的组织机构经费

   D. 注册验资

2. 根据《支付结算办法》的规定，下列事项中，属于支票绝对记载事项的有（ ）。

   A. 表明"支票"的字样　　　　　B. 付款地

   C. 出票地　　　　　　　　　　D. 确定的金额

3. 根据《支付结算办法》的规定，下列关于商业承兑汇票提示承兑期限的表述符合法律规定的有（ ）。

   A. 商业承兑汇票提示承兑期限为自汇票到期日起10日内

   B. 定日付款的商业汇票，持票人应当在汇票到期日前提示承兑

   C. 出票后定期付款的商业汇票，提示承兑期限为自出票日起1个月内

   D. 见票后定期付款的商业汇票，持票人应当自出票日起1个月内提示承兑

4. 根据《支付结算办法》的规定，持卡人在还清信用卡的全部交易款项、透支本息和有关费用后，下列各项中，属于可申请办理销户的有（ ）。

   A. 信用卡有效期满45天后，持卡人不再换新卡的

   B. 信用卡挂失满45天后，没有附属卡又不更换新卡的

   C. 信用卡被列入止付名单，发卡银行已收回其信用卡45天的

   D. 信用卡账户2年（含2年）未发生交易的

5. 某企业2011年3月10日进口一批工业品，海关于当日签发了税款缴纳证，关税完税价格40万元，关税税率为10%，进口增值税税额和最迟缴纳期限分别是（ ）。

   A. 进口增值税为6.8万元　　　　B. 进口增值税为7.48万元

   C. 最迟期限为3月19日　　　　　D. 最迟期限为3月24日

6. 关于核定应纳税额，下列说法不正确的有（ ）。

   A. 税务机关核定应纳税额时只能依法选定一种核定方法，并明确告之纳税人

   B. 税务机关采用一种方法不足以正确核定应纳税额时，可以同时采用两种以上的方法核定

C. 纳税人对税务机关核定的应纳税额有异议的，税务机关应当提供相关证据，证明定额的合理

D. 纳税人认为应纳税额不合理且能提供相关证据的，无需经税务机关认定，纳税人可以调整应纳税额

7. 财政部门会计监督检查的主要内容有（　　）。

A. 对单位依法设置会计账簿的检查

B. 对单位会计资料真实性、完整性的检查

C. 对单位会计核算情况的检查

D. 对单位会计人员从业资格和任职资格的检查

8. 单位内部会计监督制度的基本要求包括：重大经济业务事项的决策和执行程序应当明确，前述的"重大经济业务事项"包括（　　）。

A. 重大对外投资　　　　　　B. 资产处置

C. 会计人员的聘用　　　　　D. 资金调度

9. 根据《刑法》的规定，犯打击报复会计人员罪的人员应承担的法律责任包括（　　）。

A. 处三年以上有期徒刑　　　B. 处五年以上有期徒刑

C. 处三年以下有期徒刑　　　D. 拘役

10. 代理记账机构可以根据委托人提供的原始凭证和其他资料，按照国家统一的会计制度的规定进行会计核算，其业务范围包括（　　）。

A. 审核原始凭证

B. 登记会计账簿

C. 审查企业财务会计报告，出具审计报告

D. 编制财务会计报告

11. 下列各项中，属于行业发票的有（　　）。

A. 商品房销售发票　　　　　B. 商业批发统一发票

C. 工业企业产品销售统一发票　D. 广告费用结算发票

12. 信用卡按信誉等级分为（　　）。

A. 普通卡　　　　　　　　　B. 银卡

C. 金卡　　　　　　　　　　D. 白金卡

13. 银行应对于存款人的开户申请书填写的事项和证明文件的（　　）进行认真审查。

A. 真实性　　　　　　　　　B. 完整性

C. 连续性　　　　　　　　　D. 合规性

14. 存款人开立存款账户，需要由中国人民银行予以核准的是（　　）。

A. 基本存款账户

B. 临时存款账户

C. 预算单位开立专用存款账户

D. 因注册验资需要开立临时存款账户

15. 存款人有下列（　）情形之一的，应向开户银行提出撤销银行结算账户的申请。

A. 被撤并、解散、宣告破产或关闭的

B. 注销、被吊销营业执照的

C. 因迁址需要变更开户银行的

D. 存款人尚未清偿开户银行债务的

16. 会计职业道德与会计法律制度的主要区别表现在（　）。

A. 性质不同　　　　　　　　B. 作用范围不同

C. 表现形式不同　　　　　　D. 实施保障机制不同

17. 下列表述中属于家族美德内容的有（　）。

A. 家庭和睦　　　　　　　　B. 尊老爱幼

C. 邻里团结　　　　　　　　D. 勤俭持家

18. 下列关于原始凭证的表述中，正确的有（　）。

A. 从外单位取得的原始凭证，必须盖有填制单位的公章

B. 自制原始凭证必须有经办单位领导人或者其指定的人员的签名或者盖章

C. 支付款项的原始凭证，必须有付款人的付款证明

D. 购买实物的原始凭证，必须有验收证明

19. 政府采购的法定方式有（　）。

A. 公开招标　　　　　　　　B. 邀请招标

C. 和平性谈判　　　　　　　D. 询价

20. 中国的政府预算级次分为（　）。

A. 中央政府预算　　　　　　B. 省（自治区、直辖市）政府预算

C. 市（自治州）政府预算　　D. 乡（镇）政府预算

三、判断题（共20题，每题1分，共20分）

1. 根据《人民币银行结算账户管理办法》的规定，临时存款账户有效期最长不得超过一年。　　　　　　　　　　　　　　　　　　　　　　　（　）

2. 根据《人民币银行结算账户管理办法》的规定，从单位银行结算账户支付给个人银行结算账户的款项应纳税的，税收代扣单位付款时应向其开户银行提供充分证明。　　　　　　　　　　　　　　　　　　　　　　　　（　）

3. 根据《票据法》的规定，票据出票人做出的付款承诺是有条件的，即只在发生某些事情或某些行为时，付款时才必须到期支付规定的款项。（ ）

4. 根据《人民币银行结算账户管理办法》的规定，临时存款账户的有效期限为 2 年，存款人在账户的使用中需要延长期限的，可在有效期限内向开户银行提出申请。（ ）

5. 根据《票据法》的规定，将商业汇票的金额一部分转让的背书或将汇票金额分别转让给二人以上的背书无效。（ ）

6. 会计职业道德情感的形成与会计职业道德认知的培养是一样的。（ ）

7. 根据《票据法》的规定，票据的交付是指出票人将其签发的票据交付给收款人的行为。（ ）

8. 根据《支付结算办法》的规定，支票没有金额限制，出票人可以随意签发支票。（ ）

9. 支票在付款时超过提示付款期限的，付款人可以不予付款；付款人不予付款的，出票人不再对持票人承担票据责任。（ ）

10. 单位负责人对本单位的会计工作和会计资料的真实性、完整性负责。单位负责人中的"单位"如果是非法人，则单位负责人是法律、行政法规规定代表单位行使职权的主要负责人。（ ）

11. 按照主权国家行使税收管辖权的不同，将税法分为国内税法和外国税法。（ ）

12. 小规模纳税人适用征收率是 6%。（ ）

13. 以 1 个季度为纳税期限的规定仅适用于小规模纳税人。（ ）

14. 根据《政府采购法》的规定，我国政府采购采用集中采购的采购模式。（ ）

15. 根据《企业所得税法》规定，居民企业是指依法在中国境内成立，或者依照外国（地区）法律成立且实际管理机构不在中国境内的企业。（ ）

16. 根据《中华人民共和国发票管理办法》规定，填写发票应当使用中文，但民族自治地区可以根据需要，使用当地通用的一种民族文字。（ ）

17. 税收保全措施，是当事人不履行法律、行政法规规定的义务，有关国家机关采用法定的强制手段，强迫当事人履行义务的行为。（ ）

18. 根据规定，申请人对税务机关做出的行政行为不服，可以申请行政复议，也可以直接向人民法院提起行政诉讼。（ ）

19. 财政直接支付是由财政部门向中国人民银行签发支付指令，中国人民银行根据支付指令通过国库单一账户体系将资金直接支付到收款人或用款单位账户。（ ）

20. 构成打击报复会计人员罪的单位负责人，可处3年以下有期徒刑或者拘役。（ ）

四、案例分析题（共2题，每题10分，共20分）

【案例分析一】2010年3月10日，某公司向银行申请了信用卡，其中一部分作为对管理人员的福利，另一部分作为公司自用。

（1）下列情形中，可以办理销户的有（ ）。

A. 4月12日，该公司要求注销自用的信用卡

B. 3月11日，公司一名管理人员的信用卡丢失并于当日挂失，4月15日要求注销该丢失的信用卡

C. 至2011年6月7日，该公司自用的信用卡未发生过任何交易

D. 至2012年6月30日，该公司自用的信用卡未发生过任何交易

（2）关于信用卡资金来源的表述中，正确的有（ ）。

A. 公司可以将资金人基本存款账户中转账存入持有的信用卡

B. 公司持有的信用卡可以交存现金

C. 公司可以将其销货收入的款项存入持有的信用卡

D. 公司管理人员可以将个人的收入及公司的临时款项存入其持有的信用卡

（3）公司的下列做法中，错误的有（ ）。

A. 3月16日，公司持卡购买一台价值130000元的设备

B. 3月21日，公司将其信用卡转借给其子公司

C. 3月30日，公司从信用卡中支取现金5000元

D. 4月1日，公司结算信用卡，3月共透支160000元（该公司无综合透信额度）

（4）关于信用卡的表述中，正确的有（ ）。

A. 同一持卡人单笔透支发生额，个人卡不得超过20000元

B. 贷记卡的首月最低还款额不得低于其当月透支金额的3%

C. 信用卡透支利率为日利率5‰

D. 准贷记卡的透支期限最长为60天

（5）发卡银行给予持卡人一定的信用额度，持卡人可以在信用额度内先消费、后还款的信用卡是（ ）。

A. 普通卡   B. 附属卡

C. 贷记卡   D. 准贷记卡

【案例分析二】王某和张某是两个刚刚从事会计工作的年轻人，对相关财经法规不够熟悉。2012年5月10日，王某向张某签发了一张18 000元的

转账支票以及一张1 200元的现金支票，王某在签发支票时使用普通的蓝色水笔填写，并且没有签章。张某将18 000元的转账支票交给银行，银行不予转账，退还了该支票，并且提出要对王某处以罚款。张某又将1 200元的现金支票背书转让给徐某，徐某是一位从业多年的，经验丰富的财务人员，拒绝接受张某转让的现金支票，认为其不合法。王某的开户银行是深圳市华南支行，账户余额只有12 000元。根据上述情况，回答下列问题：

（1）在王某对张某开具支票的行为中，支票基本的当事人中出票人、付款人和收款人分别是（ ）。

A. 王某、深圳市华南支行、张某　　B. 深圳市华南支行、张某、王某

C. 深圳市华南支行、王某、张某　　D. 张某、深圳市华南支行、王某

（2）王某在对张某签发支票时，存在的错误之处有（ ）。

A. 没有签章　　　　　　　　　　　B. 现金支票超出了最高限额

C. 账户余额不足　　　　　　　　　D. 用普通蓝色水笔填写

（3）银行有权要求出票人的赔偿金额为（ ）元。

A. 1 500　　　　　　　　　　　　 B. 320

C. 900　　　　　　　　　　　　　 D. 1 000

（4）支票按照支付票款方式的不同，分为（ ）。

A. 4类　　　　　　　　　　　　　 B. 3类

C. 5类　　　　　　　　　　　　　 D. 2类

（5）下列各项中，不可以支取现金的支票有（ ）。

A. 普通支票　　　　　　　　　　　B. 转账支票

C. 划线支票　　　　　　　　　　　D. 现金支票

《财经法规与会计职业道德》模拟测试题（三）

一、单选题（共20题，每题1分，共20分）

1. 根据《现金管理暂行条例》的规定，核定单位库存现金限额的机构是（ ）。

A. 中国人民银行总行　　　　　　　B. 中国人民银行各级分行

C. 银监会　　　　　　　　　　　　D. 开户银行

2. 刘某于2009年1月将自有的4间面积为150平方米的房屋出租给张某作经营场所，租期1年，刘某每月取得租金收入2500元，全年租金收入30000元，刘某全年租金收入应缴纳的个人所得税为（ ）。

A. 4080 元 B. 6000 元
C. 4800 元 D. 4420 元

3. 会计职业道德规范的养成，需要会计人员不断提高（ ）。
A. 会计监督能力 B. 会计专业水平
C. 会计综合素质 D. 会计职业技能

4. 下列各项中，不符合票据和结算凭证填写要求的是（ ）。
A. 票据的出票日期使用阿拉伯数字填写
B. 中文大写金额数字应用正楷或行书填写
C. 在阿拉伯小写金额数字前填写人民币符号
D. 中文大写金额数字到"元"为止的，在"元"之后，写上"整"或"正"

5. 经营性存款人违反规定开立银行结算账户的，给予警告并处以（ ）的罚款。
A. 1000 元 B. 1000～10000 元
C. 5000～10000 元 D. 10000～30000 元

6. 商业汇票的付款人对向其提示承兑的汇票，应当自收到提示承兑的汇票之日起（ ）日内承兑或者拒绝承兑。
A. 1 B. 2
C. 3 D. 5

7. 单位信用卡一律不得用于（ ）万元以上的商品交易、劳务供应款项的结算，单位卡一律不得支取现金。
A. 5 B. 10
C. 15 D. 30

8. 根据《代理记账管理办法》规定，下列（ ）不属于代理记账机构受托办理的业务。
A. 填制或取得原始凭证 B. 填制记账凭证
C. 对外提供财务会计报告 D. 向税务机关提供税务资料

9. 现金支票和印章由（ ）保管。
A. 出纳人员 B. 总会计师
C. 单位总经理 D. 必须由两人保管

10. 纳税人生产、销售粮食等农产品适用的税率为（ ）。
A. 16% B. 10%
C. 零税率 D. 免税

11. 小规模纳税人适用（ ）征收率。

A. 3% B. 4%
C. 6% D. 13%

12. 纳税人以 1 个月或者 1 个季度为一个纳税期的，自期满之日起（ ）日内申报纳税。

A. 5 B. 10
C. 15 D. 20

13. （ ）是指由税务机关根据纳税人的生产设备等情况在正常情况下的生产、销售情况，对其生产的应税产品查定产量和销售额，然后依照税法规定的税率征收的一种税款征收方式。

A. 查账征收 B. 查定征收
C. 查验征收 D. 定期定额征收

14. 存款人发生被撤并、解散、宣告破产、关闭或注销、被吊销营业执照的，应于（ ）个工作日内向开户银行提出撤销银行结算账户的申请。

A. 2 B. 3
C. 5 D. 10

15. 存款人办理日常转账结算和现金收付，以及存款人的工资、奖金等现金的支取，只能通过（ ）。

A. 基本存款账户 B. 一般存款账户
C. 专用存款账户 D. 临时存款账户

16. 下列选项中，不属于政府采购当事人的是（ ）。

A. 采购人 B. 保证人
C. 供应商 D. 采购代理机构

17. 根据《预算法》的规定，具体编制中央预算、决算草案；具体组织中央和地方预算的执行；提出中央预算预备费动用方案；具体编制中央预算的调整方案是（ ）的职权。

A. 全国人民代表大会 B. 全国人民代表大会常务委员会
C. 国务院财政部门 D. 地方各级政府财政部门

18.（ ）指采购人按照法定程序，公开发布招标公告，邀请所有潜在的供应商参加投标竞争，根据已定标准从中择优确定中标商，并与之签订政府采购合同的一种采购方式。

A. 公开招标 B. 邀请招标
C. 竞争性谈判 D. 询价

19. 目前，高级会计师资格实行（ ）的方式。

A. 考试 B. 评审
C. 考试与评审相结合 D. 委派

20. 会计人员在工作中要做到"勤学""勤练""勤思",要将严肃认真、一丝不苟的职业作风贯穿于会计工作的始终,不能有"都是熟人不会错"的麻痹思想和"马马虎虎"的工作作风,这体现的是会计职业道德规范中的( )。

A. 敬业爱岗 B. 诚实守信
C. 廉洁自律 D. 客观公正

二、多选题(共20题,每题2分,共40分)

1. 根据《人民币银行结算账户管理办法》的规定,下列各专用存款账户中,不得支取现金的是( )。

A. 财政预算外资金 B. 金融机构存放同业资金
C. 期货交易保证金 D. 基本建设资金

2. 下列关于办理支付结算的表述中,符合法律规定的有( )。

A. 单位和银行签发票据时,名称应当记载全称,使用简称的,银行不予受理
B. 不使用按中国人民银行统一规定印制的票据,票据无效
C. 票据和结算凭证上的签章和其他记载的事项应当真实
D. 填写票据和结算凭证应当规范

3. 根据《人民币银行结算账户管理办法》的规定,银行结算账户的变更包括( )。

A. 存款人名称变更
B. 单位法定代表人或主要负责人变更
C. 地址的变更
D. 其他开户资料的变更

4. 根据《人民币银行结算账户管理办法》的规定,下列各项中,可以申请开立基本存款账户的有( )。

A. 社会团体 B. 民办非企业组织
C. 外国驻华机构 D. 居民委员会、社区委员会

5. 根据《人民币银行结算账户管理办法》的规定,需要支取现金的,应在开户时报中国人民银行当地分支行批准的资金专用存款账户的有( )。

A. 信托基金 B. 更新改造资金
C. 政策性房地产开发资金 D. 证券交易结算资金

6. 根据《人民币银行结算账户管理办法》的规定,存款人申请开立临时存款账户,应向银行出具的证明文件有( )。

A. 临时机构应出具其驻在地主管部门同意设立临时机构的批文

B. 异地建筑施工及安装单位应出具其营业执照正本或其隶属单位的营业执照正本，以及施工及安装地建设主管部门核发的许可证或建筑施工及安装合同并出具基本存款账户开户登记证

C. 异地从事临时经营活动的单位应出具其营业执照正本以及临时经营地工商行政管理部门的批文并出具基本存款账户开户登记证

D. 注册验资资金应出具工商行政管理部门核发的企业名称预先核准通知书或有关部门的批文

7. 根据《人民币银行结算账户管理办法》的规定，下列各项中，存款人可以在异地开立有关银行结算账户的有（ ）。

A. 自然人根据需要在异地开立个人银行结算账户的

B. 营业执照注册地与经营地不在同一行政区域（跨省、市、县），需要开立基本存款账户的

C. 办理异地借款和其他结算需要开立一般存款账户的

D. 存款人因附属的非独立核算单位或派出机构发生的收入汇缴或业务支出需要开立专用存款账户的

8. 根据《个人所得税法》规定，下列所得中，适用20%的个人所得税税率的有（ ）。

A. 工资、薪金所得　　　　　B. 特许权使用费所得

C. 股息、红利所得　　　　　D. 财产租赁所得

9. 下列关于初级、中级会计资格考试的考试制度的说法中，正确的有（ ）。

A. 全国统一考试时间　　　　B. 全国统一考试命题

C. 全国统一考试大纲　　　　D. 全国统一合格标准

10. 根据《代理记账管理办法》的规定，委托代理记账的委托人应当履行的义务有（ ）。

A. 对本单位发生的经济业务事项，应当填制或者取得符合国家统一的会计制度规定的原始凭证

B. 委托代理记账机构负责做好日常货币收支和保管

C. 及时向代理记账机构提供真实、完整的原始凭证和其他相关资料

D. 对于代理记账机构退回的要求按照国家统一的会计制度规定进行更正、补充的原始凭证，应当及时予以更正、补充

11. 会计人员遵守职业道德做到客观公正的要求有（ ）。

A. 依法办事　　　　　　　　B. 实事求是

C. 执业谨慎　　　　　　　　D. 公私分明

12. 根据《增值税暂行条例》的有关规定，下列各项中，关于增值税纳税地点的说法正确的有（ ）。

A. 固定业户应当向其机构所在地的主管税务机构申报纳税

B. 固定业户到外县（市）销售货物或者应税劳务，应当在销售地或劳务发生地的主管税务机构申报纳税

C. 非固定业户销售货物或者应税劳务，应当向销售地或劳务发生地的主管税务机构申报纳税

D. 进口货物应当向报关地海关申报纳税

13. 根据《企业所得税法》的有关规定，判定居民企业的标准有（ ）。

A. 登记注册地标准　　　　　　B. 所得来源地标准

C. 经营行为实际发生地标准　　D. 实际管理机构所在地标准

14. 根据《个人所得税法》规定，下列各项中，属于个人所得税纳税义务人的有（ ）。

A. 中国公民　　　　　　　　　B. 个体工商户

C. 外籍个人　　　　　　　　　D. 个人独资企业

15. 下列纳税人中，应当进行税务登记的有（ ）。

A. 有应税收入的纳税人　　　　B. 有应税财产的纳税人

C. 有应税行为的纳税人　　　　D. 发生扣缴义务的扣缴义务人

16. 单位银行结算账户按用途不同分为（ ）。

A. 基本存款账户　　　　　　　B. 一般存款账户

C. 专用存款账户　　　　　　　D. 临时存款账户

17. 财政收入的收缴分为（ ）方式。

A. 直接缴库　　　　　　　　　B. 间接缴库

C. 集中汇缴　　　　　　　　　D. 授权汇缴

18. 根据《支付结算办法》的规定，下列各项中属于付款提示当事人的有（ ）。

A. 持票人　　　　　　　　　　B. 持票人的代理人

C. 持票人的质权人　　　　　　D. 付款人

19. 从我国《政府采购法》的规定来看，采购人的权利概括起来有以下方面（ ）。

A. 自己选择代理机构的权利

B. 审查政府采购供应商资格的权利

C. 有依法确定中标供应商的权利

D. 有签订采购合同并参与对供应商采购的履约验收的权利

20. 会计职业道德教育的主要形式有（　）。
A. 接受教育　　　　　　　　B. 观念教育
C. 规范教育　　　　　　　　D. 自我教育

三、判断题（共 20 题，每题 1 分，共 20 分）

1. 根据《人民币银行结算账户管理办法》的规定，开户银行对已开立的单位银行结算账户实行年检制度。（　）

2. 根据《人民币银行结算账户管理办法》的规定，银行结算账户的存款人名称发生变更，但不改变开户银行及账号的，应于 5 个工作日内向开户银行提出银行结算账户的变更申请，并出具有关部门的证明文件。（　）

3. 根据《人民币银行结算账户管理办法》的规定，军队、武警连级（含）以上单位以及分散值勤的支（分）队开立基本存款账户，应出具军队军级以上单位财务部门、武警总队财务部门的开户证明。（　）

4. 根据《人民币银行结算账户管理办法》的规定，单位银行卡账户的资金必须由其基本存款账户转账存入。（　）

5. 记账凭证可以根据每一张原始凭证填制，或者根据若干张同类原始凭证汇总填制，也可以根据原始凭证汇总表填制。（　）

6. 根据《人民币银行结算账户管理办法》的规定，自然人申请开立的储蓄账户，只能办理现金存取业务，不得办理转账结算。（　）

7. 根据《人民币银行结算账户管理办法》的规定，经营地与注册地不在同一行政区域的存款人，在异地开立基本存款账户时，除提供相应的证明文件外，还应出具注册地中国人民银行分支行的未开立基本存款账户的证明。（　）

8. 按照主权国家行使税收管辖权的不同，将税法分为税收法律、税收行政法规、税收规章和税收规范性文件。（　）

9. 根据《支付结算办法》的规定，支票上可以记载非法定记载事项，但这些事项并不发生支票上的效力。（　）

10. 根据《支付结算办法》的规定，商业承兑汇票可以由付款人签发并承兑，也可以由收款人签发交由付款人承兑。（　）

11. 如果票据和结算凭证上的阿拉伯数字金额为￥17 409.05，则其中文大写数字金额应为：人民币壹万柒仟肆佰零玖元伍分。（　）

12. 存款人尚未清偿其开户银行债务的，不得申请撤销银行结算账户。（　）

13. 根据《政府采购法》的规定，我国政府采购采用集中采购和分散采购相结合的采购模式。（　）

14. 政府采购中的分散采购是指由各预算单位自行采购或委托第三方代

为采购的一种采购形式。   (   )

15. 根据《中华人民共和国发票管理办法》规定，填写发票应当使用中文，但外商投资企业和外资企业可以根据需要使用一种外国文字。   (   )

16. 根据《支付结算办法》的规定，我国目前不能签发远期支票。(   )

17. 根据规定，申请人对税务机关做出的行政行为不服，可以申请行政复议，但不可以直接向人民法院提起行政诉讼。   (   )

18. 会计职业道德警示教育是指通过开展对违反会计职业道德行为和对违法会计行为典型案例的讨论和剖析，给会计人员以启发和警示，从而可以提高会计人员的法律意识和会计职业道德观念，提高会计人员辨别是非的能力。
                                              (   )

19. 对于违反《会计法》的规定，不依法设置会计账簿的行为，应承担的法律责任是责令限期改正。   (   )

20. 税收强制执行措施，是指税务机关对可能由于纳税人的行为或者某种客观原因，致使以后税款的征收不能保证或难以保证的案件，采取限制纳税人处理或转移商品、货物或其他财产的措施。   (   )

四、案例分析题（共 2 题，每题 10 分，共 20 分）

【案例分析一】光明公司原是一家国有中型企业，2011 年内，发生了如下事项：（1）调整新的领导班子上任，决定精简内设机构，中层干部轮岗，将会计科撤并到厂部办公室，同时任命办公室主任朱某兼任会计负责人。撤并以后，会计主要工作重新分工如下：原会计科主办会计继续留任会计工作，原人事处工作人员、朱某的女儿小英调任出纳工作，兼任会计档案的保管。朱某毕业于某名牌师范大学，自从参加工作以来一直从事办公室文秘，为了使其尽快胜任会计负责人岗位，领导要求朱某参加会计知识培训班，熟悉业务。（2）撤并工作完成后，办理会计交接手续，由厂部纪检、监察部门负责监交。根据以上资料回答下列问题。

（1）根据《会计法》的规定，会计机构设置的规则为（   ）。

A. 单独设置会计机构

B. 在有关机构中设置会计人员并指定会计主管人员

C. 委托的合法的代理记账中介机构代理记账

D. 委托其他企业代理记账

（2）根据《会计法》的规定，会计机构负责人（会计主管人员）的任职资格包括（   ）。

A. 从事会计工作 5 年以上的经历

B. 具备会计师以上的专业技术职务资格

C. 从事会计工作 3 年以上的经历

D. 必须从事过两个以上会计岗位的工作

（3）根据《会计法》的规定，出纳不得兼管（　）工作。

A. 稽核

B. 会计档案的保管

C. 收入、费用、债权债务账目的登记工作

D. 现金保管工作

（4）在上述案例中，违反会计法律相关规定的事实有（　）。

A. 将会计部撤并到厂部办公室

B. 任命办公室主任朱某兼任会计负责人

C. 朱某的女儿小英调任出纳工作

D. 朱某的女儿兼任会计档案的保管

（5）根据法律规定，会计人员的交接，应当由（　）负责监交。

A. 由单位的纪检、监察部门负责监交

B. 一般会计人员的交接，由会计机构负责人、会计主管人员负责监交

C. 会计机构负责人、会计主管人员办理交接，由单位负责人负责监交，必要时由上级部门会同监交

D. 会计机构负责人、会计主管人员办理交接，由上级部门负责监交

【案例分析二】 2011 年 5 月，张某在上海注册成立了一家新公司，并依法向银行申请开立了基本存款账户。10 月，张某对该公司追加投资。12 月，张某根据业务需要，将公司迁到北京，向银行提出变更开户行的请求。

（1）银行需对张某的追加投资进行验资，则该公司需新开立的账户是（　）。

A. 基本存款账户　　　　　　B. 专用存款账户

C. 临时存款账户　　　　　　D. 一般存款账户

（2）开立新账户须出具基本存款账户的情形有（　）。

A. 设立临时机构

B. 异地建筑施工及安装

C. 异地借款的存款人在异地开立一般存款账户

D. 因经营需要在异地办理收入汇缴和业务支出的存款人在异地开立专用存款账户

（3）临时存款账户的有效期最长不得超过（　）年。

A. 1　　　　　　　　　　　　B. 2

C. 3　　　　　　　　　　　　D. 5

（4）银行接到存款人变更通知后，认为符合变更条件的，及时为其办理变更手续，并于（　）个工作日内向中国人民银行报告。

A. 1　　　　　　　　　　B. 2
C. 3　　　　　　　　　　D. 5

（5）若该公司未在规定期限内通知银行变更信息，则要受到（　）元的处罚。

A. 1000　　　　　　　　　B. 5000～3万
C. 1万～3万　　　　　　　D. 5万～30万

附录二

《财经法规与会计职业道德》模拟测试题（一）参考答案

一、单选题

1.C 2.C 3.B 4.D 5.B 6.A 7.B 8.C 9.D 10.B 11.C 12.B 13.B 14.C 15.A 16.C 17.A 18.A 19.D 20.C

二、多选题

1.BC 2.ABCD 3.ABCD 4.AD 5.ABCD 6.BC 7.BC 8.BC 9.ABD 10.BC 11.BD 12.AB 13.AD 14.BCD 15.ABCD 16.ABCD 17.ABCD 18.ABCD 19.ACD 20.ABCD

三、判断题

1.√ 2.× 3.√ 4.× 5.× 6.× 7.√ 8.× 9.√ 10.√ 11.× 12.× 13.× 14.√ 15.× 16.√ 17.× 18.× 19.√ 20.√

四、案例分析题

案例分析一（1）BC（2）BCD（3）C（4）ACD（5）ABC

案例分析二（1）ACD（2）BCD（3）ABD（4）AB（5）ABCD

《财经法规与会计职业道德》模拟测试题（二）参考答案

一、单选题

1.A 2.D 3.B 4.A 5.D 6.B 7.C 8.A 9.C 10.B 11.B 12.C 13.A 14.C 15.C 16.B 17.B 18.C 19.C 20.C

二、多选题

1.ABD 2.AD 3.BD 4.ABCD 5.BC 6.ACD 7.ABCD 8.ABD 9.CD 10.ABD

11.BC 12.AC 13.ABD 14.ABC 15.ABC 16.ABCD 17.BCD 18.ABD 19.ABD 20.ABCD

三、判断题

1.× 2.× 3.× 4.√ 5.√ 6.× 7.√ 8.× 9.× 10.√ 11.× 12.× 13.√ 14.× 15.× 16.× 17.× 18.√ 19.× 20.√

四、案例分析题

案例分析一（1）D（2）A（3）ABCD（4）D（5）C

案例分析二（1）A（2）ACD（3）D（4）B（5）BC

《财经法规与会计职业道德》模拟测试题（三）参考答案

一、单选题

1.D 2.A 3.D 4.A 5.D 6.C 7.B 8.A 9.D 10.B 11.A 12.C 13.B 14.C 15.A 16.B 17.C 18.A 19.C 20.A

二、多选题

1.AC 2.BCD 3.ABCD 4.ABCD 5.BC 6.ABCD 7.ABCD 8.BCD 9.ABCD 10.ACD 11.AB 12.ACD 13.AD 14.ABCD 15.ABCD 16.ABCD 17.AC 18.ABC 19.ABCD 20.AD

三、判断题

1.√ 2.√ 3.× 4.√ 5.√ 6.× 7.√ 8.× 9.× 10.√ 11.√ 12.√ 13.√ 14.√ 15.× 16.√ 17.× 18.√ 19.√ 20.×

四、案例分析题

案例分析一（1）ABC（2）BC（3）ABC（4）BCD（5）BC

案例分析二（1）C（2）ABCD（3）B（4）B（5）A